ANDREAS ERDBRÜGGER

Befreiende Konzernabschlüsse nach US-GAAP (§ 292a HGB)

Beiträge zum Europäischen Wirtschaftsrecht

Herausgegeben im Auftrag des Instituts für Europäisches Wirtschaftsrecht
der Universität Erlangen-Nürnberg
durch Professor Dr. Karl Albrecht Schachtschneider

Band 30

Befreiende Konzernabschlüsse nach US-GAAP (§ 292a HGB)

Verstoß gegen Verfassungs- und Europarecht?

Von

Andreas Erdbrügger

Duncker & Humblot · Berlin

Der Fachbereich Rechtswissenschaft der Freien Universität Berlin hat diese Arbeit im Jahre 2004 als Dissertation angenommen.

Bibliografische Information Der Deutschen Bibliothek

Die Deutsche Bibliothek verzeichnet diese Publikation in der Deutschen Nationalbibliografie; detaillierte bibliografische Daten sind im Internet über <http://dnb.ddb.de> abrufbar.

Fremddatenübernahme und Druck:
Berliner Buchdruckerei Union GmbH, Berlin
Printed in Germany

ISSN 0947-2452
ISBN 3-428-11672-0

Gedruckt auf alterungsbeständigem (säurefreiem) Papier
entsprechend ISO 9706 ♾

Internet: http://www.duncker-humblot.de

Für Andrea und Lara Marie

Vorwort

Die Dissertation ist im Sommersemester 2004 von der Freien Universität Berlin, Fachbereich Rechtswissenschaft angenommen worden und befindet sich auf dem Stand von Januar 2004.

Mein besonderer Dank gilt meinem Doktorvater, Professor Dr. Markus Heintzen, für dessen wertvollen Rat und die unkomplizierte Unterstützung bei der Erstellung der Dissertation.

Dank gebührt ebenso dem Zweitkorrektor, em. Professor Dr. Joachim Schulze-Osterloh, der als akademischer Lehrer keinen geringen Anteil daran trug, beim Verfasser das Interesse am Bilanzrecht, insbesondere an den in dieser Arbeit angesprochenen Problemen, zu wecken.

Schließlich danke ich meiner Familie sowie allen Freunden und Kollegen, die mit ihrer Unterstützung das Zustandekommen der Arbeit gefördert haben.

Berlin, im November 2004 *Andreas Erdbrügger*

Inhaltsverzeichnis

Abkürzungsverzeichnis

a. A.	anderer Ansicht
a. a. O.	am angegebenen Ort
ABl.	Amtsblatt der EG
Abs.	Absatz
AcSEC	Accounting Standards Executive Committee
ADR	American Depositary Receipt
a. E.	am Ende
a. F.	alte Fassung
AG	Aktiengesellschaft (als Zitat: Die Aktiengesellschaft)
AICPA	American Institute of Certified Public Accountants
Anm.	Anmerkung
AöR	Archiv des öffentlichen Rechts
APB	Accounting Principles Board
ARB	Accounting Research Bulletins
Art.	Artikel
ASR	Accounting Series Release
BB	Betriebs-Berater
BGBl.	Bundesgesetzblatt
BGH	Bundesgerichtshof
BiRiLiG	Bilanzrichtlinien-Gesetz
BörsZulV	Börsenzulassungs-Verordnung
BT-Ds.	Bundestags-Drucksache
BVerfG	Bundesverfassungsgericht
BVerfGE	Entscheidungssammlung des BVerfG
BVerwG	Bundesverwaltungsgericht
CAP	Committee on Accounting Procedure
DAX	Deutscher Aktienindex
DB	Der Betrieb
ders.	derselbe
DIN	Deutsches Institut für Normung e. V.
DRS	Deutscher Rechnungslegungsstandard
DStR	Deutsches Steuerrecht

DStZ	Deutsche Steuer-Zeitung
DVBl.	Deutsches Verwaltungsblatt
E-DRS	Entwurf eines DRS
EFTA	Europäische Freihandelszone
EG	Europäische Gemeinschaft (bei Angabe von Artikeln: Vertrag zur Gründung der Europäischen Gemeinschaft)
EGBGB	Einführungsgesetz zum Bürgerlichen Gesetzbuch
Einl.	Einleitung
EITF	Emerging Issues Task Force
Erl.	Erläuterung
EStG	Einkommensteuergesetz
EuGH	Europäischer Gerichtshof
EuGHE	Entscheidungssammlung des EuGH
e. V.	eingetragener Verein
EWG	Europäische Wirtschaftsgemeinschaft
f.	folgende Seite
FASB	Financial Accounting Standards Board
FeV	Fahrerlaubnis-Verordnung
ff.	folgende Seiten
FG	Finanzgericht
GAAP	Generally Accepted Accounting Principles
GG	Grundgesetz
GK-HGB	Gemeinschaftskommentar zum Handelsgesetzbuch
GoB	Grundsätze ordnungsmäßiger Buchführung
HGB	Handelsgesetzbuch
IAS	International Accounting Standards
IASB	International Accounting Standards Board
IASC	International Accounting Standards Committee
IAS-VO	IAS-Verordnung
IdW	Institut der Wirtschaftsprüfer
i. E.	im Ergebnis
IFRS	International Financial Reporting Standards
IGH	Internationaler Gerichtshof
IOSCO	International Organization of Securities Commissions
IPR	Internationales Privatrecht
JZ	Juristen-Zeitung
KapAEG	Kapitalaufnahmeerleichterungsgesetz
KK-AktG	Kölner Kommentar zum Aktiengesetz

Komm.	Kommentar
KonTraG	Gesetz zur Kontrolle und Transparenz im Unternehmensbereich
KoR	Zeitschrift für kapitalmarktorientierte Rechnungslegung
krit.	kritisch
lit.	litera
MüKo-BGB	Münchener Kommentar zum Bürgerlichen Gesetzbuch
MüKo-HGB	Münchener Kommentar zum Handelsgesetzbuch
NJW	Neue Juristische Wochenschrift
Nr.	Nummer
NVwZ	Neue Zeitschrift für Verwaltungsrecht
NYSE	New York Stock Exchange
NZG	Neue Zeitschrift für Gesellschaftsrecht
OECD	Organisation für wirtschaftliche Entwicklung und Zusammenarbeit
OLG	Oberlandesgericht
RabelsZ	Rabels Zeitschrift für ausländisches und internationales Privatrecht
RefE	Referentenentwurf
RegE	Regierungsentwurf
Rn.	Randnummer
S.	Seite, Satz
SA	Securities Act
SAS	Statement of Auditing Standards
SEA	Securities Exchange Act
SEC	Securities and Exchange Commission
SFAC	Statement of Financial Accounting Concepts
SFAS	Statement of Financial Accounting Standards
SFIN	FASB Interpretation
SGB	Sozialgesetzbuch
SMAX	Small Cap Exchange
StuB	Steuer und Bilanzen
StuW	Steuer und Wirtschaft
Tz.	Textziffer
UN	Vereinte Nationen
USA	Vereinigte Staaten von Amerika
US-GAAP	siehe GAAP
u. U.	unter Umständen
Verf.	Verfasser
VerwArch	Verwaltungsarchiv
VwVfG	Verwaltungsverfahrensgesetz

WM	Wertpapier-Mitteilungen
WPg	Die Wirtschaftsprüfung
z. B.	zum Beispiel
ZGR	Zeitschrift für Unternehmens- und Gesellschaftsrecht
ZHR	Zeitschrift für das gesamte Wirtschafts- und Handelsrecht
ZIP	Zeitschrift für Wirtschaftsrecht
ZRP	Zeitschrift für Rechtspolitik
z. T.	zum Teil
zust.	zustimmend

Einleitung

Bis in die achtziger Jahre des letzten Jahrhunderts hinein existierte die Rechnungslegung in Deutschland nahezu ohne Einflüsse von außen. Sie war zugleich in nur geringem Ausmaße gesetzlichen Regelungen unterworfen. § 38 HGB a. F. verwies auf die Grundsätze ordnungsmäßiger Buchführung (GoB). Das unkodifizierte Bilanzrecht wurde maßgeblich durch die Rechtsprechung des Bundesfinanzhofs geprägt.

Der Grund dafür war – und ist bis heute – eine Besonderheit des deutschen Bilanzrechts: die Einheitsbilanz. Für die Handelsbilanz, die gesellschaftsrechtliche Kapitalerhaltung, die Besteuerung und die Information der Kapitalmärkte gelten prinzipiell die gleichen Regeln.

Die verschiedenen Funktionen der Rechnungslegung sind bereits auf nationaler Ebene nicht leicht miteinander in Einklang zu bringen. Die hinlänglich bekannten Konflikte zwischen Handels- und Steuerbilanz sind ein gutes Beispiel dafür.

Das System der Einheitsbilanz wurde in den siebziger Jahren und achtziger Jahren durch die Harmonisierung des Bilanzrechts auf europäischer Ebene in Form der 4. Richtlinie über Einzeljahresabschlüsse[1] und der 7. Richtlinie über Konzernabschlüsse[2] gefährdet. Die mit der Harmonisierung einfließenden dynamischeren anglo-amerikanischen Rechnungslegungsprinzipien drohten, die fragile Balance im System der Einheitsbilanz aufzuheben. Ein dynamischerer Gewinnausweis vertrug sich nicht mit dem bestehenden System der gesellschaftsrechtlichen Kapitalerhaltung und einer an der Leistungsfähigkeit orientierten Besteuerung. Mit dem Bilanzrichtlinien-Gesetz[3] wurde versucht, das bisherige System zu bewahren. Allerdings war durch die Richtlinienbindung des Handelsbilanzrechts ein Konflikt vorprogrammiert: Der Steuergesetzgeber war über das Maßgeblichkeitsprinzip (§ 5 Abs. 1 Einkommensteuergesetz) indirekt an die europäischen Richtlinien

---

1 Vierte Richtlinie 78/660/EWG des Rates vom 25. Juli 1978 aufgrund von Artikel 54 Absatz 3 Buchstabe g) des Vertrages über den Jahresabschluß von Gesellschaften bestimmter Rechtsformen (4. Richtlinie), ABl. Nr. L 222 vom 14. August 1978, S. 11, zuletzt geändert durch Richtlinie vom 18. Juni 2003, ABl. Nr. L 178 vom 17. Juli 2003, S. 16.

2 Siebente Richtlinie 83/349/EWG des Rates vom 13. Juni 1983 aufgrund von Art. 54 Absatz 3 Buchstabe g) des Vertrages über den konsolidierten Abschluß (7. Richtlinie), ABl. Nr. L 193 vom 18. Juli 1983, S. 1, zuletzt geändert durch Richtlinie vom 18. Juni 2003, ABl. Nr. L 178 vom 17. Juli 2003, S. 16.

3 Gesetz zur Durchführung der Vierten, Siebenten und Achten Richtlinie des Rates der Europäischen Gemeinschaften zur Koordinierung des Gesellschaftsrechts (Bilanzrichtlinien-Gesetz – BiRiLiG) vom 19. Dezember 1985, BGBl. 1985 I S. 2355.

gebunden. Früher oder später musste das zu einem Konflikt mit fiskalischen Interessen führen. In den neunziger Jahren zeichnete sich immer stärker ab, dass die Steuerbilanz aus dem System der Einheitsbilanz herausfallen würde[4].

Die komplexe und mittlerweile von Widersprüchen geprägte Bilanzrechtsordnung wurde durch die Globalisierung vollends aus dem Gleichgewicht gebracht. Die Regeln des HGB vertrugen sich nicht mit den Informationsbedürfnissen der Kapitalmärkte, die im Zuge der Globalisierung immer mehr an Bedeutung gewannen. Problematisch waren vor allem die stillen Reserven, deren Bildung durch das deutsche Bilanzsystem begünstigt wurde und wird. Das deutsche Bilanzrecht fand an den Kapitalmärkten deshalb vergleichsweise wenig Akzeptanz. Die kapitalmarktorientierten Konzerne mussten sich nach Alternativen umsehen. Dadurch zeichnete sich ab, dass früher oder später sich auch die Kapitalmarktinformation aus dem System der Einheitsbilanz verabschieden würde.

Die von der Globalisierung betroffenen Konzerne begannen, ihre Rechnungslegung für die Kapitalmärkte an US-amerikanischen Regeln, den GAAP[5], zu orientieren. Das lag einerseits am großen wirtschaftlichen Druck ausländischer Investoren (vor allem US-amerikanische Kapitalgeber), die diese Regeln bevorzugten, andererseits daran, dass die betroffenen Gesellschaften Notierungen an den US-amerikanischen Kapitalmärkten anstrebten und deren Aufsichtsbehörde die Anwendung der GAAP vorschrieb.

Da die deutschen Gesellschaften weiterhin nach § 290 HGB zur Aufstellung von Konzernabschlüssen nach deutschen Regeln verpflichtet waren, hatten sie zwei Möglichkeiten: die Aufstellung eines dualen Konzernabschlusses oder eine doppelte Konzernrechnungslegung. Das duale Konzept sah vor, dass – soweit das HGB dies zuließ – die GAAP befolgt wurden. Bei einer Divergenz war dem HGB zu folgen[6]. Für Zwecke der Kapitalmarktinformation wurde gegebenenfalls eine Überleitungsrechnung auf die GAAP erstellt. Im System der doppelten Konzernabschlüsse wurden von vornherein zwei verschiedene Abschlüsse aufgestellt[7].

Durch den hinlänglich bekannten Fall[8] der Daimler-Benz AG wurde die deutsche Rechnungslegung 1993 – wenn auch zu Unrecht – international diskreditiert. Als eine der ersten großen deutschen Gesellschaften strebte Daimler-Benz eine Notierung in den USA an und erstellte dafür eine Überleitungsrechnung von HGB auf GAAP. Die Ergebnisse divergierten (u. a. wegen Einmal-Effekten) erheblich[9].

---

4 *Schulze-Osterloh,* ZGR 2000, S. 594 [600 f.].

5 *GAAP* – Generally Accepted Accounting Principles.

6 *Claussen/Scherrer,* in: KK-AktG, Band 6/1, § 292a, Rn. 4.

7 *Claussen/Scherrer,* in: KK-AktG, Band 6/1, § 292a, Rn. 5.

8 *Lachnit,* DB 1996, S. 2137 [2139 f.]; *Leutheusser-Schnarrenberger,* WM 1995, 1870 [1871]; *Regierungsentwurf,* BT-Ds. 13/7141, S. 7.

9 *Regierungsentwurf,* BT-Ds. 13/7141, S. 7 mit Zahlen. Näheres bei *Lachnit,* DB 1996, S. 2137 [2139 f.].

In der Folge sahen sich immer mehr deutsche Gesellschaften auf internationaler Ebene gezwungen, nach GAAP zu bilanzieren.

Die EG-Kommission sah relativ schnell in der Globalisierung eine Chance, die Harmonisierung der europäischen Rechnungslegung, die ins Stocken geraten war, voranzutreiben. Sie versuchte, sich mit ihrer Neuen Strategie[10] an die Spitze der Bewegung zu setzen. Sie wollte den internationalen privaten Standardsetzer International Accounting Standards Committee (IASC, nunmehr IASB[11]) dabei für sich instrumentalisieren. Die Mitgliedstaaten sollten den IAS als Kompromisslösung für eine einheitliche Rechnungslegung zustimmen. Bei den GAAP sah man wegen der kompromisslosen Einstellung der USA keine Einflussmöglichkeiten. Dieses Vorhaben fand mit der Einführung der IAS als Konzernrechnungslegungsregeln der EG durch die IAS-Verordnung[12] seinen vorläufigen Höhepunkt. Die IAS, die seit den siebziger Jahren entwickelt wurden und ursprünglich eher fragmentarisch waren, hatten sich durch eine Neuordnung in den neunziger Jahren zu einer Alternative zu den GAAP entwickelt. Die EG-Kommission hat allerdings den starken Einfluss der US-amerikanischen Börsenaufsichtsbehörde SEC (Securities and Exchange Commission) auf das IASB unterschätzt und daher letztlich auf ein trojanisches Pferd gesetzt. Über die IAS kommen letztlich die Kernprinzipien der GAAP zur Anwendung. Zudem hat die EG-Kommission von Anfang an nicht ausreichend gewürdigt, dass die IAS – wie die GAAP – stark kapitalmarktorientiert und damit für andere Rechnungslegungszwecke nur bedingt geeignet sind. Daher können sie nicht als vollwertiger Ersatz für die Rechnungslegungsrichtlinien angesehen werden.

Der deutsche Gesetzgeber fühlte sich durch die Neue Strategie der EG-Kommission dazu ermutigt, die kapitalmarktorientierten Konzerne von der Konzernrechnungslegung nach HGB zu befreien. Dies sollte eine Übergangsmaßnahme bis zur Anpassung des deutschen Rechts an internationale Standards sein. Der EG-Kommission folgend ging der Gesetzgeber von einer Orientierung an den IAS aus. Bis zu deren Einführung sollten aber auch die GAAP angewendet werden können, da diese seinerzeit, im Gegensatz zu den erst in der Entwicklung begriffenen IAS, international akzeptiert waren.

Die Umsetzung dieses Vorhabens mit dem 1998 durch das Kapitalaufnahmeerleichterungsgesetz[13] eingeführten § 292a HGB wirft zwei überaus interessante

---

10 *EG-Kommission,* Mitteilung „Neue Strategie", KOM (1995) 508 endgültig.

11 Das IASC entwickelte bis zum Frühjahr 2001 die International Accounting Standards (IAS). Nach einer Umstrukturierung werden die Standards nunmehr vom International Accounting Standards Board (IASB), einem Gremium des IASC, entwickelt. Die Standards sollen künftig International Financial Reporting Standards (IFRS) heißen.

12 Verordnung (EG) Nr. 1606/2002 des Europäischen Parlaments und des Rates vom 19. Juli 2002 betreffend die Anwendung internationaler Rechnungslegungsstandards (IAS-VO), ABl. Nr. L 243 vom 11. September 2002, S. 1.

13 Gesetz zur Verbesserung der Wettbewerbsfähigkeit deutscher Konzerne an Kapitalmärkten und zur Erleichterung der Aufnahme von Gesellschafterdarlehen (Kapitalaufnahmeerleichterungsgesetz – KapAEG) vom 20. April 1998, BGBl. 1998 I S. 707.

Probleme auf: Das eine betrifft die Regelungstechnik der Öffnung des deutschen Bilanzrechts für Normen ausländischer privater Standardsetzer. Das andere ist die Entwicklung einer Dogmatik für die Auslegung der europäischen Rechnungslegungsrichtlinien.

Die Befreiung kapitalmarktorientierter Konzerne von der Anwendung deutscher Rechnungslegungsvorschriften unter der Voraussetzung, dass ein gleichwertiger Abschluss nach internationalen Regelungen präsentiert wird (§ 292a Abs. 2 Nr. 2 lit. a HGB), ist in ihrer Regelungskonzeption bisher einzigartig und wirft eine Reihe verfassungsrechtlicher Probleme auf, die im ersten Teil dieser Arbeit untersucht werden sollen.

Ein weiteres interessantes Problem entsteht dadurch, dass der deutsche Gesetzgeber dem europäischen Normgeber vorgegriffen hat. Lange vor dem Wirksamwerden der IAS-Verordnung dürfen deutsche Gesellschaften fremde Regelwerke anwenden, die – anders als etwa das HGB in der Fassung des Bilanzrichtlinien-Gesetzes – keine explizite Umsetzung der Rechnungslegungsrichtlinien darstellen. Die in Betracht kommenden Regelwerke GAAP und IAS sind autonom vom europäischen und vom deutschen Recht entstanden. Da der deutsche Gesetzgeber aufgrund der 7. Richtlinie verpflichtet ist, auch kapitalmarktorientierten Konzernen eine Rechnungslegung nach den Vorgaben der 7. Richtlinie aufzuerlegen, meint er, die betroffenen Gesellschaften direkt auf die 7. Richtlinie verpflichten zu können. Das geschieht in Form des Einklangerfordernisses (§ 292a Abs. 2 Nr. 2 lit. b HGB). Damit kommt es für die deutschen Rechtsanwender zu einer neuen Herausforderung: Sie selbst müssen das von ihnen verwendete internationale Regelwerk im Rahmen der Einklangprüfung mit der 7. Richtlinie vergleichen. Dazu ist die 7. Richtlinie umfassend auszulegen. Das erweist sich als außerordentlich schwierig. Die 7. Richtlinie ist von den Kompromissen der 4. Richtlinie geprägt, da sie weitgehend auf diese verweist. Die Mitgliedstaaten haben die Rechnungslegungsrichtlinien recht unterschiedlich umgesetzt. Die Überwachungstätigkeit der EG-Kommission ist auf dem Gebiet der Rechnungslegung eher lückenhaft und beschränkt sich auf Formfragen. So gab es seit Erlass der Rechnungslegungsrichtlinien nur zwei Vertragsverletzungsverfahren. Das eine wegen einer unzureichenden Sanktionierung der Publizitätspflichten in Deutschland[14], das andere wegen einer verspäteten Umsetzung der Richtlinien in Italien. Zu inhaltlichen Fragen konnte der EuGH erst dreimal Stellung beziehen. In allen Fällen handelte es sich um Vorlagefragen deutscher Gerichte (BGH: Tomberger[15], FG Köln: DE + ES Bauunternehmung[16] und FG Hamburg: BIAO[17]). Bisweilen wird an der Existenz

---

14 *EuGHE* 1998, I – S. 5485. Die gleiche Frage war bereits Gegenstand der Vorlage des OLG Düsseldorf in Sachen Daihatsu, *EuGHE* 1997, I – S. 6858. Der deutsche Gesetzgeber war jedoch untätig geblieben.

15 *EuGHE* 1996, I – S. 3145.

16 *EuGHE* 1999, I – S. 5347.

17 *EuGH,* BB 2003, S. 355.

einer Dogmatik der Rechnungslegungsrichtlinien gezweifelt[18]. Die praktische Anwendbarkeit des § 292a HGB hängt maßgeblich vom Einklang der GAAP mit der 7. Richtlinie ab. Der Gesetzgeber hat dies bei Einführung des § 292a HGB ohne eigene Prüfung einfach unterstellt. Im zweiten Teil der Arbeit soll untersucht werden, ob die Annahme des Gesetzgebers zutreffend war.

Bei § 292a HGB handelt es sich um eine Übergangsregelung, die nach Art. 5 des Kapitalaufnahmeerleichterungsgesetzes am 31. Dezember 2004 außer Kraft tritt. Ab 1. Januar 2005 gilt die IAS-Verordnung der EG[19]. Damit entfällt aber nicht das wissenschaftliche Interesse an der Befreiungsvorschrift des § 292a HGB.

Einerseits sieht Art. 9 IAS-VO als Mitgliedstaatenwahlrecht eine Übergangszeit bis Anfang 2007 vor. Sie gilt vor allem wegen der Gesellschaften, die US-amerikanische Kapitalmärkte in Anspruch nehmen. Dort werden die IAS nach wie vor nicht akzeptiert. Ihre Anerkennung durch die SEC ist allerdings absehbar. Der Preis dafür ist eine weitere „US-Amerikanisierung" der IAS[20]. Diese ist gekleidet in ein Kooperationsabkommen zwischen dem IASB und dem US-amerikanischen Standardsetzer FASB, das im Herbst 2002 veröffentlicht wurde[21]. Vor 2007 ist eine Anerkennung der IAS in den USA jedoch nicht zu erwarten. Daher wird eine Vielzahl deutscher Unternehmen weiterhin an einer Anwendung der GAAP interessiert sein, so dass sich der deutsche Gesetzgeber möglicherweise für eine Verlängerung des § 292a HGB bis Ende 2006 entscheiden wird[22].

Andererseits gilt die IAS-Verordnung nicht für Konzerne, bei denen nur eine Tochtergesellschaft, nicht aber die Muttergesellschaft kapitalmarktorientiert ist (Art. 4 IAS-VO), während § 292a HGB auch in solchen Fällen anwendbar ist[23]. Soll der Kreis der deutschen Unternehmen, denen eine internationale Rechnungs-

---

18 *Moxter,* BB 1995, S. 1463 [1464].

19 Nach dem Referentenentwurf für ein Bilanzrechtsreformgesetz (RefE BilReG) von Dezember 2003 soll § 292a HGB bereits im Laufe des Jahres 2004 aufgehoben werden (Art. 1 Nr. 12 RefE BilReG). Zugleich soll ein Art. 57 Abs. 3 S. 4 E-EGHGB als Übergangsregelung bis zur Geltung der IAS-VO eingeführt werden. Nach der bisherigen Regelung wäre § 292a HGB nicht auf Unternehmen anwendbar gewesen, deren Geschäftsjahr vom Kalenderjahr abweicht und zwischen dem 2. Januar und dem 31. Dezember 2004 beginnt, dazu *Burger/Ulbrich,* DB 2003, S. 2397.

20 Ein gutes Beispiel dafür ist die geplante schnelle Adaption von SFAS 142 über die Abschreibung des Geschäfts- oder Firmenwerts, obwohl die US-Regelung in Fachkreisen international auf breite Ablehnung gestoßen ist.

21 Gemeinsame Presseerklärung von FASB und IASB vom 29. Oktober 2002, URL: www.iasc.org.uk/docs/press/2002pr15.pdf.

22 Nach dem RefE BilReG von Dezember 2003 soll eine entsprechende Übergangsregelung in Art. 56 S. 1 Nr. 2, 57 Abs. 5 S. 2 E-EGHGB aufgenommen werden. Diese soll nur für die Unternehmen gelten, die bisher schon US-amerikanische (oder andere ausländische) Kapitalmärkte in Anspruch genommen haben. So bereits *Bundesministerium der Justiz/Bundesministerium der Finanzen,* Maßnahmenkatalog 2003, Tz. 4.

23 Darauf weisen *Buchheim/Gröner,* BB 2003, S. 953 f. zutreffend hin.

legung offen steht, erhalten bleiben, müsste über eine unbeschränkte Geltung des § 292a HGB nachgedacht werden[24].

Als weiteres Anwendungsgebiet für eine Befreiungsregelung kommt der Einzeljahresabschluss in Betracht. Nach den Vorstellungen der Bundesregierung soll für den Einzeljahresabschluss grundsätzlich die jetzige Regelung durch das HGB erhalten bleiben, doch soll den Unternehmen erlaubt werden, für Informationszwecke einen Abschluss nach anderen Regeln beim Handelsregister einzureichen[25].

Zudem steht hinter § 292a HGB und den mit ihm verbundenen Problemen eine viel weitergehende Aufgabe des Normgebers: Die Adaption internationaler Regelungen im Zuge der Globalisierung. Das betrifft nicht nur die Rechnungslegung, sondern z. B. auch Fragen des Technikrechts. Es mag z. B. internationale Technikstandards geben, die insgesamt betrachtet einen besseren Verbraucher- bzw. Umweltschutz gewährleisten als entsprechende deutsche oder europäische Normen, aber in Einzelfällen geringere Ansprüche als das deutsche Recht oder europäische Richtlinien stellen.

Die Frage kann in Zukunft auch für das Gesellschaftsrecht interessant werden, nachdem der Europäische Gerichtshof mit seinen Urteilen in Sachen Daily Mail[26], Centros[27], Überseering[28] und Inspire Art[29] allem Anschein nach der Gründungstheorie zum Durchbruch verholfen hat. Der deutsche Gesetzgeber könnte erwägen, sein Recht durch Öffnungsklauseln für die Unternehmen attraktiver gestalten, wenngleich es sinnvoller wäre, das europäische Gesellschaftsrecht weiter zu harmonisieren, um den aus den USA bekannten „Delaware-Effekt" zu vermeiden[30].

Daher bleibt die Regelungstechnik des § 292a HGB und sein Verhältnis zum Europarecht auch nach Ende 2004 interessant.

Im ersten Teil der Arbeit wird die Regelungstechnik der Bezugnahme auf die internationalen Rechnungslegungsgrundsätze untersucht. Dieser Teil betrifft vor allem § 292a Abs. 2 Nr. 2 lit. a) HGB und ist von methodischen und verfassungsrechtlichen Fragestellungen geprägt. Im zweiten Teil, der sich dem Einklangerfor-

---

24 Der Gesetzgeber sieht zurzeit nur einen Bedarf bis 2007, *Bundesministerium der Justiz/ Bundesministerium der Finanzen,* Maßnahmenkatalog 2003, Tz. 4. Im RefE BilReG ist allerdings keine entsprechende Regelung vorgesehen.

25 So der RefE BilReG in § 325 Abs. 2a E-HGB. In diese Richtung bereits *Bundesministerium der Justiz/Bundesministerium der Finanzen,* Maßnahmenkatalog 2003, Tz. 4. Näher erläutert von *Hüttemann,* BB 2004, S. 203 [204 f.].

26 *EuGH,* NJW 1989, S. 2186.

27 *EuGH,* NJW 1999, S. 2027.

28 *EuGH,* NJW 2002, S. 3614.

29 *EuGH,* DB 2003, S. 2219.

30 Das Gesellschaftsrecht des US-Bundesstaats Delaware gilt hinsichtlich der Haftung von Gesellschaftern und Geschäftsführung am liberalsten, was dazu geführt hat, dass ein großer Teil aller US-amerikanischen Gesellschaften in diesem Bundesstaat gegründet wird.

dernis des § 292a HGB widmet, geht es um europarechtliche und bilanzrechtliche Fragen.

Die Untersuchung orientiert sich an der praktischen Fragestellung, ob kapitalmarktorientierte Konzerne unter § 292a HGB einen befreienden Konzernabschluss nach GAAP aufstellen können.

Bei der Regelungstechnik für die Bezugnahme stellt sich – anders als bei den IAS – die interessante Frage, was überhaupt die GAAP sind. Zudem ist bei den „nationalen" GAAP offen, ob und wie sie in einem fremden Normumfeld funktionieren.

Hinsichtlich des Einklangerfordernisses sind die GAAP als Vergleichsobjekt interessanter, da es kaum Untersuchungen zum Einklang der GAAP mit der 7. Richtlinie gibt. Die einzige Untersuchung stammt vom Deutschen Standardisierungsrat und ist maßgeblich von dem – durchaus verständlichen – Bemühen geprägt, Unterschiede herunterzuspielen.

Zudem ist die Anwendung der GAAP aus Sicht der Praxis relevanter. Eine Vielzahl deutscher Konzerne möchte die US-amerikanischen Kapitalmärkte in Anspruch nehmen und muss dafür die GAAP anwenden. Zwar gelten in der EG künftig die IAS, doch werden diese mittelfristig an die GAAP angepasst. Daher ist eine Untersuchung über die GAAP von heute letztlich auch eine über die IAS von morgen.

Erster Teil

GAAP als international anerkannte Rechnungslegungsgrundsätze

Kapitalmarktorientierte Konzerne können befreiende Konzernabschlüsse nach GAAP aufstellen, wenn die GAAP international anerkannte Rechnungslegungsgrundsätze im Sinne des § 292a Abs. 2 Nr. 2 lit. a) HGB sind.

Aus dem Wortlaut ergibt sich nicht eindeutig, was international anerkannte Rechnungslegungsgrundsätze sind. Der Begriff wird weder in § 292a HGB noch an anderer Stelle im Gesetz definiert. Es handelt sich auch nicht um einen Fachausdruck des Rechnungswesens.

A. Kein Verstoß gegen das Bestimmtheitsgebot

Die fehlende Eindeutigkeit des Wortlauts lässt nicht den Schluss zu, dass der im Gesetz verwendete Begriff der international anerkannten Rechnungslegungsgrundsätze zu unbestimmt und damit verfassungswidrig sei[1].

Das Bestimmtheitsgebot ist im Grundgesetz nicht ausdrücklich genannt. Es ergibt sich aus dem Rechtsstaatsprinzip[2]. Das Rechtsstaatsprinzip wird im Grundgesetz ebenfalls nicht ausdrücklich geregelt. Es lässt sich aber aus Art. 20 GG i.V. m. Art. 28 Abs. 1 GG bzw. aus der Gesamtheit der einschlägigen Normen des Grundgesetzes herleiten[3].

Nach dem Bestimmtheitsgebot müssen Gesetze inhaltlich so präzise sein, dass sich die Adressaten nach ihnen richten können; die Rechtsanwender müssen die Konsequenzen ihres Verhaltens einschätzen können. Nur hinreichend bestimmte Regelungen können auch gerichtlich überprüft werden[4].

---

1 So aber *Budde/Steuber,* DStR 1998, S. 504 [507]; *Ebert,* Private Normsetzung, S. 57 f.

2 *Sachs,* in: ders., Art. 20, Rn. 78; *Schulze-Fielitz,* in: Dreier, Band 2, Art. 20 (Rechtsstaat), Rn. 117. A. A. *Schnapp,* in: von Münch/Kunig, Band 2, Art. 20, Rn. 24, der das Bestimmtheitsgebot als Einzelprinzip herleitet.

3 *Sachs,* in: ders., Art. 20, Rn. 75; *Schnapp,* in: von Münch/Kunig, Band 2, Art. 20, Rn. 24; *Schulze-Fielitz,* in: Dreier, Band 2, Art. 20 (Rechtsstaat), Rn. 38. Auf die Einzelheiten der Herleitung des Rechtsstaatsprinzips kann hier nicht weiter eingegangen werden.

4 *Sachs,* in: ders., Art. 20, Rn. 126; *Schulze-Fielitz,* in: Dreier, Band 2, Art. 20 (Rechtsstaat), Rn. 117.

Dem stehen Auslegungsspielräume und Generalklauseln nicht entgegen. Sie dienen der Einzelfallgerechtigkeit und der Aufgabenverteilung zwischen Rechtsetzern und Rechtsanwendern. Unbestimmte Rechtsbegriffe verstoßen nicht gegen das Bestimmtheitsgebot, solange ihr Inhalt durch Auslegung präzisiert werden kann[5].

Die Ansicht, dass sich die Bedeutung einer Norm schon aus der Gesetzeslektüre ergeben müsse[6], ist daher unzutreffend. Der Begriff der international anerkannten Rechnungslegungsgrundsätze ist lediglich auslegungsbedürftig[7]. Soweit eine Auslegung möglich ist, verstößt die Vorschrift nicht gegen das Bestimmtheitsgebot.

B. Auslegungsbedürftige Punkte

Nach allgemeiner Auffassung handelt es sich bei den international anerkannten Rechnungslegungsgrundsätzen um die GAAP und die IAS[8]. Obwohl über dieses Ergebnis Einigkeit besteht, bedarf es einer vertieften Untersuchung des im Gesetz verwendeten Begriffs. Das mag auf den ersten Blick überraschen.

Aus dem Schrifttum geht keineswegs klar hervor, *warum* GAAP und IAS international anerkannte Rechnungslegungsgrundsätze sind[9]. Trotz der allgemeinen Übereinstimmung, dass es sich um die GAAP und die IAS handele, ist zugleich anerkannt, dass der Begriff der international anerkannten Rechnungslegungsgrundsätze unbestimmt ist[10]. Der augenscheinliche Widerspruch von Unbestimmtheit des Begriffs und Einigkeit im Ergebnis erklärt sich daraus, dass ein größerer Teil des Schrifttums sich ohne eigene Auseinandersetzung mit dem Thema auf die Beschlussempfehlung des Rechtsausschusses des Deutschen Bundestags stützt, in der

5 *Sachs,* in: ders., Art. 20, Rn. 127; *Schnapp,* in: von Münch/Kunig, Band 2, Art. 20, Rn. 29; *Schulze-Fielitz,* in: Dreier, Band 2, Art. 20 (Rechtsstaat), Rn. 121.

6 *Budde/Steuber,* DStR 1998, S. 504 [507]; *Ebert,* Private Normsetzung, S. 57 f.

7 *Busse von Colbe,* in: MüKo-HGB, Band 4, § 292a, Rn. 13; *Spanheimer,* Internationale Rechnungslegung, S. 257.

8 *Adler/Düring/Schmaltz,* Ergänzungsband, § 292a, Rn. 22; *Ballwieser,* in: Festschrift Weber (1999), S. 433 [436]; *Berger/Lütticke,* in: Beck'scher Bilanz-Kommentar[5], § 292a, Rn. 16; *Busse von Colbe,* in: MüKo-HGB, Band 4, § 292a, Rn. 14; *Deutscher Standardisierungsrat,* DRS 1.10; *Hommelhoff,* in: Ulmer, Band 2, § 292a, Rn. 22; *Krawitz,* in: Bonner Handbuch, Band 2, § 292a, Rn. 87 ff.; *Pellens/Bonse/Gassen,* DB 1998, S. 785 [786].

9 Die Begründungen unterscheiden sich insbesondere in Hinblick auf die internationale Anerkennung erheblich. Dazu als Beispiel die unterschiedlichen Begründungen bei *Biener,* HGB-Bilanzrecht, Rn. 42; *Hommelhoff,* in: Ulmer, Band 2, § 292a, Rn. 21; *Hoyos/Lechner,* in: Beck'scher Bilanz-Kommentar[4], § 292a, Rn. 18 f.; *Krawitz,* in: Bonner Handbuch, Band 2, § 292a, Rn. 87 ff.

10 *Berger/Lütticke,* in: Beck'scher Bilanz-Kommentar[5], § 292a, Rn. 4; *Hommelhoff,* in: Ulmer, Band 2, § 292a, Rn. 21. *Ebert,* Private Normsetzung, S. 57 f. geht von einem Verstoß gegen das Bestimmtheitsgebot aus, dazu schon unter A.

die Anwendung der GAAP und der IAS diskutiert wird[11]. Dass die Ausführungen des Rechtsausschusses die Anwendung weiterer Regelwerke möglich erscheinen lassen[12], bleibt weitestgehend unbeachtet. Die Auffassung des Rechtsausschusses ist überdies nicht das einzige Kriterium für eine Normauslegung. Anhaltspunkte für die Auslegung einer Vorschrift sind neben dem Willen des historischen Gesetzgebers der Wortlaut, der systematische Zusammenhang und der Zweck der Norm[13]. Es ist daher zu untersuchen, ob die GAAP (und die IAS) tatsächlich international anerkannte Rechnungslegungsgrundsätze sind[14]. In diesem Zusammenhang ist zu klären, ob auch andere Regelwerke als GAAP und IAS in Betracht kommen.

Praktisch relevanter ist die Frage, was – soweit sie als international anerkannte Rechnungslegungsgrundsätze anzusehen sind – überhaupt „GAAP" sind. Im Schrifttum zu § 292a HGB bleibt unklar, welche Regeln von dem Begriff GAAP umfasst sind. Der Begriff ist selbst in den USA nicht klar definiert[15]. Die GAAP umfassen nach US-amerikanischem Verständnis nicht die Vorschriften der US-amerikanischen Börsenaufsichtsbehörde SEC[16]. Deren Vorschriften müssen aber von Unternehmen, die US-amerikanische Kapitalmärkte in Anspruch nehmen wollen, eingehalten werden[17]. Zweck einer Bilanzierung nach GAAP soll insbesondere der Auftritt auf den US-amerikanischen Kapitalmärkten sein[18]. Daraus könnte sich womöglich ein vom US-amerikanischen Verständnis abweichendes deutsches Verständnis der GAAP ergeben, nach dem die Vorschriften der SEC als GAAP anzusehen wären[19]. Überdies stellt sich die Frage, ob die bei Erlass des

---

11 Beispielsweise *Ballwieser,* in: Festschrift Weber (1999), S. 433 [436]; *Biener,* HGB-Bilanzrecht, Rn. 42; *Marsch-Barner,* in: GK-HGB, § 292a, Rn. 5; *Wiedmann,* in: Ebenroth / Boujong / Joost, Band 1, § 292a, Rn. 6; *Wollmert / Oser,* DB 2000, S. 729 [731]. Die Textpassage findet sich in der *Beschlussempfehlung,* BT-Ds. 13 / 9909, S. 12 (S. 16 f.): „Solche Grundsätze sind insbesondere die IAS, aber wegen ihrer internationalen Verbreitung u. U. auch die US-GAAP."

12 *Beschlussempfehlung,* BT-Ds. 13 / 9909, S. 12 (S. 17): „International werden daher auch andere Rechnungslegungswerke [als die IAS] verwendet." [Anm. d. Verf.]; a. a. O., S. 13: „[...] Rechnungslegungsgrundsätze (z. B. IAS) [...]". So auch *Busse von Colbe,* in: MüKo-HGB, Band 4, § 292a, Rn. 14 (EG-Richtlinien); *Ernst,* in: Dörner / Menold / Pfitzer, S. 321 [330].

13 Zu Bedeutung und Inhalt des Auslegungskanons *F. Müller,* Juristische Methodik, S. 34 ff., 199 ff.

14 Das könnte auch bezweifelt werden, so etwa *Hommelhoff,* in: Ulmer, Band 2, § 292a, Rn. 21; *Hoyos / Lechner,* in: Beck'scher Bilanz-Kommentar[4], § 292a, Rn. 19.

15 Übersicht bei *Born,* Rechnungslegung International, S. 258 f.; *Pellens,* Internationale Rechnungslegung, S. 116 f.

16 *Born,* Rechnungslegung International, S. 258 f.; *Pellens,* Internationale Rechnungslegung, S. 120; *Schildbach,* US-GAAP, S. 30.

17 *Pellens,* Internationale Rechnungslegung, S. 120.

18 Der Börsengang der Daimler-Benz AG an die New Yorker Börse gab den Anlass für das Gesetzgebungsverfahren, *Leutheusser-Schnarrenberger,* WM 1995, 1870 [1871]. Anfang 2002 waren schon 16 deutsche Unternehmen (überwiegend aus dem DAX-30) an der New Yorker Börse (NYSE) notiert, *Born,* Rechnungslegung International, S. 336.

§ 292a HGB geltenden GAAP oder die GAAP in ihrer jeweils aktuellen Fassung anzuwenden sind.

Ein weiterer Untersuchungsgegenstand mit praktischer Bedeutung ist, ob der weit gefasste Begriff der international anerkannten Rechnungslegungsgrundsätze möglicherweise so zu verstehen ist, dass verschiedene Regelwerke, z. B. GAAP und IAS, miteinander kombiniert werden können. Diese Frage ist vor allem dann relevant, wenn das angewendete Regelwerk eine Frage nicht behandelt, die wegen des Erfordernisses des Einklangs mit der 7. Richtlinie (§ 292a Abs. 2 Nr. 2 lit. b) HGB) aufgeworfen wird. Dies gilt z. B. für den Konzernlagebericht, der nach den Vorschriften der 7. Richtlinie und des HGB erforderlich ist, innerhalb der GAAP (und IAS) aber unbekannt ist[20].

Eine Problematik von besonderer Bedeutung ist die Verfassungsmäßigkeit der Bezugnahme auf fremdes Recht in § 292a Abs. 2 Nr. 2 lit. a) HGB. Die Bezugnahme auf die international anerkannten Rechnungslegungsgrundsätze könnte als verfassungswidrige Verweisung auf fremdes Recht verstanden werden[21]. Die Beurteilung der Verfassungsmäßigkeit hängt von Funktion und Zweck der Bezugnahme ab. Diese ergeben sich unter anderem aus einer genauen Auslegung des Begriffs der international anerkannten Rechnungslegungsgrundsätze.

C. Bedeutung des Begriffs der international anerkannten Rechnungslegungsgrundsätze

Die Auslegung des unbestimmten Rechtsbegriffs der international anerkannten Rechnungslegungsgrundsätze könnte durch einige Besonderheiten des normativen Umfelds determiniert sein. Die Rechnungslegung befindet sich spätestens seit den neunziger Jahren in einem Übergang zur Internationalisierung und Privatisierung der Regeln. Das könnte die Auslegung beeinflussen.

I. Beschreibung von GAAP und IAS

Der Begriff international anerkannte Rechnungslegungsgrundsätze könnte als abschließende Beschreibung der GAAP und der IAS in einem zusammenfassenden Begriff aufgefasst werden.

---

19 *Pellens,* Internationale Rechnungslegung, S. 121 tritt unabhängig von § 292a HGB für eine Erweiterung auf die Vorschriften der SEC ein.

20 *Adler/Düring/Schmaltz,* Ergänzungsband, § 292a, Rn. 26; *Hommelhoff,* in: Ulmer, Band 2, § 292a, Rn. 36.

21 *Hommelhoff,* in: Ulmer, Band 2, § 292a, Rn. 24 ff.; *Kirchhof,* ZGR 2000, 681 ff.; *Schulze-Osterloh,* ZIP 2003, 93 f. Diese Zweifel werden von *Heintzen,* BB 1999, 1050 ff.; *Henssler/Slota,* NZG 1999, 1133 ff. nicht geteilt.

1. Anhaltspunkte für eine Beschreibung von GAAP und IAS

Für eine Beschreibung der GAAP und der IAS – unter Ausschluss jeglicher anderer Regelwerke – spricht vor allem die einhellige Übereinstimmung im Schrifttum, dass nur GAAP und IAS international anerkannte Rechnungslegungsgrundsätze sind[22].

Die Annahme könnte sich womöglich auch auf das Gesetzgebungsverfahren stützen. Im Referentenentwurf, im Regierungsentwurf und in der Beschlussempfehlung wurden vom Gesetzgeber *ausdrücklich* nur die GAAP und die IAS in Betracht gezogen[23]. Andere Regelwerke wurden im Gesetzgebungsverfahren nicht erörtert. Sie kommen für die betroffenen Unternehmen nicht ernsthaft in Betracht[24].

Zudem handelt es sich bei § 292a HGB um eine Übergangsnorm bis zur Anpassung des deutschen Bilanzrechts an die IAS[25]. Es wäre daher nicht erforderlich gewesen, das Tatbestandsmerkmal für andere Regelwerke offenzuhalten.

Auch die dem ersten Anschein nach bestehenden praktischen Probleme bei der Feststellung der internationalen Anerkennung eines bestimmten Regelwerkes sprechen für eine Umschreibung von GAAP und IAS[26]. Unklar ist, wer für die Anerkennung zuständig sein soll. Gegebenenfalls stellt sich das Problem, dass ein Anerkennungsverhalten auf internationaler Ebene nicht ermittelbar wäre. Aufgrund der sich abzeichnenden Umsetzungsprobleme wäre die Norm möglicherweise als zu unbestimmt und damit als verfassungswidrig anzusehen[27]. Für eine Tolerierung nur der GAAP und der IAS wäre es nicht erforderlich gewesen, ein solches Risiko einzugehen.

Der Gesetzgeber ist anscheinend nicht davon ausgegangen, dass es fraglich sein könnte, ob die GAAP oder die IAS als international anerkannte Rechnungslegungsgrundsätze anzusehen sind. Ansonsten hätte er den Rechtsanwendern mehr Kriterien an die Hand gegeben. Er war zudem der Ansicht, dass seinerzeit kein Regelwerk in einer feststellbaren Weise (er hielt eine Anerkennung durch die – privatrechtlich organisierte – internationale Börsenaufsichtsbehördenvereinigung IOSCO immerhin für bedenkenswert) akzeptiert war, sah die GAAP und die IAS dennoch als international anerkannt an[28].

---

22 Nachweise in Fn. 8.

23 *Referentenentwurf,* ZIP 1996, S. 2000 f., 2003; *Regierungsentwurf,* BT-Ds. 13/7141, S. 9, 11; *Beschlussempfehlung,* BT-Ds. 13/9909, S. 12 (S. 17). Während des Gesetzgebungsverfahrens wurde auch im Schrifttum kein anderes Regelwerk debattiert.

24 *Henssler,* in: Heymann, Band 3, § 292a, Rn. 7.

25 *Beschlussempfehlung,* BT-Ds. 13/9909, S. 10 (S. 12, 14). Dementsprechend wurde die Geltungsdauer in Art. 5 Kapitalaufnahmeerleichterungsgesetz bis Ende 2004 begrenzt.

26 *Hoyos/Lechner,* in: Beck'scher Bilanz-Kommentar[4], § 292a, Rn. 19.

27 Auf die Anforderungen des Bestimmtheitsgebots wurde unter A. eingegangen.

28 *Beschlussempfehlung,* BT-Ds. 13/9909, S. 12 (S. 16 f.).

2. Entgegenstehende Umstände

Trotz der genannten Anhaltspunkte kann der Begriff der international anerkannten Rechnungslegungsgrundsätze nicht als abschließende Beschreibung von GAAP und IAS angesehen werden.

Aus der allgemeinen Auffassung im Schrifttum und der Ansicht des Gesetzgebers, dass lediglich die GAAP und die IAS als international anerkannte Rechnungslegungsgrundsätze in Betracht kommen, ergibt sich noch nicht, dass der Gesetzgeber diese beiden Regelwerke abschließend beschreiben wollte. In vielen Fällen erfassen gesetzliche Tatbestandsmerkmale nur zwei mögliche Sachverhalte, ohne dass daraus auf eine Beschreibung nur dieser beiden Möglichkeiten zu schließen wäre.

Im Übrigen ist zu beachten, dass im Gesetzgebungsverfahren zwar andere Regelwerke nicht ausdrücklich genannt, ihre Anwendung aber auf abstrakter Ebene für theoretisch möglich gehalten wurde. Das ergibt sich aus den verschiedenen Entwurfsbegründungen zu § 292a HGB[29]. Dementsprechend ist die Vorschrift so formuliert, dass auch andere Regelwerke unter sie subsumiert werden können[30]. Der Gesetzgeber hätte es im Übrigen ausdrücklich klarstellen müssen, wenn er nur die GAAP und die IAS gemeint hätte.

Die Annahme einer abschließenden Beschreibung von GAAP und IAS kann im Übrigen nicht darauf gestützt werden, dass sich dem ersten Anschein nach praktische Probleme bei der Feststellung einer internationalen Anerkennung ergeben könnten. Wenn eine Norm wegen unklarer Tatbestandsmerkmale für die Adressaten nicht anwendbar ist, verstößt sie gegen das Bestimmtheitsgebot. Im Rahmen einer verfassungskonformen Auslegung könnte eine bestimmte Auslegung nicht einfach unterstellt werden.

II. Verweisung auf die IAS im Sinne der IAS-Verordnung der EG

In der IAS-Verordnung der EG wird auf die „internationalen Rechnungslegungsstandards" Bezug genommen. Dies sind nach Art. 2 IAS-VO die Standards und Interpretationen des International Accounting Standards Boards (IASB). Aus der

---

29 *Referentenentwurf,* ZIP 1996, S. 2000: „[...] nach US-GAAP oder nach IAS oder nach anderen allgemein anerkannte Regeln [...]"; *Regierungsentwurf,* BT-Ds. 13/7141, S. 9: „[...] nach US-GAAP oder nach IAS oder nach anderen allgemein anerkannte Regeln [...]"; *Beschlussempfehlung,* BT-Ds. 13/9909, S. 12 (S. 17): „International werden daher auch andere Rechnungslegungswerke [als die IAS] verwendet."; a. a. O., S. 13 (S. 18): „[...] Rechnungslegungsgrundsätze (z. B. IAS) [...]."

30 *Busse von Colbe,* in: MüKo-HGB, Band 4, § 292a, Rn. 14 (EG-Richtlinien); *Henssler,* in: Heymann, Band 3, § 292a, Rn. 7; *Krawitz,* in: Bonner Handbuch, Band 2, § 292a, Rn. 92; *Spanheimer,* Internationale Rechnungslegung, S. 258.

Ähnlichkeit der – innerhalb derselben Rechtsmaterie – verwendeten Formulierungen könnte womöglich gefolgert werden, dass auch in § 292a HGB nur die Normen des IASB gemeint seien.

Diese Annahme verbietet sich jedoch, da die IAS-VO von einem anderen Normgeber stammt und § 292a HGB über vier Jahre älter als die IAS-VO ist[31], der deutsche Gesetzgeber konnte sich demnach nicht auf sie beziehen. Zudem wollte der Gesetzgeber nicht nur befreiende Konzernabschlüsse nach IAS zulassen, sondern auch nach GAAP aufgestellte[32].

III. Internationale Anerkennung im Sinne des Art. 38 IGH-Statut

Nach Art. 38 Abs. 1 lit. c) des IGH-Statuts[33] kann der Internationale Gerichtshof auf „international anerkannte Rechtsgrundsätze" als Rechtsquelle zurückgreifen. Der Wortlaut des § 292a HGB kommt dem in Art. 38 IGH-Statut verwendeten sehr nahe und könnte somit den Anlass für die Annahme bieten, dass der Rechtsgedanke des Art. 38 IGH-Statut übernommen werden sollte. Nach Art. 38 IGH-Statut sind die Rechtsgrundsätze international anerkannt, die in den bedeutenden Rechtsordnungen angewandt werden[34]. Die Übernahme böte den Vorteil, dass die vom Gesetzgeber – der die Regelung nur im Hinblick auf die großen Kapitalmärkte eingeführt hat – nicht vorgesehenen Regelwerke ausgeschlossen werden könnten und die internationale Anerkennung relativ leicht feststellbar wäre. In diesem Zusammenhang könnte der Begriff „Rechnungslegungsgrundsätze" als Einschränkung des Begriffs „Rechtsgrundsätze" auf das Recht der Rechnungslegung zu verstehen sein.

Eine Übernahme des Rechtsgedankens des Art. 38 IGH-Statut ist dennoch nicht anzunehmen. Sie war weder vom Gesetzgeber beabsichtigt noch lässt sie sich in der Sache rechtfertigen.

§ 292a HGB ist eine Norm des Bilanzrechts, Art. 38 IGH-Statut dagegen Teil des Völkerrechts. Beide Rechtsgebiete weisen keine Bezüge zueinander auf, und es gibt im Gesetzgebungsverfahren keinerlei Anhaltspunkte dafür, dass der Rechtsgedanke des Art. 38 IGH-Statuts auf das Bilanzrecht übertragen werden sollte[35].

---

31 § 292a HGB wurde mit dem Kapitalaufnahmeerleichterungsgesetz vom 20. April 1998 eingeführt, die IAS-VO datiert dagegen vom 19. Juli 2002.

32 *Referentenentwurf,* ZIP 1996, S. 2000; *Regierungsentwurf,* BT-Ds. 13/7141, S. 9; *Beschlussempfehlung,* BT-Ds. 13/9909, S. 12 (S. 17).

33 Statut des Internationalen Gerichtshofs vom 26. Juni 1945, BGBl. 1973 II S. 505.

34 Die Grundsätze werden durch eine wertende Rechtsvergleichung festgestellt. Es kommt daher nicht auf jede einzelne Rechtsordnung an, *Vitzthum,* in: ders., 1. Abschnitt, Rn. 143; *Seidl-Hohenveldern/Stein,* Völkerrecht, Rn. 513.

35 Weder im *Referentenentwurf* (ZIP 1996, S. 2000), noch im *Regierungsentwurf* (BT-Ds. 13/1741), noch in der *Beschlussempfehlung* (BT-Ds. 13/9909) finden sich Hinweise auf Art. 38 IGH-Statut. Auch im Schrifttum gibt es keinen dahingehenden Vorschlag.

Das ergibt sich bereits daraus, dass in früheren Entwürfen noch der Begriff Rechnungslegungs*methoden* – statt später Rechnungslegungs*grundsätze* – verwendet wurde. Der Ausdruck *Methoden* wird im IGH-Statut nicht verwendet. Daher liegt es fern, dass der Gesetzgeber sich am IGH-Statut orientiert hat.

Auch die Funktionsweise weicht ab, da Art. 38 IGH-Statut auf einzelne Rechtsprinzipien, wie etwa Eigentum, ungerechtfertigte Bereicherung oder Immunität von Abgeordneten, Bezug nimmt[36], während § 292a HGB nur Regelwerke meint. Eine Bezugnahme des § 292a HGB auf einzelne Bilanzierungsprinzipien (z. B. Vorsichtsprinzip oder Matching Principle) oder Rahmengrundsätze (z. B. Grundsätze ordnungsmäßiger Buchführung oder die Frame Works von GAAP und IAS) scheidet aus, weil Grund der Befreiung die Inanspruchnahme eines Kapitalmarkts ist. Konsolidierte Abschlüsse, die nicht nach den Regeln einer Rechtsordnung, sondern nach systematisch nicht geordneten oder abgewogenen Einzelprinzipien aufgestellt werden, weisen große Interpretationsspielräume auf und werden an den Kapitalmärkten nicht akzeptiert, weil sie keine zuverlässigen Informationen gewähren[37].

Eine Beschränkung auf die Übernahme der Regelungstechnik der „internationalen Anerkennung" für geschlossene Regelwerke kommt genauso wenig in Betracht. Sie könnte sich nur auf ein Regelwerk beziehen. Bei Schaffung der Befreiungsnorm gab es kein Rechnungslegungsregelwerk, das in allen bedeutenden Rechtsordnungen akzeptiert wurde[38]. Daran hat sich – trotz beachtlicher Harmonisierungserfolge des IASB – bis heute nichts wesentlich geändert[39]. Der Gesetzgeber wollte keine Regelung schaffen, die auf Dauer praktisch unanwendbar ist. Die Einführung der Befreiungsnorm sollte eine schnelle Reaktion in Form einer Zwischenlösung auf die Internationalisierung der Rechnungslegung und die damit verbundenen Probleme für deutsche Unternehmen darstellen[40].

---

36 *Ipsen,* Völkerrecht, § 17, Rn. 1 f.

37 I. E. ebenso *Adler/Düring/Schmaltz,* Ergänzungsband, § 292a, Rn. 23; *Deutscher Standardisierungsrat, DRS* 1.12.

38 *Hommelhoff,* in: Ulmer, Band 2, § 292a, Rn. 21. In den USA wurden Abschlüsse nach IAS oder nach den Gesetzen der Mitgliedstaaten der EG nicht toleriert. Innerhalb der EG wurden Abschlüsse nach GAAP oder IAS nur z. T. anerkannt (in Frankreich, Dänemark, Italien und den Niederlanden).

39 Bislang steht für die IAS in den USA allenfalls eine Tolerierung in Aussicht. Dagegen werden sie in der EG weitestgehend übernommen, allerdings ist denkbar, dass einzelne IAS nicht übernommen werden, da ein Anerkennungsverfahren durchlaufen werden muss. Zum Anerkennungsverfahren *Ernst,* BB 2001, S. 823; *Heintzen,* BB 2001, S. 825 [827].

40 *Beschlussempfehlung,* BT-Ds. 13/9909, S. 10 (S. 12).

IV. Allgemein anerkannte Regeln der Technik

Möglicherweise stand der im Umwelt- und Technikrecht verwendete Begriff der allgemein anerkannten Regeln der Technik für § 292a Abs. 2 Nr. 2 lit. a) HGB Pate.

Dies wäre denkbar, da im Normgebungsverfahren die GAAP und die IAS, also Normen privater Standardsetzer, angesprochen wurden und außerdem gleichzeitig die Schaffung eines privaten bilanzrechtlichen Normgebungsverbands nach dem Vorbild des DIN e. V. diskutiert wurde[41]. Im Umwelt- und Technikrecht wird auf Normen privater Standardsetzer Bezug genommen, um sich deren technischen Sachverstand zu Eigen zu machen. Grund dafür ist, dass der Gesetzgeber bei verhältnismäßigem Aufwand nicht über den gleichen Sachverstand verfügen und sich zudem nicht fortlaufend über technische Fortschritte unterrichten kann[42].

Aus dem Stillstand der gesetzgeberischen Tätigkeit im deutschen (und europäischen) Bilanzrecht seit der Einführung und Umsetzung der Bilanzrichtlinien Anfang der achtziger Jahre könnte geschlossen werden, dass der Gesetzgeber nicht in der Lage sei, sich in angemessener Zeit den erforderlichen Sachverstand selbst anzueignen und auf neuere Entwicklungen mit eigenen Regelungen zu reagieren. Viele neuere Entwicklungen im Wirtschaftsleben wie moderne Finanzinstrumente, aber auch seit jeher bestehende Probleme, wie das Leasing, die langfristige Auftragsfertigung oder die phasengleiche Behandlung von Dividenden im Konzern, sind ungeregelt geblieben, obwohl ersichtlich ein Regelungsbedarf bestand[43]. Vor dem Hintergrund, dass ein privates deutsches Rechnungslegungsgremium geschaffen wurde und mit der Anwendung von GAAP und IAS privat gesetzte Standards zur Anwendung kommen sollten, könnte man vermuten, dass sich der Gesetzgeber aus der bilanzrechtlichen Normsetzung zurückziehen wollte.

Trotz der ähnlichen Problemlage beabsichtigte der Gesetzgeber indessen keine Anlehnung des § 292a HGB an das Umwelt- und Technikrecht.

GAAP und IAS wurden lediglich als *internationale* Standards angesehen, ohne dass ihre private Herkunft näher betrachtet wurde[44]. Die Normsetzung sollte nicht auf Private im internationalen Bereich übertragen werden, um deren technischen Sachverstand zu nutzen[45]. Dagegen spricht schon, dass der deutsche Gesetzgeber weiterhin an eigenen Regeln für die Konzernrechnungslegung festhielt. Dies zeigt, dass er die Materie weiterhin selbst regeln wollte. Überdies wäre die Gründung eines deutschen Rechnungslegungsgremiums überflüssig gewesen, wenn der

---

41 *Beschlussempfehlung,* BT-Ds. 13/9909, S. 11 (S. 15).

42 Ähnlich *Kloepfer,* Umweltrecht, § 3, Rn. 79.

43 *Referentenentwurf,* ZIP 1996, 2000; *Havermann,* WPg 2000, S. 121 [123].

44 Dafür finden sich im Gesetzgebungsverfahren keine Anhaltspunkte. Dort entsteht eher der Eindruck, dass die „US"-GAAP als staatliches Recht angesehen wurden.

45 So auch *Schuppert/Bumke,* in: Kleindiek/Oehler, S. 71 [77].

Gesetzgeber sich auf fremde private Normgeber beziehen wollte. Das Gesetzgebungsverfahren ist im Übrigen nicht zu langsam, um neueren Entwicklungen im Bilanzrecht gerecht zu werden. Das zeigt sich im Steuerrecht. Dort werden Gesetze bisweilen mehrmals innerhalb eines Jahres geändert, ohne dass dem die Formalitäten eines Gesetzgebungsverfahrens entgegen stünden[46]. Wäre die Norm als Verweisung auf technische Regeln anzusehen, wäre überdies nicht nachvollziehbar, warum mit GAAP und IAS nur, aber auch immerhin zwei Regelwerke maßgeblich sein sollten.

§ 292a HGB sollte nur den deutschen Konzernen den Zugang zu den Kapitalmärkten dadurch erleichtern, dass auf Abschlüsse nach den Vorschriften des HGB verzichtet wird, wenn die Konzerne im Hinblick auf die Inanspruchnahme des Kapitalmarkts einen Abschluss nach international anerkannten Regeln aufstellen[47]. Soweit im Gesetzgebungsverfahren ein privates Rechnungslegungsgremium nach dem Vorbild des DIN e. V. diskutiert wurde, lässt dies keine Rückschlüsse auf § 292a HGB zu, da dieses Vorhaben nicht im Kapitalaufnahmeerleichterungsgesetz, sondern im Kontroll- und Transparenzgesetz[48] in Form der §§ 342, 342a HGB verwirklicht wurde. Die Einsetzung eines privaten Gremiums in Deutschland lässt überdies keine Rückschlüsse auf die „international anerkannten Rechnungslegungsgrundsätze" zu, da eine Anerkennung durch ein privates Gremium in Deutschland nicht *international* wäre[49].

V. Rechnungslegungsgrundsätze, die international anerkannt sind

Befreiende Konzernabschlüsse sind nach Rechnungslegungsgrundsätzen aufzustellen, die international anerkannt sind[50]. Dies ergibt sich aus der Entstehungsgeschichte der Norm und ihrem Zweck.

Der Begriff wurde schon in den ersten Überlegungen zum Kapitalaufnahmeerleichterungsgesetz verwendet[51]. Im Referentenentwurf und im Regierungsentwurf war vorgesehen, dass die Befreiungsnorm nur auf Gesellschaften anwendbar

46 Als Beispiel seien die Jahre 1999 bis 2001 aufgeführt. Dazu *Tipke/Lang,* Steuerrecht, S. VII (Vorwort). *Schuppert/Bumke,* in: Kleindiek/Oehler, S. 71 [77] sehen dagegen die Möglichkeit der Selbstregulierung als Grund für eine Übertragung der Normsetzung auf Private (im Rahmen des § 342 HGB) an.

47 *Beschlussempfehlung,* BT-Ds. 13/9909, S. 11 (S. 12 f.).

48 Gesetz zur Kontrolle und Transparenz im Unternehmensbereich (KonTraG) vom 27. April 1998, BGBl. 1998 I S. 786.

49 Folgerichtig beschränkt sich *Deutscher Standardisierungsrat, DRS* 1.10 darauf, die GAAP und die IAS als international anerkannt zu bezeichnen.

50 So auch *Claussen/Scherrer,* in: KK-AktG, Band 6/1, § 292a, Rn. 41, 42.

51 *Leutheusser-Schnarrenberger,* WM 1995, S. 1870 [1871].

war, die einen ausländischen Kapitalmarkt in Anspruch nahmen. Der Abschluss war nach den Rechnungslegungsmethoden aufzustellen, die an diesem Kapitalmarkt vorgeschrieben oder anerkannt waren[52]. Damit wurde konkret auf Regelwerke Bezug genommen, deren Anwendbarkeit sich nach dem in Anspruch genommenen Kapitalmarkt richtete.

In der Beschlussempfehlung des Rechtsausschusses des Deutschen Bundestags wurde der persönliche Anwendungsbereich der Befreiungsnorm erweitert. Die Inanspruchnahme inländischer und ausländischer Kapitalmärkte reichte nunmehr aus, da es allein auf die Börsennotierung ankam[53]. Der Abschluss konnte deshalb nach international anerkannten Rechnungslegungsgrundsätzen aufgestellt werden. Die Fassung der Beschlussempfehlung sollte das Konzept der vorherigen Entwürfe übernehmen[54]. Die Änderung der Bezeichnung des Bezugsobjekts von Rechungslegungs*methoden* in Rechnungslegungs*grundsätze* ist mangels Erläuterung nicht als inhaltliche Änderung anzusehen[55]. Die Bedingung, dass die *an dem in Anspruch genommenen Kapitalmarkt* vorgeschriebenen oder anerkannten Rechnungslegungsmethoden bzw. Rechnungslegungsgrundsätze angewendet werden müssen, konnte nicht beibehalten werden[56], da die Inanspruchnahme eines (ausländischen) Kapitalmarkts als persönliche Befreiungsvoraussetzung durch die Börsennotierung ersetzt wurde. Warum nur noch auf *anerkannte* Rechnungslegungsgrundsätze Bezug genommen wurde, kann mangels Begründung nur vermutet werden. Möglicherweise wurde davon ausgegangen, dass *vorgeschriebene* Rechnungslegungsgrundsätze stets auch als *anerkannt* anzusehen sind[57].

In der Beschlussempfehlung wurde diskutiert, welche Regelwerke die Bedingung der internationalen Anerkennung erfüllen könnten. Hierbei werden mit den GAAP und den IAS zwei Regelwerke ausdrücklich genannt[58]. Daraus ergibt sich, dass der Gesetzgeber die Anwendung fremder Rechnungslegungsgrundsätze zulassen wollte, *soweit* diese international anerkannt sind.

Ein weiteres Indiz ist die Rechtsverordnungsermächtigung in § 292a Abs. 3 S. 2 HGB. Nach ihr kann das Bundesministerium der Justiz Rechnungslegungsgrund-

---

52 § 292 Abs. 5 HGB-RefE, ZIP 1996, S. 2000; § 292a Abs. 1 S. 1, Abs. 2, Abs. 3 Nr. 2 HGB-RegE, BT-Ds. 13/7141.

53 Die Gründe werden erläutert von *Beschlussempfehlung,* BT-Ds. 13/9909, S. 11, 12 (S. 13, 16).

54 *Beschlussempfehlung,* BT-Ds. 13/9909, S. 11 (S. 12).

55 Möglicherweise sollte damit an die Ausgangsüberlegungen zur Vorschrift angeknüpft werden.

56 Beispielsweise mit der Formulierung „an dem in Anspruch genommenen Kapitalmarkt vorgeschriebene oder anerkannte Rechnungslegungsgrundsätze".

57 Der Grund für die Differenzierung zwischen *vorgeschrieben* und *anerkannt* in den früheren Entwürfen ist nicht ersichtlich. Womöglich sollte nach einer Börsennotierung und einer sonstigen Inanspruchnahme des Kapitalmarkts differenziert werden.

58 *Beschlussempfehlung,* BT-Ds. 13/9909, S. 12 (S. 16 f.).

sätze bestimmen, bei deren Anwendung eine Gleichwertigkeit mit einem nach HGB aufgestellten Abschluss anzunehmen sei. Die Verordnungsermächtigung betrifft nur das Tatbestandsmerkmal der Gleichwertigkeit (§ 292a Abs. 2 Nr. 3 HGB). Aus ihr ergibt sich aber, dass es eine unbestimmte Anzahl von Rechnungslegungsgrundsätzen geben muss, von denen nur ein Teil mit den Vorschriften des HGB gleichwertig ist. Daraus ist zu folgern, dass auch nur ein Teil der Rechnungslegungsgrundsätze international anerkannt sein kann – ansonsten wäre das Tatbestandsmerkmal international anerkannt überflüssig. Es wäre nicht einsichtig, warum innerhalb des gleichen Absatzes des § 292a HGB verschiedene systematische Ansätze verfolgt werden sollten – etwa in der Form, dass in Nr. 2 lit. a) zwei Regelwerke abschließend umschrieben werden und in Nr. 3 dagegen ein unbestimmter Rechtsbegriff verwendet wird.

Dieses Ergebnis entspricht dem Zweck der Befreiungsvorschrift. Gesellschaften, die einen Konzernabschluss in Hinblick auf die Teilnahme an einem Kapitalmarkt nach bestimmten fremden Regeln aufstellen, sollen von einem zusätzlichen Abschluss nach den Regeln des HGB befreit werden, um eine Doppelbelastung durch zwei Konzernabschlüsse zu vermeiden. Der Konzernabschluss ist nur dann als befreiend anzuerkennen, wenn er von den Adressaten am Kapitalmarkt akzeptiert wird. Deshalb ist nach Grundsätzen zu bilanzieren, die international akzeptiert werden. Die Akzeptanz dieser Regeln kann sich ändern. Daher ist es sinnvoll, das Bezugsobjekt flexibel zu gestalten, anstatt bestimmte Regelwerke festzuschreiben. Dem könnte zwar entgegengehalten werden, dass es sich um eine Übergangsvorschrift handelt und die internationalen Entwicklungen überschaubar waren. Doch dieser Einwand überzeugt nicht. Die vielen Änderungen im Bilanzrecht seit 1995 haben gezeigt, dass die internationale Entwicklung nicht vorhersehbar war und ist. Die Anerkennung der IAS durch die IOSCO im Jahre 2000 mag noch wenig überraschend gewesen sein. Unabsehbar war jedoch die Geschwindigkeit, mit der das EG-Bilanzrecht geändert wurde. Die IAS-Verordnung von 2002 war 1998 noch nicht in der Form vorstellbar[59]. Genauso überraschend dürfte die im Jahr 2000 in Aussicht gestellte Anerkennung der IAS durch die SEC sein[60]. Das Schicksal der GAAP auf internationaler Ebene ist bis heute in der Schwebe.

1. Rechnungslegungsgrundsätze

Der Begriff der Rechnungslegungsgrundsätze ist weit zu verstehen. Bilanzrechtliche Einzelgrundsätze werden allerdings nicht erfasst[61].

---

59 Eine Fortgeltung des § 292a HGB über 2004 hinaus war nicht auszuschließen.

60 DB 2000, S. 391.

61 *Claussen/Scherrer*, in: KK-AktG, Band 6/1, § 292a, Rn. 41.

a) Einzelne Bilanzierungsprinzipien

Mit Rechnungslegungsgrundsätzen sind nicht einzelne Bilanzierungsprinzipien wie z. B. das Vorsichtsprinzip oder das Imparitätsprinzip gemeint. Diese sind zwar vom Wortsinn noch erfasst, aber letztlich keine Rechnungslegungsgrundsätze im Sinne des § 292a HGB. Die Vorschrift sieht vor, dass die angewandten Rechnungslegungsgrundsätze zu bezeichnen sind (§ 292a Abs. 2 Nr. 4 lit. a) HGB). Wären unter Rechnungslegungsgrundsätzen einzelne Prinzipien zu verstehen, müssten die Gesellschaften im Anhang angeben, dass sie einzelne Grundsätze angewendet haben. Die Information, dass eine Gesellschaft z. B. das Vorsichtsprinzip oder das Imparitätsprinzip angewendet hat, wäre für die Abschlussadressaten nutzlos, da sie – mangels einer Systematisierung der Einzelprinzipien in einem Regelwerk – nicht einordnen könnten, *wie* die einzelnen Prinzipien angewendet wurden und wie widerstreitende Prinzipien untereinander abgewogen wurden. Auf diese Weise erstellte Konzernabschlüsse fänden keine Akzeptanz an den Kapitalmärkten.

Diese Auslegung wird dadurch bestätigt, dass im Gesetzgebungsverfahren nur die Anwendung von Regelwerken (GAAP oder IAS) diskutiert wurde[62].

b) Beschränkung auf zwingendes staatliches Recht und die kaufmännische Übung

Der Begriff der Rechnungslegungsgrundsätze beschränkt sich nicht auf zwingendes staatliches Recht und die kaufmännische Übung[63]. Für eine solche Auslegung gibt es keine Anhaltspunkte im Gesetzgebungsverfahren. Sie hätte zur Konsequenz, dass weder GAAP noch IAS unter § 292a HGB fielen, da es sich jeweils um privat gesetzte Regelwerke handelt, die weder zwingendes Recht noch kaufmännische Übung sind[64]. Beide Regelwerke sollten aber nach Ansicht des Gesetzgebers anwendbar sein[65].

c) Regelwerke im weitesten Sinne

Mit Rechnungslegungsgrundsätzen sind Regelwerke gemeint. Regelwerke sind nach dem hier zu Grunde gelegten Verständnis systematische Zusammenfassungen von kodifizierten und unkodifizierten Einzelnormen oder -prinzipien staatlicher

---

62 *Referentenentwurf,* ZIP 1996, S. 2000 f., 2003; *Regierungsentwurf,* BT-Ds. 13/7141, S. 9 u. 11; *Beschlussempfehlung,* BT-Ds. 13/9909, S. 12 (S. 17). Darauf weisen auch *Claussen/Scherrer,* in: KK-AktG, Band 6/1, § 292a, Rn. 41 hin.

63 So aber *Berger/Lütticke,* in: Beck'scher Bilanz-Kommentar[5], § 292a, Rn. 17 a. E.

64 Die GAAP umfassen allerdings auch die kaufmännische Übung in den USA, dazu auch D.

65 *Referentenentwurf,* ZIP 1996, 2000 f., 2003; *Regierungsentwurf,* BT-Ds. 13/7141, S. 9 u. 11; *Beschlussempfehlung,* BT-Ds. 13/9909, S. 12 (S. 16 f.).

oder privater Herkunft. Damit sind z. B. staatliche Rechtsnormen, sogenanntes Soft Law, die Übung der Kaufleute, private Standards und Börsenvorschriften von dem Begriff umfasst.

Der Gesetzgeber hat keine bestimmten Anforderungen an die Beschaffenheit der Rechnungslegungsgrundsätze vorgesehen. Im Gesetzgebungsverfahren wurden die Begriffe Rechnungslegungs*methoden* und Rechnungslegungs*grundsätze* ohne eine besondere Implikation synonym verwendet[66]. Mit den GAAP und den IAS werden zwei Regelwerke erwähnt, die (zumindest überwiegend) privaten Ursprungs sind und in einem komplexen rechtlichen Umfeld stehen.

Die GAAP setzen sich überwiegend aus privat gesetzten Normen unterschiedlicher Kategorien zusammen. Zum Teil basieren sie auf der praktischen Übung der Kaufleute. Die GAAP genießen die staatliche Anerkennung (Substantial Authoritative Support) durch die Börsenaufsichtsbehörde SEC, werden aber für das Börsenzulassungsverfahren durch deren Vorschriften (z. B. über die Gliederung der Abschlüsse in Regulation S-X) ergänzt[67]. Die IAS sind ebenfalls private gesetzte Normen. Sie werden ergänzt durch sogenannte Interpretationen des IASB[68].

Der Gesetzgeber hat sich nicht mit den Einzelheiten dieser Regelsysteme auseinandergesetzt. Ihm kam es nur darauf an, dass ein Regelwerk verwendet wird, das die Akzeptanz der Abschlüsse an den internationalen Kapitalmärkten gewährleistet. In diesem Zusammenhang ist zu berücksichtigen, dass für privat gesetzte Normen oder besondere Formen im ausländischen Recht in Deutschland kein Fachbegriff existiert. Dem Gesetzgeber musste es daher zwangsläufig schwer fallen, Regelwerke wie die GAAP und die IAS zu umschreiben. Die sprachlichen Schwierigkeiten werden im Schrifttum bisweilen durch den Begriff Soft Law gelöst[69]. Dieser Weg stand dem Gesetzgeber nicht offen. Statt des Begriffs Rechnungslegungsgrundsätze hätte auch der Begriff Regelwerk verwendet werden können. Im Gesetzgebungsverfahren wurden mehrere Begriffe für Rechnungslegungsgrundsätze synonym verwendet, die sich unter *Regelwerk* zusammenfassen lassen[70].

---

66 § 292 Abs. 5 S. 2 HGB-RefE; § 292a Abs. 1 S. 1, Abs. 2, Abs. 3 Nr. 2 HGB-RegE; § 292a Abs. 2 Nr. 2 lit. a HGB.

67 Zum Begriff der GAAP ausführlich unter D.

68 Die aus Sicht des deutschen Rechts unverständliche Auslegung des selbst gesetzten Rechts ergibt sich aus der abweichenden Methodik des anglo-amerikanischen Rechts. Dazu *Schulze-Osterloh,* ZIP 2003, S. 93 [98].

69 *Heintzen,* BB 1999, S. 1050; *Hommelhoff,* in: Ulmer, Band 2, § 292a, Rn. 24. Der Begriff stammt ursprünglich aus dem Völkerrecht, *Tietje,* Internationalisiertes Verwaltungshandeln, S. 255 (dort Fn. 73). Daraus entnommen wurde der Kerngedanke, dass es sich um Normen ohne rechtliche Durchsetzungsmöglichkeit handelt.

70 *Referentenentwurf,* ZIP 1996, S. 2000 ff.: „allgemein anerkannte Regeln", „gesetzliche Regelungen anderer Staaten oder dort allgemein anerkannte Bilanzierungsgrundsätze", „ausländische Rechnungslegungsgrundsätze"; *Regierungsentwurf,* BT-Ds. 13/7141, S. 9 f.: „ausländische Rechnungslegungsgrundsätze", „ausländische oder internationale Grundsätze", „Konzernabschlüsse [...], die entweder den in USA anerkannten Rechnungslegungsnormen

Der Begriff Regelwerk schließt die Anwendung von Rahmengrundsätzen (Frame Work), etwa der GAAP[71] oder der IAS, nicht aus[72]. Die zu Recht kritisierten Interpretationsspielräume bei der Anwendung von Rahmengrundsätzen führen allerdings dazu, dass den nach ihnen erstellten Abschlüssen mangels Vergleichbarkeit die Anerkennung an den Kapitalmärkten versagt bliebe[73]. Das ist allerdings eine Frage der *internationalen Anerkennung* und ändert nichts an der Eigenschaft der Rahmengrundsätze als Regelwerk. Da im Ergebnis Einigkeit darüber besteht, dass Rahmengrundsätze nicht angewandt werden können, soll auf die Frage der Rahmengrundsätze nicht mehr weiter eingegangen werden.

2. Internationale Anerkennung

Für das Tatbestandsmerkmal der internationalen Anerkennung kommen mehrere Bedeutungen in Betracht. Die Auslegung ist schwierig, weil es kaum Anhaltpunkte gibt, die auf den Zweck dieses Tatbestandsmerkmals schließen lassen[74].

a) Erstellung auf internationaler Ebene

International anerkannte Rechnungslegungsgrundsätze sind keine *internationalen*, anerkannten Rechnungslegungsgrundsätze[75]. Der Wortlaut ist genau zu beachten. Eine Beschränkung auf internationale Standards wäre nicht sachdienlich gewesen. Das ergibt sich daraus, dass nur die IAS auf internationaler Ebene erstellt werden, diese aber bei Erlass des Kapitalaufnahmeerleichterungsgesetzes nach Auffassung des Gesetzgebers nicht an den internationalen Kapitalmärkten anerkannt waren[76]. Um dennoch den Befreiungszweck zu erreichen, musste und sollte die Vorschrift für die Anwendung von überwiegend auf nationaler Ebene verwendeten Vorschriften (namentlich die GAAP) geöffnet werden[77].

---

oder den Empfehlungen des IASC entsprechen"; *Beschlussempfehlung,* BT-Ds. 13/9909, S. 10 ff. (S. 11 ff.): „international anerkannte Rechnungslegungsstandards"; „internationale Standards"; „international anerkannte Standards"; „einzelner Rechnungslegungsgrundsätze (z. B. IAS)".

71 Unter ihnen insbesondere die Statements of Financial Accounting Concepts (SFAC) des Financial Accounting Standards Board (FASB).

72 *Tschesche,* IAS-Konzernabschlüsse, S. 82 (der das Frame Work möglicherweise aber nur zur Lückenausfüllung verwenden will). A. A. *Claussen/Scherrer,* in: KK-AktG, Band 6/1, § 292a, Rn. 41; *Pellens/Bonse/Gassen,* DB 1998, S. 785 [787].

73 *Spanheimer,* Internationale Rechnungslegung, S. 259.

74 So auch *Claussen/Scherrer,* in: KK-AktG, Band 6/1, § 292a, Rn. 42.

75 Zumindest unklar bei *Krawitz,* in: Bonner Handbuch, Band 2, § 292a, Rn. 87, 89, 90.

76 *Beschlussempfehlung,* BT-Ds. 13/9909, S. 12 (S. 17).

77 *Beschlussempfehlung,* BT-Ds. 13/9909, S. 12 (S. 16 f.). Dies erkennt auch *Krawitz,* in: Bonner Handbuch, Band 2, § 292a, Rn. 90 an.

b) Internationale Anerkennung nur eines Regelwerks

Die internationale Anerkennung von Rechnungslegungsgrundsätzen bedeutet nicht zwangsläufig, dass nur ein Regelwerk anerkannt sein kann und alle anderen nicht bzw. dass kein Regelwerk anerkannt ist, solange noch andere neben ihm angewandt werden[78]. Diese Auslegung kann dem Wortlaut nicht entnommen werden. Es ist zu berücksichtigen, dass der Zweck der Befreiungsnorm nur dadurch erreicht werden sollte, dass mehrere Regelwerke anwendbar waren[79].

c) Anerkennung durch ein internationales Gremium

Eine Anerkennung durch ein internationales Gremium ist nicht erforderlich[80].

Für eine solche Anerkennung käme nur die (privatrechtlich organisierte) internationale Vereinigung der Börsenaufsichtsbehörden IOSCO in Betracht, da in ihr die Börsen und Aufsichtsbehörden vereinigt sind, die für eine Akzeptanz an den Kapitalmärkten sorgen könnten. Andere kapitalmarktorientierte internationale Organisationen, die sich in einer berücksichtigungsfähigen Weise mit der Rechnungslegung befassen, existieren nicht. Staatliche Abkommen, etwa auf Ebene der UN oder der OECD, zeichnen sich auf Dauer nicht ab.

Die Anerkennung durch ein wie auch immer geartetes Gremium könnte sich auf den Wortlaut des § 292a HGB stützen, der einen Anerkennungsakt impliziert. Wenn etwas international anerkannt ist, setzt das eine anerkennende Instanz oder Gruppe voraus. Die Anerkennung durch ein Gremium böte den Rechtsanwendern ein hohes Maß an Rechtssicherheit. Sie müssten nicht selbst klären, welche Regelwerke als anerkannt anzusehen sind. Für die Gesellschaften, die Abschlussprüfer und die Adressaten der Abschlüsse wäre klar, welches Regelwerk anerkannt ist und welches nicht. Die Anerkennung durch ein internationales Gremium könnte im Bundesanzeiger veröffentlicht werden.

Eine Anerkennung durch ein internationales Gremium wie die IOSCO war nach Ansicht des Gesetzgebers zwar bedenkenswert, aber letztlich keine Voraussetzung für die internationale Anerkennung. Im Zeitpunkt des Gesetzeserlasses waren weder die GAAP noch die IAS durch die IOSCO anerkannt[81]. Beide sollten aber nach

---

78 In diese Richtung *Claussen/Scherrer,* in: KK-AktG, Band 6/1, § 292a, Rn. 42; *Hommelhoff,* in: Ulmer, Band 2, § 292a, Rn. 21.

79 *Beschlussempfehlung,* BT-Ds. 13/9909, S. 12 (S. 16 f.). Diese Ansicht teilt übrigens auch *Hommelhoff,* in: Ulmer, Band 2, § 292a, Rn. 21.

80 *Berger/Lütticke,* in: Beck'scher Bilanz-Kommentar[5], § 292a, Rn. 16; *Hoyos/Lechner,* in: Beck'scher Bilanz-Kommentar[4], § 292a, Rn. 18; *W. Schruff,* in: WP-Handbuch, Band 1, Abschnitt N, Rn. 22. A. A. *Biener,* HGB-Bilanzrecht, Rn. 42, der aber alternativ andere Formen einer internationalen Anerkennung für möglich hält.

81 Die IAS wurden erst im Mai 2000 von der IOSCO anerkannt, *EG-Kommission,* Mitteilung „künftiges Vorgehen" KOM (2000) 359, Tz. 5. Eine Anerkennung der GAAP steht nicht

Vorstellung des Gesetzgebers für befreiende Konzernabschlüsse anwendbar sein[82]. Da auch keine anderen Regeln anerkannt waren, wäre die Befreiungsnorm ins Leere gelaufen[83]. Ein Warten auf eine Anerkennung seitens der IOSCO wäre keine Alternative gewesen, da schnell gehandelt werden sollte[84]. Abgesehen davon, hätte eine Anerkennung durch die IOSCO keine Gewähr dafür geboten, dass die von ihr anerkannten Regeln an allen Kapitalmärkten tatsächlich akzeptiert werden. Die IAS sind bei einigen Kapitalmarktteilnehmern akzeptiert und wurden im Mai 2000 mit Zustimmung der US-amerikanischen Börsenaufsichtsbehörde SEC von der IOSCO empfohlen. Das hat die SEC als Hüterin der international bedeutendsten Kapitalmärkte jedoch vorerst nicht daran gehindert, Abschlüsse nach IAS weiterhin als nicht ausreichend für eine Börsennotierung in den USA anzusehen[85].

Abgesehen davon wäre nicht einsichtig, warum die Ausfüllung eines Tatbestandsmerkmals einer deutschen Vorschrift von einem ausländischen oder internationalen Gremium abhängen sollte.

d) Nachweisprobleme einer Anerkennung durch die Kapitalmarktteilnehmer

Da § 292a HGB Konzernabschlüsse ermöglichen soll, die an den Kapitalmärkten akzeptiert werden, liegt der Schluss nahe, dass für die Anerkennung die Kapitalmarktteilnehmer an den internationalen Kapitalmärkten maßgeblich sind. Die Bedeutung der Kapitalmärkte für die Anerkennung ergibt sich aus dem Anwendungsbereich der Befreiungsnorm. Die Befreiung nach § 292a HGB steht nur Gesellschaften offen, die einen organisierten Wertpapiermarkt in Anspruch nehmen. Aus der Verknüpfung von Anwendungsbereich und internationaler Anerkennung ergibt sich, dass nur die Kapitalmärkte für eine Anerkennung ausschlaggebend sein können. Eine internationale Anerkennung außerhalb der Kapitalmärkte wäre für die Gesellschaften, die § 292a HGB in Anspruch nehmen wollen, nutzlos. Sie hätten im Hinblick auf die Inanspruchnahme internationaler Kapitalmärkte weiterhin einen zusätzlichen Konzernabschluss aufzustellen.

---

in Aussicht. Sie dürfte angesichts der immer stärkeren Ausrichtung der IAS an den GAAP überflüssig sein.

82 *Beschlussempfehlung,* BT-Ds. 13/9909, S. 12 (S. 16 f.). Die dortige Einschränkung durch die Formulierung „u. U." sollte in diesem Zusammenhang nicht überbewertet werden, da keine Umstände, von denen eine Anwendung der GAAP abhängen soll, genannt werden. Darauf weist auch *Busse von Colbe,* in: Festschrift Weber (1999), S. 463 [469] hin. Ein Hinweis wäre aber unabdingbar gewesen, wenn der Gesetzgeber wirklich weitere Umstände für relevant gehalten hätte. Immerhin führt der Rechtsausschuss umfangreich aus, warum eine Befreiung allein für Abschlüsse nach IAS nicht ausreicht. Damit verbunden ist die Erkenntnis, dass die Norm ohne eine Öffnung für die GAAP praktisch leer liefe.

83 *Hommelhoff,* in: Ulmer, Band 2, § 292a, Rn. 21.

84 *Beschlussempfehlung,* BT-Ds. 13/9909, S. 10 (S. 14).

85 *Van Hulle,* ZGR 2000, S. 537 [543]. Die SEC setzt sich allerdings seit einiger Zeit mit der Frage auseinander, ob sie die IAS anerkennen sollte.

Dieser Ansatz stößt jedoch auf kaum überwindbare Probleme bei der praktischen Umsetzung. Die Kapitalmarktteilnehmer sind eine heterogene Gruppe mit unterschiedlichen, bisweilen entgegengesetzten Interessen. Ihr Umfang und die Gruppenzugehörigkeit kann nicht vom Rechtsanwender festgestellt werden[86]. Es wären auch potenzielle Kapitalgeber zu berücksichtigen, da sie ebenfalls Adressaten des Abschlusses sind. Die Erleichterung der Kapitalaufnahme war das Ziel des § 292a HGB[87]. Für die Kapitalaufnahme sind vor allem die potenziellen Anleger von Bedeutung. Bei Berücksichtigung der potenziellen Anleger wäre es angesichts der unüberschaubaren Größe und Heterogenität der Gruppe unmöglich, eine Anerkennung festzustellen oder nachzuweisen. Sie wäre rein hypothetisch.

Für den Normadressaten wäre praktisch nicht feststellbar, welche Regelwerke anerkannt werden. Er wäre auf Vermutungen angewiesen[88]. Der Rechtsanwender bliebe folglich im Unklaren, welche Regelwerke er befreiend anwenden kann. Damit verstieße die Norm gegen das Bestimmtheitsgebot, nach dem ein Gesetz so gefasst sein muss, dass sich der Rechtsanwender über die Folgen seines Handelns im Klaren sein kann[89]. Die Vorschrift wäre wegen eines Verstoßes gegen das Rechtsstaatsprinzip verfassungswidrig.

e) Staatliche Anerkennung

Für eine internationale Anerkennung kommt es auf das Verhalten von Staaten nicht an. Zweck der Befreiung ist es, den Unternehmen die Anwendung von Regeln zu erlauben, die an den *Kapitalmärkten* akzeptiert werden. Eine staatliche Anerkennung eines bestimmten Regelwerks, etwa in Form völkerrechtlicher Vereinbarungen[90], führt nicht zwangsläufig zu einer Anerkennung an den Kapitalmärkten. Das Verhalten staatlicher Stellen mag bei einigen Kapitalmarktteilnehmern Beachtung finden. Letztlich kommt es den Kapitalmarktteilnehmern aber nur auf die Nützlichkeit eines Regelwerkes für ihre Belange an. Das hat z. B. dazu geführt, dass die Rechnungslegungsregeln der EG außerhalb der EG kaum Beachtung gefunden haben, obwohl sie ein sehr hohes Maß an staatlicher Anerkennung genießen.

---

86 Ähnlich *Hoyos/Lechner,* in: Beck'scher Bilanz-Kommentar[4], § 292a, Rn. 19.

87 Dem entspricht schon der Name des Gesetzes, mit dem § 292a HGB eingeführt wurde.

88 Die internationale Durchsetzung von GAAP und IAS wird oftmals unterstellt. Beweisbar anhand bestimmter Kriterien ist sie indessen nicht.

89 Zu den Anforderungen des Bestimmtheitsgebots bereits ausführlich unter I.

90 Dazu *Kirchhof,* ZGR 2000, S. 681 [691]. *Heintzen,* KoR 2001, S. 150 [153] hält diese Idee zu Recht für unpraktikabel. Dazu schon *Kübler,* ZHR 159 (1995), S. 550 [557 f.].

f) Anerkennung durch Börsen und Börsenaufsichtsbehörden

Für die internationale Anerkennung sind auch die Börsen oder die für die Zulassung zur Börsennotierung zuständigen Aufsichtsbehörden nicht maßgeblich[91].

Auf den ersten Blick scheint es naheliegend, diese Stellen als maßgebende Instanzen für eine Anerkennung heranzuziehen. Eine internationale Anerkennung impliziert das Vorhandensein einer anerkennenden Instanz. Dafür scheint niemand besser geeignet zu sein als die Börsen oder Börsenaufsichtsbehörden[92]. Ihre Aufgabe ist es, die Interessen der verschiedenen Kapitalmarktteilnehmer auszugleichen und zu bündeln. Es ist davon auszugehen, dass von den Börsen und Aufsichtsbehörden nur Regelwerke vorgeschrieben oder toleriert werden, die aufgrund ihrer Qualität und Aussagekraft von den Marktteilnehmern akzeptiert sind.

Die Maßgeblichkeit von Börsen und Börsenaufsichtsbehörden für die Anerkennung könnte ferner darauf gestützt werden, dass anders als im ursprünglichen Gesetzentwurf die Befreiungsnorm nur *börsennotierten* Gesellschaften offen stehen soll. Mit der Börsennotierung wird der Anwendungsbereich der Vorschrift an einen staatlich überwachten Handel angeknüpft[93].

Gegen diesen Gedanken spricht jedoch der Gang des Gesetzgebungsverfahrens. Im Referenten- und im Regierungsentwurf war vorgesehen, dass die Befreiung für jede Form der Inanspruchnahme eines ausländischen Kapitalmarktes gelten sollte – also auch in Form des Freiverkehrs, der nur in geringem Umfang einer staatlichen Aufsicht unterstellt ist[94]. Nach dem Referentenentwurf sollte sogar eine Inanspruchnahme privater Kapitalgeber, wie etwa Banken oder Wertpapiervermittler, genügen. Da für den Freiverkehr keine Aufsicht durch Börsenaufsichtsbehörden vorgesehen ist (bei Banken und privaten Vermittlern ohnehin nicht), kann das Anerkennungsverhalten der Behörden nicht maßgebend sein. Im Freiverkehr kann es nur auf die Akzeptanz des Marktveranstalters oder der Marktteilnehmer ankommen. Bei Privaten spielt eine Anerkennung durch Marktorganisationen kaum eine Rolle. Das Konzept der früheren Gesetzentwürfe wurde in der Beschlussempfehlung übernommen[95]. Der Begriff der international anerkannten Regelwerke rückte an die Stelle der an den in Anspruch genommen ausländischen Kapitalmärkten *vorgeschriebenen* oder *anerkannten* Regeln. Der Grund für die weitere Formulierung war, dass auch die Gesellschaften, die einen inländischen Kapitalmarkt in Anspruch nehmen, ihre Abschlüsse nach fremden Regeln

91 So im Ergebnis auch *Claussen / Scherrer,* in: KK-AktG, Band 6 / 1, § 292a, Rn. 42.

92 Beide werden hier nebeneinander genannt, um die unterschiedlichen Instrumentarien der Kapitalmarktüberwachung in den verschiedenen Staaten zu berücksichtigen.

93 *Ernst,* in: Dörner / Menold / Pfitzer, S. 321 [328].

94 *Claussen,* Bank- und Börsenrecht, § 9, Rn. 49; *Kümpel,* Bank- und Kapitalmarktrecht, § 17, Rn. 401 f.

95 Aus *Beschlussempfehlung,* BT-Ds. 13 / 9909, S. 10, 12 (S. 12, 16 f.) ergeben sich keine Einschränkungen.

ausstellen können sollten. Daher musste auch die Passage über die anwendbaren Regeln angepasst werden.

Auf die Börsennotierung als Argument für eine Maßgeblichkeit des Verhaltens der Börsen oder Börsenaufsichtsbehörden kann im Übrigen deshalb nicht abgestellt werden, weil der Gesetzgeber in § 292a Abs. 2 Nr. 2 lit. a) HGB den Begriff *anerkannt,* und nicht das Wort *vorgeschrieben,* verwendet hat. Wenn in der Fassung der Beschlussempfehlung die Anerkennung von der Akzeptanz der Aufsichtsbehörden abhängen sollte, weil es in Abs. 1 S. 1 nunmehr auf die Börsennotierung ankam (und damit die Teilnahme am Freiverkehr nicht mehr ausreichte), hätte es nahe gelegen, dass der Ausdruck *vorgeschrieben* statt *anerkannt* verwendet wird. Vielmehr wurde ein Begriff benutzt, der in den vorherigen Entwürfen für den Freiverkehr gelten sollte, also einem Handelssegment, das nicht unter Aufsicht staatlicher Behörden steht.

Abgesehen davon werden an einigen Kapitalmärkten für die Rechnungslegung alle Regelwerke anerkannt, die lediglich bestimmte Mindeststandards einhalten[96]. Solange eine Gesellschaft an einem dieser Kapitalmärkte notiert ist, könnte sie demnach jedes beliebige Regelwerk anwenden. Ein Ergebnis, das der Gesetzgeber ersichtlich nicht gewollt haben kann.

Bei Einführung des § 292a HGB war kein Regelwerk an mehreren bedeutenden Kapitalmärkten akzeptiert[97]. Die Befreiungsvorschrift wäre ins Leere gelaufen, wenn das Anerkennungsverhalten von Börsen oder Aufsichtsbehörden maßgeblich gewesen wäre.

Das Anerkennungsverhalten von Aufsichtsbehörden ist daher nicht generell geeignet, den Kreis der anwendbaren Regelwerke zu beschränken. Die Anerkennung durch eine Börse oder Börsenaufsichtsbehörde gewährleistet genauso wenig wie eine staatliche Anerkennung die Akzeptanz eines Regelwerks bei den Kapitalgebern. Es wäre daher nicht sinnvoll, auf ihr Verhalten abzustellen.

g) Internationale Anerkennung als Willkürschranke bei der Auswahl des Regelwerks

Die internationale Anerkennung dient lediglich der Bindung der den Gesellschaften mit § 292a HGB eingeräumten Gestaltungsfreiheit an den Zweck der Be-

---

96 *Gidlewitz,* Harmonisierung, S. 44 f. Auch § 22 Abs. 4 der Börsenzulassungs-Verordnung sieht nur vor, dass ergänzende Angaben lediglich dann erforderlich sind, wenn der eingereichte Abschluss kein den tatsächlichen Verhältnissen entsprechendes Bild darstellt.

97 *Hommelhoff,* in: Ulmer, Band 2, § 292a, Rn. 21. In den USA wurden Abschlüsse nach IAS oder nach den Gesetzen der Mitgliedstaaten der EG nicht toleriert. Innerhalb der EG wurden Abschlüsse nach GAAP oder nach IAS nur z. T. toleriert (in Frankreich, Dänemark, Italien und den Niederlanden). Nach Art. 2 der IAS-VO dürfte die Anerkennung der GAAP-Abschlüssen ausgeschlossen sein, soweit die GAAP nicht den IAS entsprechen, *Ernst,* BB 2001, S. 823 [825].

freiungsvorschrift. Die Gesellschaften haben lediglich nachzuweisen, dass die Anwendung eines bestimmten Regelwerks von ihren Abschlussadressaten erwartet wird. Dafür reicht auch eine Prognoseentscheidung aus, die – begrenzt auf Missbrauchsfälle – überprüfbar ist.

aa) Bindung an den Befreiungszweck

Ohne die Einschränkung der internationalen Anerkennung könnten die Gesellschaften ihre Konzernabschlüsse nach jedem beliebigen Regelwerk aufstellen. Die Befreiungsmöglichkeit wäre nicht zweckgebunden. Das wirkt sich in den Fällen aus, in denen die kapitalmarktorientierten Gesellschaften aus anderen Gründen als der Kapitalaufnahme nach fremden Regeln bilanzieren möchten. Die Gesellschaften können z. B. daran interessiert sein, den Konzernabschluss als Kommunikationsinstrument mit ausländischen Geschäftspartnern zu nutzen oder das interne Steuerungswesen möglichst kongruent zur externen Rechnungslegung zu gestalten[98]. Auch Prestigegründe könnten eine Rolle spielen. Ebenso die Ausnutzung bilanzieller Gestaltungsmöglichkeiten durch die Anwendung fremder Regelwerke (Bilanzpolitik bzw. Forum Shopping)[99].

Der Zweck der Befreiungsvorschrift ist die Tolerierung von Konzernabschlüssen, die im Hinblick auf eine Kapitalmarktteilnahme aufgestellt wurden. Durch die Befreiungsmöglichkeit können diese Abschlüsse mehrfach verwertet werden[100]. Das soll eine Doppelbelastung der betroffenen Gesellschaften verhindern. Es gibt keinen Grund, diese von einer Rechnungslegung nach HGB zu befreien, wenn der mit der Befreiungsmöglichkeit bezweckte Entlastungserfolg nicht eintritt oder erstrebt wird.

Diese Zweckbindung war bereits in den Entwurfsfassungen des § 292a HGB vorgesehen. Dort war die Befreiungsmöglichkeit an die Inanspruchnahme eines ausländischen Kapitalmarkts gebunden.

Daher kommt es auf die Akzeptanz des angewendeten Regelwerks bei den Adressaten an den in Anspruch genommenen Kapitalmärkten an.

---

98 *Küting*, DStR 2000, S. 38 [39].

99 *Biener*, HGB-Bilanzrecht, Rn. 42 a. E. mit dem Beispiel der Aktivierung immaterieller Vermögensgegenstände im englischen Bilanzrecht. Im zweiten Teil der Arbeit wird sich zeigen, dass zu Recht angenommen wird, dass eine Bilanzierung nach GAAP zu einem früheren Gewinnausweis führt.

100 *Heintzen*, BB 1999, S. 1050 [1051].

bb) Abstrakte Akzeptanz an den Kapitalmärkten als ungeeignetes Kriterium

Für die Bestimmung der Akzeptanz könnte abstrakt auf die in Anspruch genommenen Kapitalmärkte abgestellt werden. Dies war in den Entwurfsfassungen des § 292a HGB vorgesehen. Nach ihnen sollten die Regeln anwendbar sein, die an dem in Anspruch genommenen ausländischen Kapitalmarkt vorgeschrieben oder anerkannt waren[101].

Der Gesetzgeber hatte allerdings erkannt, dass auch an den inländischen Kapitalmärkten andere Regelwerke gegenüber dem HGB bevorzugt wurden. Selbst an den eigenen Kapitalmärkten wurden die deutschen Vorschriften nicht von allen Marktteilnehmern akzeptiert. Einzelne Teilnehmer bevorzugten andere Regeln, abhängig von ihren jeweiligen Interessen. Als Beispiel mögen die Investoren im Bereich der Software-Industrie dienen. Die meisten Software-Unternehmen sind an US-amerikanischen Märkten notiert und bilanzieren nach GAAP. Die Branche orientiert sich technisch und kulturell stark an den USA. Die Investoren erwarten daher auch an Kapitalmärkten außerhalb der USA eine Bilanzierung nach GAAP, um die sie interessierenden Unternehmen besser untereinander vergleichen zu können. Im Bereich der Filmindustrie kann dagegen (auf europäischer Ebene) eine Bilanzierung nach englischen Vorschriften geboten sein[102].

Das Problem verschärft sich, wenn eine Gesellschaft mehrere Kapitalmärkte in Anspruch nimmt, deren Teilnehmer womöglich einander widersprechende Regelwerke bevorzugen.

Daher gibt es keine einheitliche Anerkennung an einem bestimmten Kapitalmarkt. Zu unterschiedlich sind die Interessen der einzelnen Marktteilnehmer.

cc) Erforderlichkeit der konkreten Akzeptanz bei den Adressaten

International anerkannt ist ein Regelwerk, dessen Anwendung zumindest von dem überwiegenden Teil der Abschlussadressaten einer Gesellschaft gewünscht wird. Da ein Teil der Adressaten potenzielle Kapitalanleger sind, deren Verhalten nur unterstellt werden kann, reicht für die Beurteilung der Anerkennung eine Prognoseentscheidung der bilanzierenden Gesellschaft aus. Diese ist, begrenzt auf Missbrauchsfälle, vom Abschlussprüfer und den Gerichten nachprüfbar[103].

---

101 Dabei war unklar, was geschehen sollte, wenn eine Gesellschaft mehrere Märkte in Anspruch nahm und wenn ein Kapitalmarkt keine besonderen Anforderungen an die Regelwerke stellte.

102 Dazu *Biener*, HGB-Bilanzrecht, Rn. 42 a. E.

103 Die Situation kann aber nicht mit der Überprüfung einer staatlichen Ermessensentscheidung verglichen werden. Sie entspricht der eines bilanzrechtlichen Wahlrechts. Zu bilanzrechtlichen Wahlrechten *W. Müller*, in: Festschrift Moxter (1994), S. 75 [90 f.].

Allein die betroffenen Gesellschaften können einschätzen, welches Regelwerk von ihnen konkret erwartet wird. Die Kapital aufnehmenden Konzerne haben die engsten Beziehungen zu den Adressaten ihrer Abschlüsse. Sie erstellen ihre Abschlüsse im Hinblick auf die Kapitalaufnahme und haben daher ein Eigeninteresse an der Ermittlung der tatsächlich nachgefragten Regelwerke. Schon das Interesse *potenzieller* Kapitalgeber reicht als Grund für die Anwendung der fremden Regeln aus, wenn die Interessen der bereits vorhandenen Kapitalgeber nicht entgegenstehen. Ziel des Kapitalaufnahmeerleichterungsgesetzes, mit dem § 292a HGB eingeführt wurde, war primär die Gewinnung neuer Kapitalgeber[104]. Die Anwendung international anerkannter Rechnungslegungsgrundsätze soll neue Kapitalgeber erschließen[105].

Es ist nicht auszuschließen, dass dabei Fehlprognosen getroffen werden. Der Gesetzgeber hat das gesehen und verzichtet auf einen Nachweis der tatsächlichen Verbesserung der Wettbewerbslage[106].

Die Anwendung fremder Regeln aufgrund einer Prognoseentscheidung lässt sich sachlich dadurch rechtfertigen, dass niemand bessere Kenntnisse über die Erwartungen des Kapitalmarkts hat als ein Unternehmen, das diesen Kapitalmarkt in Anspruch nehmen will. Das Anerkennungsverhalten von Staaten, Behörden, Börsen oder Kapitalmarktteilnehmern bietet entweder keine Gewähr für eine Anerkennung seitens der Kapitalmarktteilnehmer oder ist nicht gerichtsverwertbar nachzuweisen.

Die Auslegung entspricht der Kapitalmarktorientierung des § 292a HGB, die im bisherigen Bilanzrecht unbekannt war. Für eine kapitalmarktorientierte Rechnungslegung ist der hypothetische Konsens der betroffenen Adressaten als Legitimation bestimmter Regelungen die Grundlage für einen Verzicht auf einzelvertraglich ausgehandelte Informationsregeln[107]. Der hypothetische Konsens ist an sich von einem internationalen Normgeber zu konkretisieren. Da ein solcher fehlt, richtet sich der Inhalt nach den Marktverhältnissen.

---

104 *Regierungsentwurf,* BT-Ds. 13/7141, S. 1, 7 ff. Das ergibt sich bereits aus dem Namen des Gesetzes.

105 Allein die Verwendung bestimmter Regelwerke wird potenzielle Kapitalgeber nicht überzeugen. Entscheidend ist vielmehr die in Aussicht gestellte Rendite. Um den möglichen Erfolg zu kalkulieren, sind verlässliche Zahlen erforderlich. Wenn ein Regelwerk verwendet wird, das als unzuverlässig gilt, werden potenzielle Kapitalgeber entweder ganz auf ein Engagement verzichten oder zumindest einen Risikozuschlag berechnen. Das macht die betroffenen Unternehmen unattraktiver.

106 *Referentenentwurf,* ZIP 1996, S. 2000 [2003]. Die Ausführungen gelten auch für die endgültige Fassung des § 292a HGB. Ob ein solcher Nachweis gegenüber dem Abschlussprüfer oder einem Gericht überhaupt geführt werden könnte, ist indessen zu bezweifeln.

107 *M. Schmidt,* Konzept, S. 241.

dd) Bedenken

Die gegen diese Lösung denkbaren Einwände überzeugen letztlich nicht.

(1) Weiter Ermessenspielraum für die Rechtsanwender

Die vorgeschlagene Lösung könnte sich Bedenken ausgesetzt sehen, weil sie es dem Rechtsanwender ermöglicht, durch eine eigene Prognoseentscheidung über den Inhalt eines Tatbestandsmerkmals zu bestimmen. Sinn eines Tatbestandsmerkmals ist grundsätzlich die Anknüpfung einer bestimmten Rechtsfolge an einen Sachverhalt ohne eine Einflussmöglichkeit für die Rechtsanwender.

Dieser Einwand greift hier letztlich nicht. Im Bereich des Bilanzrechts gewährt der Gesetzgeber den Gesellschaften in vielen Punkten Gestaltungsfreiheiten in Form von Wahlrechten. Wahlrechte sind grundsätzlich zulässig[108]. Sie legen für einen Tatbestand lediglich mehrere mögliche Rechtsfolgen nach Wahl der Rechtsanwender fest. Es ist kein Grund ersichtlich, den Gesellschaften nicht einen Gestaltungsspielraum zu gewähren, solange der Schutz der Adressaten gewährleistet ist.

Der Gesetzgeber hat sich damit befasst, welche Regelwerke in Betracht kommen können. Dabei hat er sich mit der Frage auseinandergesetzt, ob die Befreiung auf die Anwendung der IAS beschränkt werden sollte. Dazu stellte er fest, dass die IAS (seinerzeit) noch nicht im vollen Umfang für Börsenzwecke verwendet werden konnten und dass international auch andere Regelwerke verwendet werden. Dies war der Beweggrund dafür, über die Frage, welche Regelwerke angewendet werden können, nicht selbst zu entscheiden[109]. Eine eigene Prognoseentscheidung des Rechtsanwenders ist die Konsequenz dieses Ansatzes.

Dass sich der Gesetzgeber aus der Regulierung der anwendbaren Regelwerke zurückziehen wollte, wird auch durch das in § 292a Abs. 2 Nr. 2 lit. b) HGB vorgesehene Erfordernis des Einklangs mit der 7. Richtlinie und das in § 292a Abs. 2 Nr. 3 HGB vorgesehene Erfordernis der Gleichwertigkeit der Aussagekraft mit einem Abschluss nach HGB belegt. Dadurch wird der Rechtsanwender direkt an die europarechtlichen Vorgaben gebunden, ihm also die Umsetzungspflicht des Art. 249 Abs. 3 EG aufgebürdet[110]. Im Übrigen hat er für eine Gleichwertigkeit mit Abschlüssen nach den Vorschriften des HGB zu sorgen. Es ist vor diesem Hintergrund nicht ersichtlich, warum dem Rechtsanwender dann auch nicht die Verantwortung für die Auswahl des anzuwendenden Regelwerks übertragen werden soll.

---

108 Zu Wahlrechten im Bilanzrecht allgemein: *Siegel,* in: Leffson / Rückle / Großfeld, S. 417 [421 f.].

109 *Beschlussempfehlung,* BT-Ds. 13 / 9909, S. 12 (S. 17).

110 Die Zulässigkeit dieser Vorgehensweise wird im Rahmen der Einklangerfordernisses noch im zweiten Teil zu untersuchen sein.

Die Übertragung der Entscheidung auf den Rechtsanwender führt nicht zu Willkür oder Missbräuchen[111]. Die Gesellschaften, die § 292a HGB in Anspruch nehmen, werden keine Regelwerke verwenden, die nicht von den Abschlussadressaten allgemein anerkannt sind. Ansonsten würden sie keine Entlastung von doppelten Konzernabschlüssen erreichen. Neben einem willkürlich oder missbräuchlich aufgestellten Abschluss nach einem Regelwerk ohne Akzeptanz müssten sie noch einen weiteren Abschluss für Kapitalmarktzwecke aufstellen. Abgesehen davon wäre eine missbräuchliche Prognoseentscheidung nicht anzuerkennen. Der Prognosespielraum der Gesellschaft findet dort seine Grenze, wo auszuschließen ist, dass ein verwendetes Regelwerk bei den (potenziellen) Kapitalgebern Akzeptanz findet. Die Interessen der bilanzierenden Gesellschaften laufen in diesem Punkt mit denen der Adressaten gleich.

Überdies wird durch eine Prognoseentscheidung und die Bindung an die Interessen der Adressaten nicht die Anwendung jeden beliebigen Regelwerks zugelassen. Wie schon zuvor dargestellt, ist der befreiende Konzernabschluss unter den Vorbehalt des Einklangs mit der 7. Richtlinie und der Gleichwertigkeit mit einem Abschluss nach den Regeln des HGB gestellt. Diese Erfordernisse schließen qualitativ minderwertige oder nicht aussagekräftige Regelwerke aus, ohne dass es auf die Entscheidung des Rechtsanwenders ankäme[112].

(2) Internationaler Aspekt der Anerkennung

Der hier vorgeschlagenen Lösung gegenüber könnte eingewandt werden, dass eine *internationale* Anerkennung vom Wortlaut her eine Akzeptanz auch außerhalb Deutschlands verlange, die hier vorgeschlagene Lösung es aber theoretisch zulasse, dass ein Abschluss nach fremden Regeln allein wegen der Interessen deutscher Kapitalgeber an deutschen Kapitalmärkten zugelassen werde. Auch deutsche Kapitalgeber können Abschlüsse nach fremden Regeln bevorzugen, etwa zur besseren Vergleichbarkeit mit den Abschlüssen anderer internationaler Unternehmen, z. B. aus der Software-Industrie.

Der Einwand ließe unberücksichtigt, dass es nur auf *potenzielle* Kapitalgeber ankommt. Potenzielle Kapitalgeber können nicht in international und national unterschieden werden. Überdies wäre die Annahme, dass sich ein deutsches Unternehmen nur an deutsche Kapitalgeber wenden wolle, heutzutage kaum begründbar. Daher kommen als potenzielle Kapitalgeber immer auch internationale Anleger in Betracht. Zudem bedeutet die internationale Anerkennung nicht, dass das Verhalten deutscher Kapitalgeber nicht relevant sei. Deutsche Gesellschaften konkurrieren mit internationalen Konzernen auch um deutsche Kapitalanleger.

Die Bedeutung des Begriffs ergibt sich aus den Änderungen im Gesetzgebungsverfahren. Dort wurden zunächst nur Unternehmen für eine Befreiung vorgesehen,

111 Ähnlich *Henssler/Slota,* NZG 1999, S. 1133 [1137 f.].

112 Ähnlich *Ernst,* in: Dörner/Menold/Pfitzer, S. 321 [330].

die einen *ausländischen* Markt in Anspruch nahmen[113]. Für die anzuwendenden Regelwerke konnte es daher nur auf diese Märkte und ihre Akteure ankommen. Mit der Beschlussempfehlung wurde der Anwendungsbereich auf die deutschen Kapitalmärkte erweitert. Die Kapitalmarktteilnehmer in Deutschland und im Ausland sind zusammengefasst als international anzusehen.

(3) Entgegenstehen der Gesetzesbegründung

Die Gesetzesbegründung steht dem Lösungsvorschlag möglicherweise entgegen. Dort wird die Frage der internationalen Anerkennung diskutiert. Der Gesetzgeber hat eine Anerkennung durch ein Gremium wie die IOSCO erwogen. Die GAAP sollen nur unter nicht näher genannten Umständen als international anerkannt anzusehen sein[114]. Das spricht auf den ersten Blick für eine abstrakte Anerkennung an der Mehrzahl der Kapitalmärkte.

Diese Anhaltspunkte stehen bei genauerer Betrachtung nicht im Gegensatz zu der hier vorgeschlagenen Lösung. Das Anerkennungsverhalten von staatlichen Stellen, internationalen Gremien oder Börsen ist kein geeignetes Kriterium. Im Rahmen des § 292a HGB kann es nur auf das Verhalten der Kapitalmarktteilnehmer ankommen. Dieses Verhalten ist nicht ermittelbar[115].

Die Gesetzesbegründung impliziert keine Beschränkung auf GAAP und IAS. Der Gesetzgeber hielt stets die Anwendung anderer Regelwerke für möglich[116]. Allerdings präsentierte der Gesetzgeber an keiner Stelle Kriterien, die für eine Definition einer internationalen Anerkennung anhand objektiver Kriterien geeignet sein könnten[117].

Selbst wenn man eine entsprechende Absicht des Gesetzgebers unterstellte, fände sie sich nicht im Normtext wieder. Vielmehr lässt das Gesetz auf die enge Beziehung von angewandten Regeln und den Adressaten schließen.

VI. Anwendbarkeit der „GAAP“

Nach dem Vorstehenden kommen als international anerkannte Rechnungslegungsgrundsätze alle Regelwerke in Betracht, von denen die bilanzierende Ge-

113 *Referentenentwurf,* ZIP 1996, S. 2000; *Regierungsentwurf,* BT-Ds. 13/7141.

114 *Beschlussempfehlung,* BT-Ds. 13/9909, S. 12 (S. 17).

115 Darauf wurde in den vorhergehenden Abschnitten bereits eingegangen.

116 *Referentenentwurf,* ZIP 1996, S. 2000: „[...] nach US-GAAP oder nach IAS oder nach anderen allgemein anerkannte[n] Regeln [...]“; *Regierungsentwurf,* BT-Ds. 13/7141, S. 9: „[...] nach US-GAAP oder nach IAS oder nach anderen allgemein anerkannte[n] Regeln [...]“; *Beschlussempfehlung,* BT-Ds. 13/9909, S. 12 (S. 17): „International werden daher auch andere Rechnungslegungswerke [als die IAS, Anm. d. Verf.] verwendet.“; a. a. O., S. 13 (S. 18): „[...] Rechnungslegungsgrundsätze (z. B. IAS) [...]“.

117 *Hoyos/Lechner,* in: Beck'scher Bilanz-Kommentar[4], § 292a, Rn. 18 f.

sellschaft aufgrund einer Prognoseentscheidung annimmt, dass sie von potenziellen oder bereits existierenden Kapitalgebern nachgefragt werden. Nicht international anerkannt sind Regelwerke, bei denen eine Nachfrage durch die Kapitalgeber dem ersten Anschein nach auszuschließen ist.

Abschlüsse nach GAAP sind international anerkannt. Die GAAP werden von einer Vielzahl von Kapitalmarktteilnehmern als weltweit führendes Regelwerk angesehen. Sie werden weltweit am häufigsten verwendet[118]. Basis dafür ist ihre Anerkennung im Ursprungsland USA, der weltweit größten Volkswirtschaft. Daneben sind sie wegen der Anforderungen der US-amerikanischen Kapitalmärkte verbreitet. Die US-amerikanischen Kapitalmärkte sind wegen ihrer Größe von globaler Bedeutung[119]. Konzernabschlüsse nach GAAP werden weltweit von Kapitalanlegern akzeptiert. Dafür spricht nicht zuletzt die Übernahme der GAAP in das Regelwerk spezieller Marktsegmente der deutschen Börsen (z. B. des SMAX-Segments und weiland des Neuen Markts[120]). Von der internationalen Anerkennung ist eine wachsende Zahl deutscher Unternehmen überzeugt, die nach GAAP bilanzieren[121].

Die Anwendbarkeit der GAAP wären nur in extremen Ausnahmesituationen, in denen sich abzeichnet, dass kein Abschlussadressat an ihrer Anwendung interessiert ist, ausgeschlossen. Das dürfte bei börsennotierten Gesellschaften kaum vorkommen.

D. GAAP als Bezugsobjekt des § 292a HGB

Nachdem feststeht, dass die GAAP international anerkannte Rechnungslegungsgrundsätze sind, erscheint es auf den ersten Blick überflüssig, sich vertieft mit den GAAP als Bezugsobjekt des § 292a HGB auseinanderzusetzen. Wie der Gesetzgeber könnte man davon ausgehen, dass es sich um die US-amerikanischen Rechnungslegungsvorschriften handelt[122].

Diese Feststellung reicht für die praktische Anwendung der Norm allerdings nicht aus. Zum einen ist nicht klar, welche Regeln unter den Begriff GAAP fallen[123].

---

118 *Ernst,* in: Dörner / Menold / Pfitzer, S. 321 [331].

119 *Pellens,* Internationale Rechnungslegung, S. 19 u. 91.

120 *Helmschrott,* DStR 2000, S. 941.

121 *Pellens,* Internationale Rechnungslegung, S. 8 zählt 13 Unternehmen aus dem DAX-100. *Born,* Rechnungslegung International, S. 336 zählt allein 16 Unternehmen, die an der New Yorker Börse notiert sind. Diese sind nach den Vorschriften der US-amerikanischen Börsenaufsichtsbehörde SEC zur Rechnungslegung nach GAAP bzw. zu einer Überleitungsrechnung auf GAAP verpflichtet. Zur Verbreitung an den deutschen Märkten die Studie von *Krawitz / Albrecht / Büttgen,* WPg 2000, S. 541.

122 *Regierungsentwurf,* BT-Ds. 13 / 7141, S. 7: „Rechnungslegungsvorschriften der USA".

123 *Luttermann,* Bilanzrecht, S. 67; *Spanheimer,* Internationale Rechnungslegung, S. 259.

Zum anderen stellt sich die Frage, welche Fassung der vom Begriff GAAP erfassten Regeln anzuwenden ist.

Die US-amerikanischen Rechnungslegungsvorschriften werden von der Börsenaufsichtsbehörde SEC und von verschiedenen privaten Standardsetzern entwickelt. Daneben gibt es Rahmengrundsätze und Regeln, die aus der Praxis der Kaufleute gewonnen werden. Für die unter § 292a HGB fallenden Gesellschaften muss klar sein, welche Regeln sie anwenden müssen, damit ihr Abschluss befreiende Wirkung hat.

I. Umfang der GAAP

Für die Definition des Begriffs GAAP gibt es in den USA zwei Institutionen, die als maßgeblich anzusehen sind, die Wirtschaftsprüferorganisation AICPA und die Börsenaufsichtbehörde SEC. Möglicherweise liegt § 292a HGB aber auch ein autonomes Verständnis des Begriffs zu Grunde. Schließlich handelt es sich um eine Vorschrift des deutschen, und nicht des US-amerikanischen Rechts.

1. GAAP nach dem Verständnis des Wirtschaftsprüferverbands AICPA

Die US-amerikanische Wirtschaftsprüferorganisation American Institute of Certified Public Accountants (AICPA) schreibt ihren Mitgliedern in Rule 203 des Code of Professional Conduct vor, ein uneingeschränktes Testat grundsätzlich nur zu dann erteilen, wenn ein Abschluss den kodifizierten Vorschriften eines vom Rat (Council) des AICPA autorisierten Standardsetzers entspricht[124]. Der Council des AICPA hat die Statements of Financial Accounting Standards (SFAS) des privatrechtlich organisierten Standardsetzers Financial Accounting Standards Board (FASB) für maßgeblich erklärt[125]. Daneben sind die vom FASB noch nicht überarbeiteten Accounting Research Bulletins (ARB) des ebenfalls privatrechtlich organisierten Committee on Accounting Procedure (CAP)[126] und APB Opinions

124 „A member shall not (1) express an opinion or state affirmatively that the financial statements or other financial data of any entity are presented in conformity with generally accepted accounting principles or (2) state that he or she is not aware of any material modifications that should be made to such statements or data in order for them to be in conformity with generally accepted accounting principles, if such statements or data contain any departure from an accounting principle promulgated by bodies designated by Council to establish such principles that has a material effect on the statements or data taken as a whole. If, however, the statements or data contain such a departure and the member can demonstrate that due to unusual circumstances the financial statements or data would otherwise have been misleading, the member can comply with the rule by describing the departure, its approximate effects, if practicable, and the reasons why compliance with the principle would result in a misleading statement.“ Abgedruckt in: *Franken,* Gläubigerschutz, S. 97.

125 Das FASB hat seine Arbeit 1973 aufgenommen.

126 Das CAP bestand zwischen 1938 und 1959.

des wiederum privatrechtlich organisierten Accounting Principles Board (APB)[127] maßgeblich[128]. Zur besseren Übersicht soll die folgende Aufstellung dienen.

Nach Rule 203 i.V. m. AICPA-Council anwendbare Vorschriften:

- *SFAS (des FASB)*
- *ARB (des CAP)*
- *APB Opinions (des APB)*

US-amerikanische Abschlussprüfer sind nicht nur an Rule 203, sondern auch an Rule 202 i.V.m. Statement of Auditing Standards (SAS) No. 69 gebunden[129]. Nach SAS 69 sind über die in Rule 203 genannten Regeln hinaus weitere Standards anzuwenden, wenn die in Rule 203 genannten Standards für ein Rechnungslegungsproblem keine Lösung bieten[130]. Die in SAS 69 vorgesehenen Standards sind hierarchisch gegliedert[131]. Sie umfassen, geordnet nach ihrer Rangfolge:

Category (a): wie Rule 203, zusätzlich die Interpretations (SFIN) des FASB;

Category (b): Technical Bulletins des FASB und die vom AICPA herausgegebenen Industry Audit and Accounting Guides und Statements of Position, soweit ihnen das FASB nicht widerspricht;

Category (c): Consensus Positions der FASB Emerging Issues Task Force (EITF) sowie Practice Bulletins des AICPA-Accounting Standards Executive Committee (AcSEC), soweit ihnen das FASB nicht widerspricht;

Category (d): Implementation Guides des FASB, AICPA accounting interpreations sowie die gängige Praxis der Kaufleute.

Hilfsweise ist auf das bilanzrechtliche Schrifttum zurückzugreifen, darunter insbesondere die Statements of Financial Accounting Concepts (SFAC) – die Rahmengrundsätze des FASB, issues papers des AICPA und die IAS[132].

Die Vorschriften der SEC sind nach einer Kommentierung in einer Fußnote zum Prüfungsstandard SAS 69 nur für börsennotierte Unternehmen als *ähnlich bedeu-*

---

127 Das APB existierte von 1959 bis 1973 und war Vorgänger des FASB.

128 „Council is authorized under rule 203 to designate bodies to establish accounting principles. Council has designated the Financial Accounting Standards Board (FASB) as such a body and has resolved that FASB Statements of Financial Accounting Standards, together with those Accounting Research Bulletins and APB Opinions which are not superseded by action of the FASB, constitute accounting principles as contemplated in rule 203.“ Wiedergegeben unter URL: http: // www.aicpa.org / about / code / et203.htm.

129 *AICPA*, Codification, S. 21 (Einleitung zu AU Section 100).

130 Diese Vorgehensweise entspricht der anglo-amerikanischen Gesetzesauslegung, der die Ableitungstechnik unbekannt ist.

131 *Pellens*, Internationale Rechnungslegung, S. 123, 125.

132 SAS 69 [AU § 411.10 und 411.11], abgedruckt in: *AICPA*, Codification, S. 393 f.

tend wie die SFAS, APB Opinions und die ARB einzustufen[133]. Daraus ist zu schließen, dass das AICPA nach der Kapitalmarktorientierung des zu prüfenden Unternehmens differenziert. Bei kapitalmarktorientierten Unternehmen sind daher auch die Vorschriften der SEC zu beachten. Diese werden damit aber nicht Teil der GAAP.

2. GAAP nach dem Verständnis der Börsenaufsichtbehörde SEC

Die Börsenaufsichtbehörde SEC ist durch den Securities Act (SA) und den Securities Exchange Act (SEA) zum Erlass von Rechnungslegungsvorschriften für börsennotierte Gesellschaften ermächtigt[134]. Von dieser Ermächtigung hat die SEC bisher nur für Formvorschriften über die Gliederung und den Gewinnausweis Gebrauch gemacht[135]. Ansonsten hat sie die Normsetzung – durch einen Verweis in Rule 4-01 (a) (1) der Regulation S –X auf die „GAAP" – privaten Standardsetzern überlassen[136]. Der Begriff GAAP wurde vor allem durch Accounting Series Release (ASR) 4 der SEC von 1938 präzisiert[137]. Dort wird angeordnet, dass die börsennotierten Unternehmen Standards mit „substantial authoritative support" anzuwenden haben. Das waren nach damaligem Verständnis die ARB des CAP, später die APB Opinions. Ausdrücklich festgelegt wurde das allerdings nicht[138]. In ASR 150 von 1973 bestimmte die SEC zum ersten Mal konkret, dass die SFAS und SFIN des neu gegründeten FASB „substantial authoritative support" genießen[139]. Aus dem Anerkennungs-Ansatz der SEC folgt zwangsläufig, dass die Vorschriften der SEC keine GAAP sind, sondern über diesen stehen[140].

133 (Fußnote 3 zu SAS 69) „Rule and interpretive releases of the Securities and Exchange Commissions (SEC) have an authority similar to category (a) pronouncements for SEC registrants". Abgedruckt in: *AICPA,* Codification, S. 393.

134 § 19 (a) SA; § 13 (b) (1) SEA.

135 Geschehen in der Regulation S-X.

136 „Financial statements filed with the Commission which are not prepared in accordance with generally accepted accounting principles will be presumed to be misleading or inaccurate, despite footnote of other disclosures, unless the Commission has otherwise provided." Abgedruckt in: *Franken,* Gläubigerschutz, S. 107.

137 „In cases where financial statements filed with this Commission pursuant to its rules and regulations and the SA of 1933 or the SEA of 1934 are prepared in accordance with accounting principles for which there is no substantial authoritative support, such financial statements will be misleading or inaccurate despite disclosures contained in the certificate of the accountant or in footnotes to the statements provided the matters involved are material." Abgedruckt in: *Franken,* Gläubigerschutz, S. 104 f.

138 *Born,* Rechnungslegung International, S. 243.

139 „Principles, standards and practices promulgated by the FASB in its Statements and Interpretations will be considered by the Commission as having substantial authoritative support, and those contrary to such FASB promulgations will be considered to have no such support." Abgedruckt in: *Franken,* Gläubigerschutz, S. 105. Das FASB wurde 1973 gegründet.

140 Im Ergebnis ebenso *Schildbach,* US-GAAP, S. 30.

Daneben verlangt die SEC in Regulation S–X, § 210, Article 3 von den börsennotierten Unternehmen die Prüfung des Abschlusses durch einen Abschlussprüfer und ein uneingeschränktes Testat. Dadurch wird die bereits dargestellte Auffassung des AICPA über die GAAP relevant[141]. Für die Unternehmen reicht es nicht, die GAAP nach dem Verständnis der SEC einzuhalten, sie müssen auch die Auffassung des AICPA beachten, da ansonsten kein uneingeschränktes Testat erteilt wird.

3. GAAP als Bezugsobjekt des § 292a HGB

Für den Umfang der von den deutschen Gesellschaften einzuhaltenden Regeln ist die Kapitalmarktorientierung ausschlaggebend. Sinn des § 292a HGB ist die Entlastung von doppelten Konzernabschlüssen, die durch eine Inanspruchnahme der Kapitalmärkte erforderlich werden. Daher können nur solche Abschlüsse befreiend wirken, die nach Regeln aufgestellt wurden, die von bestehenden oder potenziellen Kapitalgebern akzeptiert werden. Ansonsten wäre eine Befreiung vom deutschen Recht nicht gerechtfertigt. Für die Kapitalgeber ist entscheidend, dass ein Abschluss nach qualitativ hochwertigen Vorschriften aufgestellt wird und dass er mit den Abschlüssen anderer Unternehmen vergleichbar ist.

Soweit die Anleger eine Bilanzierung nach GAAP als vorzugswürdig empfinden, sind sie daran interessiert, dass die nach GAAP erstellten Abschlüsse verschiedener Unternehmen untereinander vergleichbar sind. Dabei orientieren sie sich zwangsläufig an der bereits vorhandenen GAAP-Praxis in den USA. Die GAAP stammen von dort, und es gibt eine Vielzahl von Unternehmen, ob kapitalmarktorientiert oder nicht, die diese Regeln seit langem anwenden. Deutsche Gesellschaften, die § 292a HGB in Anspruch nehmen wollen, müssen die gleichen Vorschriften einhalten wie diese Gesellschaften, sonst wären ihre Abschlüsse nicht vergleichbar und fänden damit keine Akzeptanz.

Gesellschaften, die einen US-amerikanischen Kapitalmarkt in Anspruch nehmen, haben sowohl nach dem Verständnis des AICPA wie auch der SEC[142] sowohl die GAAP wie auch die Vorschriften der SEC anzuwenden. Insoweit haben die Gesellschaften im Rahmen des § 292a HGB mehr als nur die GAAP nach dem US-amerikanischen Verständnis zu beachten[143].

Dem steht nicht entgegen, dass im Gesetzgebungsverfahren immer nur die GAAP angesprochen wurden, nicht dagegen die Regeln der SEC, die nicht zu den GAAP zählen, sondern über ihnen stehen. Der Gesetzgeber wollte die Vorschriften der SEC damit nicht ausschließen. Es ist nicht ersichtlich, dass er zwischen den

---

141 *Wüstemann,* GAAP, S. 34 f.

142 Unterschiede gibt es nur bei den SFIN des FASB, die in Rule 203 nicht genannt sind, aber in ASR 150. Dafür gehören die SFIN nach SAS 69 zur höchsten Kategorie der GAAP.

143 Ebenso *Claussen/Scherrer,* in: KK-AktG, Band 6/1, § 292a, Rn. 44.

GAAP und den Vorschriften der SEC absichtlich differenzieren wollte. Die Regeln der SEC wurden im Gesetzgebungsverfahren an keiner Stelle angesprochen.

Abgesehen davon gab der Börsengang eines deutschen Unternehmens an die US-amerikanischen Börsen 1993 den Anlass für das Gesetzgebungsverfahren[144]. Für den Börsengang musste das Unternehmen die Vorschriften der Börsenaufsicht befolgen. Daher hat der Gesetzgeber deren Anwendung stillschweigend antizipiert[145]. Dass die Vorschriften der SEC nicht im Vordergrund standen, mag auch daran liegen, dass die SEC nur wenige Bilanzierungsfragen selbst regelt. Sie beschränkt sich auf formale Fragen wie die Gliederung von Bilanz und Gewinn- und Verlustrechnung.

II. Anzuwendende Fassung der GAAP

Für den befreienden Konzernabschluss nach § 292a HGB sind die GAAP und die Vorschriften der SEC in ihrer jeweils aktuellen Fassung anzuwenden[146].

Die Unternehmen würden mit Abschlüssen, die sich nicht nach den jeweils aktuellen Regeln richten, keine Akzeptanz bei den Kapitalgebern finden[147]. Diese sind daran interessiert, Unternehmensabschlüsse untereinander vergleichen zu können. Das wäre nicht möglich, wenn nicht jeweils die Vorschriften angewendet werden, an die sich die insoweit maßgebenden Teilnehmer der US-amerikanischen Kapitalmärkte halten müssen[148].

III. Kombination der GAAP mit anderen Regelwerken

Angesichts des offenen Wortlauts des § 292a Abs. 2 Nr. 2 lit. a) HGB stellt sich die Frage, inwieweit verschiedene Regelwerke innerhalb eines Konzernabschlusses kombiniert werden können[149].

Denkbar wäre es, den Gesellschaften eine generelle Kombinationsmöglichkeit einzuräumen. Dann könnten z. B. grundsätzlich die IAS angewendet werden und in Spezialfragen die detaillierteren GAAP.

---

144 *Leutheusser-Schnarrenberger,* WM 1995, S. 1870 [1871]; *Regierungsentwurf,* BT-Ds. 13/7141, S. 7.

145 In diese Richtung *Spanheimer,* Internationale Rechnungslegung, S. 260. Keine Rolle spielt die Erwähnung des Neuen Markts, da diese nicht ausschließlich ist und erst während des Gesetzgebungsverfahrens eingeflossen ist.

146 *Berger/Lütticke,* in: Beck'scher Bilanz-Kommentar^5, § 292a, Rn. 16; *Heintzen,* BB 1999, S. 1050 [1051]; *Schulze-Osterloh,* in: Hommelhoff/Röhricht, S. 301 [304].

147 *Hommelhoff,* in: Festschrift Odersky (1996), S. 779 [785].

148 Zur Vergleichsbasis schon I. 3.

149 *Busse von Colbe,* in: MüKo-HGB, Band 4, § 292a, Rn. 15; *Spanheimer,* Internationale Rechnungslegung, S. 260.

Soweit eine generelle Kombinationsmöglichkeit abzulehnen wäre, könnte zumindest eine Kombination bei Regelungslücken oder in Konfliktfällen in Betracht kommen.

Eine Regelungslücke läge vor, wenn eine Frage in den GAAP nicht geregelt ist, sie aber aufgrund des Einklangerfordernisses (§ 292a Abs. 2 lit. b) HGB) regelungsbedürftig ist. Ein gutes Beispiel dafür ist der Konzernlagebericht, der nach der 7. Richtlinie zusätzlich zum Konzernabschluss aufzustellen ist, aber innerhalb der GAAP unbekannt ist.

Ein Konfliktfall läge vor, wenn eine Einzelvorschrift der GAAP mit einer Norm der 7. Richtlinie im Widerspruch stünde.

1. Generelle Kombinationsmöglichkeit

Wie bereits angedeutet, lässt der Wortlaut des § 292a Abs. 2 Nr. 2 lit. a) HGB offen, ob die GAAP mit anderen international anerkannten Regelwerke vermischt werden dürfen[150]. Die Vermischung könnte gerechtfertigt sein, wenn es – etwa wegen einer detaillierteren Einzelregelung im anderen Regelwerk – zu einer besseren Informationsvermittlung als bei Anwendung der GAAP käme[151]. Eine solche Vorgehensweise könnte zumindest im Einzelfall denkbar sein, wenn sie stetig angewendet würde und nicht gegen die Grundkonzeption der GAAP verstieße[152].

Die Kombination verschiedener Regelwerke ist für die Adressaten des Konzernabschlusses allerdings verwirrend[153]. Die Adressaten können die ihnen präsentierten Informationen nur dann zuverlässig einstufen und auswerten, wenn die GAAP komplett eingehalten werden. Jede Abweichung im Einzelfall, auch wenn sie eine bessere Information gewährt, entfernt den Konzernabschluss vom bekannten Regelwerk. Die Auswirkungen der Unterschiede müssten in jedem einzelnen Fall von den Adressaten nachvollzogen werden. Bei einer Vielzahl von Abweichungen wäre das kaum noch möglich. Die bessere Informationsvermittlung wäre mit einem zu großen Zeitaufwand beim Vergleich verschiedener Abschlüsse erkauft[154].

Die Abschlüsse verschiedener Gesellschaften wären kaum miteinander vergleichbar, da die Gesellschaften die verschiedenen Regelwerke nach eigenem Er-

---

150 *Busse von Colbe,* in: MüKo-HGB, Band 4, § 292a, Rn. 15; *Krawitz,* in: Bonner Handbuch, Band 2, § 292a, Rn. 98.

151 *Busse von Colbe,* in: MüKo-HGB, Band 4, § 292a, Rn. 15.

152 *Deutscher Standardisierungsrat,* DRS 1.12.

153 *Krawitz,* in: Bonner Handbuch, Band 2, § 292a, Rn. 99; *Küting/Hütten,* WPg 1999, S. 12 [15]; *Pellens/Bonse/Gassen,* DB 1998, S. 785 [787]. *Marsch-Barner,* in: GK-HGB, § 292a, Rn. 5 hält eine Verwirrung für möglich, ohne daraus entsprechende Schlüsse zu ziehen. A. A. *Busse von Colbe,* in: MüKo-HGB, Band 4, § 292a, Rn. 17.

154 Dies wird nicht berücksichtigt von *Busse von Colbe,* in: MüKo-HGB, Band 4, § 292a, Rn. 17.

messen kombinieren würden. Es gibt keine Vorgaben dafür, wie verschiedene Regelwerke miteinander kombiniert werden müssen. Die fehlende Vergleichbarkeit wäre schon dann ein Problem, wenn nur in Einzelfällen eine Kombination zulässig wäre[155].

Neben der Verwirrung der Adressaten entstünde das Problem, dass eine Kombinationsmöglichkeit von GAAP und anderen Regelwerken den Unternehmen zu viele Spielräume bei der Bilanzierung einräumte, ohne dass es dafür eine Rechtsfertigung gäbe[156].

Eine generelle Kombinationsmöglichkeit verschiedener Regelwerke ist abzulehnen[157].

2. Kombination bei Regelungslücken in den GAAP

Obwohl eine Kombination mehrerer Regelwerke generell abzulehnen ist, könnte sie in Einzelfällen in Betracht kommen, um Regelungslücken innerhalb der GAAP zu überbrücken[158].

Die Ersatzfunktion kommt einer anderen Rechtsordnung allerdings nicht von sich aus zu. Die Kombinationsmöglichkeit hat sich daran zu orientieren, was die GAAP für den Fall einer Regelungslücke vorsehen.

Bei den seit mittlerweile über 65 Jahren entwickelten GAAP sind Regelungslücken eher selten. Am Wahrscheinlichsten sind sie bei neueren Problemen.

In SAS 69 wird vorgegeben, wie in offenen Bilanzierungsfragen zu verfahren ist[159]. Sollte ein Problem nicht durch die SFAS geregelt sein, ist auf die nächste Stufe von Regelungen zurückzugreifen. Eine der letzten Möglichkeiten ist der Rückgriff auf das Schrifttum oder die IAS. Aus der Reihenfolge der Vorgehensweise in SAS 69 lässt sich eine Rangordnung der GAAP herleiten. Diese ist auch als *House of GAAP* bekannt[160].

Daher können bei einer Regelungslücke innerhalb der GAAP nicht nach Belieben die IAS oder andere Regelwerke herangezogen werden.

---

155 Das übersieht der *Deutsche Standardisierungsrat,* DRS 1.12.

156 *Mujkanovic,* BB 1999, S. 999 [1000].

157 So im Ergebnis auch *Baetge/Kirsch/Thiele,* Konzernbilanzen, S. 110; *Krawitz,* in: Bonner Handbuch, Band 2, § 292a, Rn. 99; *Mujkanovic,* BB 1999, S. 999 [1000]; *W. Schruff,* in: WP-Handbuch, Band 1, Abschnitt N, Rn. 23; *Tschesche,* IAS-Konzernabschlüsse, S. 82; *Wiedmann,* in: Ebenroth/Boujong/Joost, Band 1, § 292a, Rn. 7; *Wollmert/Oser,* DB 2000, S. 729 [731].

158 *Baetge/Kirsch/Thiele,* Konzernbilanzen, S. 110; *Busse von Colbe,* in: MüKo-HGB, Band 4, § 292a, Rn. 15; *Wollmert/Oser,* DB 2000, S. 729 [731].

159 Dazu bereits unter D. I. 1., S. 52.

160 *Claussen/Scherrer,* in: KK-AktG, Band 6/1, § 292a, Rn. 44, 45.

3. Ergänzung der GAAP zur Herstellung von Einklang und Gleichwertigkeit

Soweit durch die 7. Richtlinie (über das Einklangerfordernis) bestimmte Anforderungen an den befreienden Konzernabschluss gestellt werden, die innerhalb der GAAP unbekannt sind (z. B. der Lagebericht), können die betroffenen Vorschriften der 7. Richtlinie direkt angewendet werden, wenn das nicht der Aussagekraft des Abschlusses nach GAAP entgegenwirkt[161]. Der Konzernabschluss nach GAAP wird in diesen Fällen nur ergänzt[162]. Das mindert nicht seine Akzeptanz an den internationalen Kapitalmärkten – dort muss die Ergänzung nicht veröffentlicht werden. Gleichzeitig werden die Anforderungen der 7. Richtlinie eingehalten.

4. Abweichen von den GAAP in Konfliktfällen

Problematisch sind die Fälle, in denen eine Vorschrift der GAAP nicht im Einklang mit der 7. Richtlinie steht. Einerseits wollte der Gesetzgeber den Gesellschaften die Anwendung der GAAP ermöglichen. Andererseits war er an die 7. Richtlinie gebunden. Die Pflicht zur Umsetzung von Richtlinien ergibt sich aus Art. 249 Abs. 3 EG[163]. In einem Konfliktfall müsste eines dieser beiden Ziele zu Gunsten des anderen zurücktreten, da ein Abschluss nicht nach den Regeln zweier widersprüchlicher Regelwerke aufgestellt werden kann[164].

An dieser Stelle ist nur zu untersuchen, ob von den GAAP abgewichen werden darf oder muss. Ob und in welchem Umfang ein Verstoß gegen die 7. Richtlinie hingenommen werden kann, ist im zweiten Teil der Arbeit zu untersuchen.

Soweit ein Abschluss nach GAAP nicht mit der 7. Richtlinie im Einklang steht, darf von den GAAP nicht abgewichen werden[165]. Ein Abschluss, der die Regeln der GAAP und der 7. Richtlinie miteinander kombiniert, fände bei den Kapitalgebern keine Akzeptanz und verstieße gegen die Anforderung des § 292a Abs. 2 Nr. 2 lit. a) HGB, den Abschluss *nach* international anerkannten Rechnungslegungsgrundsätzen aufzustellen.

Der Wortlaut der Vorschrift schränkt den Umfang, in dem die international anerkannten Rechnungslegungsgrundsätze einzuhalten sind, nicht ein[166]. Der Gesetz-

---

161 Ähnlich *IdW,* WPg 1998, S. 428; *Krawitz,* in: Bonner Handbuch, Band 2, § 292a, Rn. 100; *Tschesche,* IAS-Konzernabschlüsse, S. 82; *ders.,* in: Baetge / Kirsch / Thiele, Band 2, § 292a, Rn. 44.

162 *Küting / Hütten,* WPg 1999, 12 [15] mit dem Beispiel Konzernlagebericht.

163 Dazu vertieft im Rahmen des Einklangerfordernisses, Zweiter Teil, A.

164 Dem Problem der praktischen Umsetzung hat sich der Gesetzgeber dadurch entzogen, dass er keine Anordnung für einen möglichen Konfliktfall trifft. Er unterstellt einfach den Einklang der GAAP mit der 7. Richtlinie.

165 *Krawitz,* in: Bonner Handbuch, Band 2, § 292a, Rn. 128.

geber hat nicht vorgesehen, dass in Konfliktfällen von den international anerkannten Rechnungslegungsgrundsätzen abgewichen werden darf oder muss[167]. Der Gesetzgeber hielt Konfliktfälle für ausgeschlossen[168].

Einem Abschluss nach GAAP, der mit Elementen der 7. Richtlinie vermischt ist, bliebe die Anerkennung an den Kapitalmärkten versagt. Die Adressaten würden eine Abweichung von den von ihnen bevorzugten GAAP nicht hinnehmen. Vor allem aber wäre der Abschluss mit anderen Abschlüssen nach GAAP nicht vergleichbar. Eine wie auch immer geartete Kombination mehrerer Regelwerke ist bei den Adressaten nicht bekannt.

Im Falle einer Vermischung eines Abschlusses nach GAAP mit Vorschriften der 7. Richtlinie könnte vom Abschlussprüfer kein uneingeschränktes Testat über die Anwendung der GAAP erteilt werden[169]. Die Pflichtprüfung ist in § 292a Abs. 2 Nr. 5 HGB vorgesehen. Ohne ein uneingeschränktes Testat fände der befreiende Abschluss keine Akzeptanz bei den Adressaten. Der Zugang zu bestimmten Börsen, z. B. der US-amerikanischen, wäre nicht möglich[170].

Eine Vermischung ist zudem wegen des Ersatzcharakters des befreienden Konzernabschlusses ausgeschlossen. Der nach international anerkannten Rechnungslegungsgrundsätzen erstellte Konzernabschluss soll nach § 292a HGB an die Stelle eines Abschlusses nach HGB erstellten treten. Es widerspräche dem *Ersatz*charakter, wenn das zu ersetzende Regelwerk in bestimmten Fällen anwendbar wäre.

E. Verfassungsmäßigkeit der Bezugnahme auf die GAAP

Die Befreiungsregelung des § 292a HGB führt zur Anwendung internationaler Regeln in Deutschland. Das könnte verfassungsrechtliche Probleme aufwerfen. Das Handelsbilanzrecht ist trotz seiner starken Bezüge zum Privatrecht Teil des öffentlichen Rechts[171]. Daher haben die Beteiligten nicht wie im Privatrecht die weitestgehende Freiheit der Rechtswahl.

---

166 Ähnlich *Hopt,* HGB[30], § 292a, Rn. 5; *W. Schruff,* in: WP-Handbuch, Band 1, Abschnitt N, Rn. 23.

167 *Krawitz,* in: Bonner Handbuch, Band 2, § 292a, Rn. 128.

168 Bei Erlass des Gesetzes lag als einzige Untersuchung die der EG-Kommission zur Vereinbarkeit der IAS mit der 7. Richtlinie vor. Diese deckte zwei Abweichungen auf, *Kontaktausschuss,* Konformitätsüberprüfung IAS. Für die GAAP lag dem Gesetzgeber keine Untersuchung vor. Da zukünftige Änderungen ohnehin nicht auszuschließen waren, ist die Vorgehensweise des Gesetzgebers als leichtfertig anzusehen.

169 Nach *IdW,* PS 201.20 ist der befreiende Konzernabschluss nach deutschen Prüfungsnormen zu prüfen. Nach *Ruhnke,* BB 2002, S. 138 [141] sind u. U. auch die US-Prüfungsstandards anzuwenden.

170 Für die SEC ergibt sich das aus Regulation S – X, § 210, Article 3.

171 Dazu vertieft die Monographie von *Icking,* Rechtsnatur des Handelsbilanzrechts.

Wären die GAAP deutsches Recht, müssten sie angesichts der staatlich auferlegten Rechnungslegungspflicht (§ 290 HGB, für Einzelabschlüsse §§ 238, 264 HGB) als öffentliches Recht eingestuft werden. Die Anwendung fremden öffentlichen Rechts im Inland wirft besondere verfassungsrechtliche Probleme auf.

Wegen ihrer Bezugnahme auf fremde Normen konnten bereits die Entwurfsfassungen des § 292a HGB (Referentenentwurf[172] und Regierungsentwurf[173]) als verfassungsrechtlich bedenklich angesehen werden[174]. Sie sahen vor, dass Konzerne, die ausländische Kapitalmärkte in Anspruch nehmen, ihre Konzernabschlüsse mit befreiender Wirkung nach den dort vorgeschriebenen oder anerkannten Regeln aufstellen konnten[175]. Die endgültige Fassung des § 292a HGB hat die Zweifel nicht ausräumen können[176]. Im Gegenteil. Der Anwendungsbereich der Vorschrift wurde noch erweitert (auf alle kapitalmarktorientierten Konzerne) – wenigstens konnte die Erweiterung die früheren Bedenken hinsichtlich des Gleichbehandlungsgebots ausräumen[177].

Die Bezugnahme des § 292a Abs. 2 Nr. 2 lit. a) HGB auf „international anerkannte Rechnungslegungsgrundsätze" könnte gegen das Demokratieprinzip, den Grundsatz der Gewaltenteilung, die sogenannte Wesentlichkeitstheorie und das Gebot der ordnungsgemäßen Normverkündung verstoßen[178]. Bedenklich ist die – indirekte – Regelung der Rechnungslegung deutscher Gesellschaften durch fremde Normgeber. Letzteres können andere Staaten oder Private sein. Fremd heißt dabei nicht unbedingt ausländisch. Private lassen sich nur eingeschränkt dem Ausland zurechnen. Zudem gibt es internationale private Organisationen (z. B. das International Accounting Standards Committee) und mittlerweile auch private Normgeber in Deutschland (das Deutsche Rechnungslegungs Standards Committee[179]). Fremd ist daher jeder andere Normgeber als der Bundesgesetzgeber.

---

172 *Referentenentwurf,* ZIP 1996, S. 2000.

173 *Regierungsentwurf,* BT-Ds. 13/7141.

174 *Budde,* in: Festschrift Beisse (1997), S. 105 ff.; *Budde/Steuber,* Festschrift Baetge (1997), S. 3 ff.; *Grund,* ZIP 1996, S. 1969 ff.; *Hommelhoff,* in: Festschrift Odersky (1996), S. 779 ff.; *ders.*, in: Baetge, S. 109 ff.; *Lutter,* NJW 1996, S. 1945 f.; *Schulze-Osterloh,* in: Hommelhoff/Röhricht, S. 301 ff. gingen – mit unterschiedlichen Begründungen – von der Verfassungswidrigkeit aus. Keine Bedenken hatte dagegen *Ernst,* in: Hommelhoff/Röhricht, S. 323 ff.

175 § 292 Abs. 5 HGB-RefE bzw. § 292a Abs. 1 S. 1, Abs. 2, Abs. 3 Nr. 2 HGB-RegE.

176 *Budde/Steuber,* DStR 1998, S. 504 ff.; *Hellermann,* NZG 2000, S. 1097 ff.; *Kirchhof,* ZGR 2000, S. 681 ff.; *Schulze-Osterloh,* ZIP 2003, S. 93 f. gehen – mit unterschiedlichen Begründungen – von der Verfassungswidrigkeit aus. Dagegen haben *Ernst,* in: Dörner/Menold/Pfitzer, S. 321 ff.; *Heintzen,* BB 1999, S. 1050 ff.; *Henssler/Slota,* NZG 1999, S. 1133 ff.; *Merkt,* in: Hopt, HGB[31], § 292a, Rn. 1 keine Bedenken. Ihre Begründungen unterscheiden sich ebenfalls.

177 Dazu noch *Budde,* in: Festschrift Beisse (1997), S. 105 [112 f.]; *Budde/Steuber,* Festschrift Baetge (1997), S. 3 ff.

178 Grundlegend *Hommelhoff,* in: Festschrift Odersky (1996), S. 779 ff. Weitere Nachweise in Fn. 174 und 176.

Der Begriff der Bezugnahme ist untechnisch, für eine verfassungsrechtliche Würdigung der Vorschrift nicht geeignet. Diese richtet sich nach Funktion und Zweck. Nach diesen beiden Kriterien, die in einem engen Zusammenhang stehen, können verschiedene Formen von Bezugnahmen kategorisiert werden. Für die verschiedenen Formen lassen sich unterschiedliche verfassungsrechtliche Anforderungen ableiten.

Eine im Verfassungsrecht bekannte Art der Bezugnahme eines Gesetzes auf fremde Vorschriften ist die dynamische Verweisung[180]. Sie ist im Hinblick auf das Demokratieprinzip, den Grundsatz der Gewaltenteilung, die sogenannte Wesentlichkeitstheorie, das Bestimmtheitsgebot und das Gebot der ordnungsgemäßen Normverkündung bedenklich. Auch Kollisionsnormen und Substitutionsnormen beziehen sich auf fremde Regeln. Sie sind aus dem Bereich des Internationalen Privatrechts bekannt[181] und verfassungsrechtlich bei weitem weniger problematisch als dynamische Verweisungen.

Man könnte § 292a HGB als dynamische Verweisung[182] wie auch als Kollisions-[183] oder Substitutionsnorm ansehen[184]. Es ist nicht auszuschließen, dass § 292a HGB keinem der bekannten Normtypen entspricht. In diesem Fall müssten die zu den bekannten Normtypen entwickelten verfassungsrechtlichen Maßstäbe entsprechend herangezogen werden.

Soweit § 292a HGB in eine der bekannten Normkategorien eingeordnet werden könnte, folgten die grundsätzlich damit verbundenen verfassungsrechtlichen Konsequenzen daraus nicht automatisch. Die genannten Normkategorien sind nicht gesetzlich geregelt. Für eine verfassungsrechtliche Würdigung sind letztlich nur die Vorschriften des Grundgesetzes heranzuziehen[185]. Das stellt den Sinn einer Typisierung nicht in Frage. Abweichungen wären nur in Ausnahmefällen denkbar.

---

179 Die Vermischung deutscher und englischer Begriffe sowie der grammatikalische Fehler entspringen der selbst gewählten Bezeichnung dieses Gremiums.

180 Diese Art der Bezugnahme ist spätestens seit den ausgehenden sechziger Jahren bekannt, instruktiv *Ossenbühl,* DVBl. 1967, S. 401 ff., vertieft *Karpen,* Verweisung.

181 Die Substitution ist genau genommen kein Teil des Internationalen Privatrechts, *Sonnenberger,* in: MüKo-BGB, Band 10, Einl. IPR, Rn. 554.

182 So vor allem *Hommelhoff,* in: Festschrift Odersky (1996), S. 779 ff.; *Kirchhof,* ZGR 2000, S. 681 ff.

183 *Henssler/Slota,* NGZ 1999, S. 1133 ff.

184 *Ernst,* in: Dörner/Menold/Pfitzer, S. 321 [334] und *Heintzen,* BB 1999, S. 1050 [1052] gehen von einer Anerkennung fremdbestimmter Einzelakte aus und umschreiben letztlich den Fall der Substitution.

185 *Heintzen,* BB 1999, S. 1050 [1051].

I. Formen der Bezugnahme auf Regeln anderer Normgeber

Im Fall des § 292a HGB ist die Art der Bezugnahme auf fremde Vorschriften nicht leicht einzuordnen. Schwierigkeiten bereitet die Möglichkeit der betroffenen Gesellschaften, selbst darüber zu entscheiden, ob sie die Befreiungsmöglichkeit in Anspruch nehmen. Überdies berücksichtigt die Vorschrift ökonomische Zwänge wie rechtliche Verpflichtungen durch fremde Staaten[186]. Es stellt sich zudem die Frage, inwieweit die Globalisierung im Bereich der Kapitalmärkte als internationaler Sachverhalt gewürdigt werden kann[187]. Daher sind für die bekannten Arten der Bezugnahme auf fremde Regeln möglichst präzise Abgrenzungskriterien zu ermitteln, bevor eine Einstufung des § 292a HGB versucht wird.

1. Dynamische Verweisung

Die dynamische Verweisung ist eine Normgestaltung, bei der ein Gesetz in seinem Tatbestand oder in seiner Rechtsfolge ausdrücklich und verbindlich auf den Inhalt einer anderen Norm in ihrer jeweils aktuell gültigen Fassung[188] in der Weise Bezug nimmt, dass der Inhalt der bezogenen Norm Bestandteil des verweisenden Gesetzes wird (Inkorporation)[189]. Das Erscheinungsbild dynamischer Verweisungen ist vielfältig. Sie können sich auf einzelne Paragraphen, Gesetze oder „Gesetze" schlechthin beziehen. Andere Gesetze können übernommen werden oder Tatbestandsmerkmal sein[190].

Diese Erkenntnis kann nur auf den ersten Blick befriedigen. Aus ihr ergibt sich nur das Resultat einer dynamischen Verweisung: Das Verweisungsobjekt teilt durch die Inkorporation Geltungskraft und Ranghöhe der Verweisungsgrundlage[191]. Es bleibt unklar, wie und warum das Verweisungsobjekt inkorporiert wird.

---

186 Ein Beispiel für die Berücksichtigung einer Verpflichtung durch ausländische Staaten bei einer inländischen Verpflichtung ist die Anrechnung der ausländischen Einkommensteuer auf die deutsche Einkommensteuer im Rahmen des § 34c Einkommensteuergesetz. Bemerkenswerterweise gibt die Vorschrift dem Steuerpflichtigen ein Wahlrecht über die Anrechnung und damit über die Form der Anerkennung.

187 *Henssler/Slota,* NGZ 1999, S. 1133 [1137].

188 Darin unterscheidet sich die dynamische Verweisung von der statischen, bei der auf die im Zeitpunkt des Erlasses der Verweisungsgrundlage geltende Fassung des Verweisungsobjekts verwiesen wird.

189 *Heintzen,* BB 1999, S. 1050 [1051]; *Karpen,* Verweisung, S. 19 ff.; *Ossenbühl,* DVBl. 1967, S. 401. Die Inkorporationstheorie hat sich gegenüber der (vereinzelten) Ansicht, dass das Verweisungsobjekt nicht inkorporiert werde (*Staats,* ZRP 1978, S. 59 [61], offen bei *Baden,* NJW 1979, S. 623 [625]), zu Recht durchgesetzt, *Backherms,* ZRP 1978, S. 261 f.; *Karpen,* ZRP 1978, S. 151.

190 *Karpen,* Verweisung, S. 41 ff. mit Beispielen.

191 *Clemens,* AöR 111 (1986), S. 63 [65].

Gerade die Inkorporation ist verfassungsrechtlich problematisch und im Rahmen des § 292a HGB eine der entscheidenden Fragen.

Die Inkorporation hängt vom Zweck der Verweisung ab. Sie wird erforderlich, wenn eine inhaltlich unvollständige Verweisungsgrundlage erst durch das Verweisungsobjekt vervollständigt werden kann[192]. Inhaltlich unvollständig ist eine Verweisungsgrundlage, die ohne das Verweisungsobjekt keinen sinnvollen, ausführbaren Inhalt hätte. Als Maßstab dafür können die Anforderungen des Bestimmtheitsgebots herangezogen werden. Nach diesen muss für die Normadressaten erkennbar sein, welche rechtlichen Folgen ihr Verhalten auslöst[193]. In den Fällen inhaltlich unvollständiger Verweisungsgrundlagen spricht man von einer normergänzenden Verweisung[194].

Im Gegensatz dazu dient eine normkonkretisierende Verweisung nur der Auslegung der Verweisungsgrundlage[195]. Diese kann auch ohne das Verweisungsobjekt ausgelegt werden. Die Auslegung wird durch das Verweisungsobjekt allerdings – zumeist erheblich – erleichtert[196].

Die Frage der Inkorporation lässt sich allerdings nicht allein anhand der Funktionsweise beantworten. Dynamische Verweisungen weisen z. B. große Ähnlichkeiten mit Kollisionsnormen auf[197], unterscheiden sich aber von ihnen[198]. In beiden Fällen liegt hinsichtlich der fremden Regeln ein Anwendungsbefehl des deutschen Gesetzgebers vor[199]. Aber nur im Fall der dynamischen Verweisung kommt es zur Inkorporation. Im Rahmen der Kollisionsnormen kommt das fremde Recht als solches, und nicht als deutsches, zur Anwendung[200].

Die unterschiedliche Motivation des Gesetzgebers für dynamische Verweisungen und Kollisionsnormen führt typischerweise dazu, dass in dynamischen Verweisungen die anwendbaren fremden Regeln genau bezeichnet werden, da der verweisende Gesetzgeber die Regelung der Materie nicht völlig aus der Hand geben will. Dagegen bezeichnen Kollisionsnormen die anzuwendenden fremden Normen im

192 *Karpen,* Verweisung, S. 21.

193 *Sachs,* in: ders., Art. 20, Rn. 126; *Schulze-Fielitz,* in: Dreier, Band 2, Art. 20 (Rechtsstaat), Rn. 117.

194 *Heintzen,* BB 1999, S. 1050 [1052]; *Hommelhoff,* in: Festschrift Odersky (1996), S. 779 [783 f.]; *Karpen,* Verweisung, S. 26 f.

195 Zur besseren Abgrenzung schlägt *Heintzen,* BB 1999, S. 1050 [1052] die Begriffe Geltungsverweisung und Auslegungsverweisung vor.

196 Ein gutes Beispiel dafür ist die Verweisung des § 3 Abs. 6 Bundesimmissionsschutzgesetz auf den Stand der Technik, der unter Zuhilfenahme privater Regelwerke ermittelt wird, *Kloepfer,* Umweltrecht, § 3, Rn. 82.

197 Darauf weist bereits *Schröcker,* NJW 1967, S. 2285 [2290] hin.

198 *Brugger,* VerwArch 78 (1987), 1 [5]; *Clemens,* AöR 111 (1986), 63 [68 ff.].

199 *Schröcker,* NJW 1967, S. 2285 [2290]; *Schuler,* Internationales Sozialrecht, S. 234.

200 *Clemens,* AöR 111 (1986), S. 63 [74]; *Schenke,* in Festschrift Fröhler (1980), S. 87 [124]; *Schuler,* Internationales Sozialrecht, S. 234.

Regelfall nicht, da der Gesetzgeber die Materie nicht selber regeln will. Die Bezeichnung ist allerdings nur ein Indiz. Aus ihrem Fehlen kann noch nicht zwingend gegen eine dynamische Verweisung geschlossen werden[201].

Der praktisch wichtigste Grund für Verweisungen[202] ist die Arbeitsentlastung des Gesetzgebers[203]. Das Parlament muss sich nicht so viel Sachverstand aneignen wie bei der Schaffung eigener Vorschriften. Eine Materie muss sachlich nicht so tief durchdrungen werden, wenn sie bereits von einem anderen Normgeber aufbereitet wurde. Auch die Umsetzung technischer Wertungen in Gesetze bleibt dem verweisenden Gesetzgeber erspart. In engem Zusammenhang damit steht die Beteiligung sachverständiger Kreise an der Normgebung. Neben der damit verbundenen Arbeitserleichterung – die Regeln werden z. B. von privaten Verbänden ausformuliert – hat die dynamische Verweisung den Vorteil, dass die Regeln privater Verbände wegen des höheren Sachverstands qualitativ oft besser sind[204]. Ein weiterer Grund für Verweisungen ist die Gesetzesökonomie. Wiederholungen im Gesetzestext werden vermieden. Dadurch wird das Gesetz optisch übersichtlicher, was zu seiner besseren Verständlichkeit beiträgt[205].

2. Kollisionsnormen

Kollisionsnormen sind vor allem aus dem Internationalen Privatrecht bekannt. Sie ordnen an, durch welche Rechtsordnung ein bestimmter Sachverhalt geregelt werden soll. Sie entscheiden nicht in der Sache selbst, sondern berufen die einschlägige Sachnorm[206]. Dieser Vorgang wird im Kollisionsrecht „Verweisung" genannt[207]. Soweit nach einer Kollisionsnorm in Deutschland fremdes Recht anwendbar ist, wird es – trotz des inländischen Anwendungsbefehls[208] – als fremdes Recht angewandt und nicht inkorporiert[209]. Das berufene fremde Recht wird nicht

---

201 *Heintzen,* BB 1999, S. 1050 [1051].

202 Das gilt für interne und Fremdverweisungen wie für normergänzende und normkonkretisierende Verweisungen gleichermaßen. Das besondere Interesse liegt im Folgenden aber bei normergänzenden Fremdverweisungen.

203 *Karpen,* Verweisung, S. 14.

204 *Karpen,* Verweisung, S. 15. Direkte Verweisungen auf private Regelwerke sind nicht zuletzt wegen verfassungsrechtlicher Bedenken selten geblieben. Ein Beispiel für eine gesetzliche Verweisung auf eine DIN-Norm findet sich in § 35h Abs. 1 u. 3 Straßenverkehrszulassungsordnung für Verbandskästen in Kraftfahrzeugen.

205 *Karpen,* Verweisung, S. 11 f.

206 *Kegel/Schurig,* IPR, S. 52.

207 Der Begriff ist im Hinblick auf die zuvor untersuchten dynamischen Verweisungen untechnisch zu verstehen, *Clemens,* AöR 111 (1986), S. 63 [72].

208 *Schröcker,* NJW 1967, S. 2285 [2290]; *Schuler,* Internationales Sozialrecht, 1988, S. 234.

209 *Clemens,* AöR 111 (1986), S. 63 [72]; *Schenke,* in Festschrift Fröhler (1980), S. 87 [124]; *Schuler,* Internationales Sozialrecht, S. 234.

inkorporiert, weil der deutsche Gesetzgeber keine eigene Sachregelung treffen will, sondern diese dem fremden Normgeber überlässt, da er sich für international nicht zuständig hält[210].

Das gilt allerdings nicht im Bereich des öffentlichen Rechts. Der Staat hat zum deutschen wie zum fremden Privatrecht eine gewisse Distanz, die es ihm ermöglicht, die Rechtsordnungen gleich zu behandeln. Im öffentlichen Recht fehlt diese Distanz, da der Staat hier ein Eigeninteresse am anzuwendenden Recht hat. Die Anwendung fremden öffentlichen Rechts[211] muss daher durch das eigene öffentliche Interesse an einer Förderung des fremden Rechts gerechtfertigt sein (Kooperationsinteresse). Je enger die Beziehungen zu anderen Staaten werden, desto höher wird das Kooperationsinteresse[212].

Kollisionsnormen ordnen einen Sachverhalt den in Frage stehenden Rechtsordnungen unter bestimmten Anknüpfungspunkten zu[213]. Die Auswahl der Anknüpfungspunkte kann durch die Grundrechte der Betroffenen beeinflusst werden[214].

Die Unterscheidung von Kollisionsnorm und Sachnorm (das ist nicht notwendig eine dynamische Verweisung) fällt oft schwer[215]. Als Kriterium genügt nicht, dass eine Norm als typische Kollisionsnorm formuliert werden kann. Entscheidend ist der gesetzgeberische Wille. Wird auf fremdes Recht verwiesen, um zu berücksichtigen, dass es verschiedene Rechtsordnungen gibt, die auf ein Rechtsverhältnis anwendbar sein können, handelt es sich um eine Kollisionsnorm, da die *räumlich* richtige Lösung angestrebt wird. Dagegen steht bei einer inländischen Sachnorm regelmäßig die *sachlich* richtige Entscheidung im Vordergrund[216]. Kennzeichnend für eine Kollisionsnorm ist, dass die Alternative zur Berufung einer inländischen Sachnorm die Verweisung auf eine fremde Sachnorm ist. Im Falle einer inländischen Sachnorm (mit räumlicher Anknüpfung) ist die Alternative dagegen eine andere inländische Sachnorm[217]. Typisch für Kollisionsnormen ist, dass andere

---

210 Ähnlich *Schenke,* in: Festschrift Fröhler (1980), S. 87 [124]. Soweit *Clemens,* AöR 111 (1986), S. 63 [73 f.] der Ansicht ist, dass eine Inkorporation nicht anzunehmen sei, weil dies u. a. wegen des Bestimmtheitsgebots unzweckmäßig wäre, argumentiert er vom Ergebnis her.

211 Da fremdes Recht sich bisweilen nicht wie deutsches Recht in öffentlich und privat differenzieren lässt, ist stets zu fragen, ob die betroffenen Normen im deutschen Recht als öffentlich oder privat anzusehen wären.

212 *Linke,* Europäisches Internationales Verwaltungsrecht, S. 125. Die Anwendung ausländischen öffentlichen Rechts ist seit geraumer Zeit Gegenstand von Diskussionen. Früher galt es als unbeachtlich, *von Bar,* IPR, Band 1[1], Rn. 244 u. 249.

213 Art. 3 Abs. 1 S. 1 EGBGB. Ebenso *Sonnenberger,* in: MüKo-BGB, Band 10, Einl. IPR, Rn. 3.

214 *Sonnenberger,* in: MüKo-BGB, Band 10, Einl. IPR, Rn. 296.

215 *Kegel/Schurig,* IPR, S. 53; *Schuler,* Internationales Sozialrecht, S. 232.

216 *Kegel/Schurig,* IPR, S. 54; *Schuler,* Internationales Sozialrecht, S. 232.

217 *Kegel/Schurig,* IPR, S. 55; *Schuler,* Internationales Sozialrecht, S. 232.

Regelwerke nicht konkret benannt werden, da die anwendbare Rechtsordnung offen bleiben soll[218].

Im Falle verpflichtender Normen kann der Bürger durch eine Verweisung auf fremdes Recht von einer inländischen Verpflichtung frei werden, wenn das ausländische Recht keine Verpflichtung vorsieht. Eine Kollisionsnorm kann allerdings so gestaltet werden, dass der Verzicht auf eine eigene Regelung nur für den Fall ausgesprochen wird, dass eine dem inländischen Recht entsprechende Verpflichtung im fremden Recht vorhanden ist, diese also überhaupt angewendet werden will. Diese Konstellationen sind unter dem Begriff der bedingten Kollisionsnorm bekannt[219].

Inländische Sachnormen, die mit Hilfe fremder Regeln ausgefüllt werden, sind keine Kollisionsnormen. Sie sind inländische Sachnormen, die wegen ihrer Ähnlichkeit mit Kollisionsnormen als „unechte" Kollisionsnormen bezeichnet werden[220]. Unechte Kollisionsnormen inkorporieren das fremde Recht allerdings nicht unbedingt[221]. Werden die Bezüge eines Sachverhalts zu einer fremden Rechtsordnung innerhalb einer deutschen Sachnorm berücksichtigt, soll auch damit eine räumlich richtige Regelung erreicht werden[222]. Auf die Anwendung inländischer Sachnormen kann verzichtet werden, wenn ein bestimmter Auslandsbezug besteht. Das ist beispielsweise bei § 92c HGB der Fall, nach dem die grundsätzlich unabdingbar zu Gunsten der Handelsvertreter bestehenden Schutzvorschriften vertraglich abgedungen werden können, wenn der betroffene Handelsvertreter keine Niederlassung in einem Vertragsstaat des Abkommens über den Europäischen Wirtschaftsraum (EWR) hat[223]. Nur wenn fremde Regeln von einer inländischen Vorschrift ohne Auslandsbezug eines Sachverhalts herangezogen werden, kommt es zur Inkorporation. Unechte Kollisionsnormen haben einen kollisionsrechtlichen Einschlag, letztlich betreffen sie aber Anwendungsfragen inländischer Sachnormen.

Mit Kollisionsnormen stehen Rechtswahltatbestände als „privatautonome" Kollisionsnormen im engen Zusammenhang. Im Bereich der vertraglichen Schuldverhältnisse können die Parteien grundsätzlich die anzuwendenden Sachnormen[224]

---

218 Allseitige Kollisionsnormen ordnen regelmäßig an, dass sich ein bestimmter Sachverhalt nach fremdem Recht beurteilt. Einseitige Kollisionsnormen begrenzen dagegen den Anwendungsbereich des deutschen Rechts.

219 *Hoffmann,* IPR, § 4, Rn. 17 ff.; *Sonnenberger,* in: MüKo-BGB, Band 10, Einl. IPR, Rn. 437.

220 *Feldmüller,* Rechtsstellung fremder Staaten, S. 310; *Linke,* Europäisches Internationales Verwaltungsrecht, S. 37; *Schuler,* Internationales Sozialrecht, S. 234.

221 *Feldmüller,* Rechtsstellung fremder Staaten, S. 322. A. A. *Schuler,* Internationales Sozialrecht, S. 234.

222 *Schuler,* Internationales Sozialrecht, S. 233; *Sonnenberger,* in: MüKo-BGB, Band 10, Einl. IPR, Rn. 325.

223 *Siehr,* RabelsZ 46 (1982), S. 357 [370 f.]; *Sonnenberger,* in: MüKo-BGB, Band 10, Einl. IPR, Rn. 325.

224 Die Beschränkung auf Sachnormen ergibt sich aus Art. 4 Abs. 2 EGBGB.

frei bestimmen (Art. 27 Abs. 1 S. 1 EGBGB). Die richtige Zuordnung eines Sachverhalts wird in diesen Fällen den Parteien überlassen. Allerdings sind die zwingenden Vorschriften des deutschen Rechts anzuwenden, wenn sie einen Sachverhalt ohne Rücksicht auf das auf den Vertrag anwendbare Recht regeln (Art. 34 EGBGB), und nach Art. 37 S. 1 Nr. 2 EGBGB gilt die freie Rechtswahl nicht für das Gesellschaftsrecht[225]. Soweit der Schutz Dritter betroffen ist, verbieten sich Rechtswahltatbestände generell[226].

3. Substitution

Wenn eine inländische Sachnorm auf eine Rechtserscheinung (wie z. B. Eigentum oder Ehe) Bezug nimmt, ist damit grundsätzlich das deutsche Verständnis der Rechtserscheinung gemeint. Im Rahmen der Substitution stellt sich die Frage, ob auch durch fremdes Recht geprägte Rechtserscheinungen unter die deutsche Sachnorm fallen. Die inländische Sachnorm ist danach auszulegen, ob fremde Rechtserscheinungen mit der an sich erwarteten deutschen gleichwertig sind[227]. Die Substitution kann in Fällen mit Auslandsberührung durch das allgemeine Gleichheitsgebot (Art. 3 Abs. 1 GG) geboten sein. Sachverhalte mit Auslandsberührung können sich von rein „deutschen" Sachverhalten so unterscheiden, dass eine Gleichbehandlung willkürlich wäre[228]. Eine Substitution ist allerdings ausgeschlossen, wenn das betroffene Tatbestandsmerkmal nur durch eine inländische Rechtserscheinung ausgefüllt werden kann[229].

Soweit eine Substitution möglich und erforderlich ist, stellt sich die Frage nach der Gleichwertigkeit. Fremdrechtliche Rechtserscheinungen sind mit deutschen gleichwertig, wenn sie die gleichen Funktionen haben (Funktionsäquivalenz)[230]. Der Gesetzgeber kann die Frage der Gleichwertigkeit selbst regeln[231]. Ansonsten

---

225 Etwas anderes könnte sich in Folge des Überseering-Urteils des *EuGH,* NJW 2002, S. 3614 und des Urteils in Sachen Inspire Art, *EuGH,* DB 2003, S. 2219 ergeben, dazu Fn. 324.

226 *Sonnenberger,* in: MüKo-BGB, Band 10, Einl. IPR, Rn. 200.

227 *Von Bar/Mankowski,* IPR, Band 1^2, § 7, Rn. 240; *Kegel/Schurig,* IPR, S. 64; *Kropholler,* IPR, S. 225 f.; *Sonnenberger,* in: MüKo-BGB, Band 10, Einl. IPR, Rn. 550.

228 *Sonnenberger,* in: MüKo-BGB, Band 10, Einl. IPR, Rn. 1 (zum IPR allgemein).

229 *Kropholler,* IPR, S. 226. *Rehm,* RabelsZ 64 (2000), S. 104 [106 f.] nennt als Beispiel § 925 BGB, bei dem die Auflassungserklärung (aus historischen Gründen) nur vor einem deutschen Notar abgegeben werden kann.

230 *Kropholler,* IPR, S. 226; *Rehm,* RabelsZ 64 (2000), S. 104 [107]; *Sonnenberger,* in: MüKo-BGB, Band 10, Einl. IPR, Rn. 550.

231 *Sonnenberger,* in: MüKo-BGB, Band 10, Einl. IPR, Rn. 550, der als Beispiel § 34 Abs. 1 SGB I nennt. Dort heißt es: „Soweit Rechte und Pflichten nach diesem Gesetzbuch ein familienrechtliches Rechtsverhältnis voraussetzen, reicht ein Rechtsverhältnis, das gemäß Internationalem Privatrecht dem Recht eines anderen Staates unterliegt und nach diesem Recht besteht, nur aus, wenn es dem Rechtsverhältnis im Geltungsbereich dieses Gesetzbuches entspricht."

bleibt die Substitution als Frage der Auslegung einer inländischen Sachnorm den Rechtsanwendern überlassen.

Im Normalfall ist für die Substitution eine volle Kongruenz der fremden Rechtserscheinung erforderlich. Im Einzelfall können aber auch geringere Formen der Übereinstimmung ausreichen, etwa bei einer wesentlichen Entsprechung. In einigen Fällen können zumindest Teile der fremdrechtlichen Rechtserscheinung übernommen werden[232].

Die Substitution erfordert nicht zwingend, dass die fremde Rechtserscheinung im Ausland entstanden ist[233]. Dem kann nicht entgegengehalten werden, dass im Inland stets Alternativen nach deutschem Recht zur Verfügung stünden. Das wäre in vielen Situationen im Ausland auch der Fall[234]. Es geht nur darum, ob eine fremdrechtlich geprägte Rechtserscheinung einer deutschen gleichwertig ist und daher an ihre Stelle treten kann. Deshalb muss für die Substitution – abgesehen vom angewendeten fremden Recht – kein Auslandsbezug vorhanden sein. Die Grenze der Substitution bildet allerdings der Missbrauch[235].

Die Substitution ist nicht auf das Internationale Privatrecht beschränkt[236]. Fälle aus dem öffentlichen und dem Steuerrecht sind die Anerkennung ausländischer Fahrerlaubnisse und Diplome sowie die Ermäßigung der Steuerlast wegen einer Doppelbesteuerung im Ausland[237].

Soweit der Gesetzgeber die Substitution selbst regelt, kann er bestimmte gesetzliche Anforderungen an die ausländische Rechtserscheinung stellen (z. B. § 34 Abs. 1 SGB I). Diese sind Teil des deutschen Rechts. Die Anwendung des fremden Rechts ist dagegen keine Frage des deutschen Rechts. Ohne die bereits vorliegende Anwendung des fremden Rechts stellt sich nicht die Frage der Substitution. Sie führt erst zum Entstehen einer fremdrechtlich geprägten Rechtserscheinung. Wenn keine Rechtserscheinung vorläge, gäbe es nichts, was eine erforderliche deutsche Rechtserscheinung ersetzen könnte. Die Substitution führt somit nicht zu einer Inkorporation fremder Vorschriften in das deutsche Recht. Das fremde Recht dient nicht einmal der Auslegung des deutschen Rechts, da nur die Gleichwertigkeit eines von ihm hervorgebrachten Produkts zu untersuchen ist. Daran ändert sich nichts, wenn die Rechtsanwender in einigen Fällen erst durch die Aussicht auf eine Anerkennung nach deutschem Recht zur Anwendung des fremden Rechts bewegt werden.

---

232 *Kropholler,* IPR, S. 228.

233 *Kropholler,* IPR, S. 226; *Rehm,* RabelsZ 64 (2000), S. 104 [108 f.].

234 Notarielle Beurkundungen eines ausländischen Notars im Inland sind grundsätzlich zulässig und ersetzen eine Beurkundung durch einen deutschen Notar. Soweit verlangt würde, dass der Beurkundungsvorgang im Ausland stattfinden müsse, wäre konsequenterweise auf die Möglichkeit der Beurkundung durch deutsche Konsuln im Ausland (§ 10 Konsulargesetz) zu verweisen, *Rehm,* RabelsZ 64 (2000), S. 104 [109].

235 *Rehm,* RabelsZ 64 (2000), S. 104 [118].

236 Schließlich handelt es sich nicht um Kollisionsrecht.

237 *Von Bar/Mankowski,* IPR, Band 1^2, § 7, Rn. 230.

II. Verfassungsrechtliche Anforderungen an Bezugnahmen auf fremde Regelwerke

Die unterschiedlichen Formen von Bezugnahmen auf fremde Regeln, die für § 292a HGB in Betracht kommen, führen zu sehr unterschiedlichen verfassungsrechtlichen Konsequenzen. Da nicht ausgeschlossen ist, dass § 292a HGB keiner der bekannten Formen entspricht, sind auch die allgemeinen Anforderungen des Grundgesetzes für die Gesetzgebung zu untersuchen.

1. Demokratieprinzip

Die Bezugnahme des § 292a Abs. 2 Nr. 2 lit. a) HGB auf die international anerkannten Rechnungslegungsgrundsätze könnte als Verstoß gegen das Demokratieprinzip angesehen werden. Möglicherweise führt die Bezugnahme zu einer Anwendung von Regeln, die nicht auf den Willen des deutschen Gesetzgebers zurückführbar sind. Das Problem stellt sich vor allem bei einer dynamischen Verweisung.

Aus Art. 20 Abs. 1 und 2 GG lassen sich unter dem Oberbegriff des Demokratieprinzips bestimmte Anforderungen an die Gesetzgebung herleiten. Dazu gehören die Bedingungen, unter denen sich ein Bundesgesetz auf Regeln anderer Normgeber beziehen darf.

a) Herleitung des Demokratieprinzips

Nach Art. 20 Abs. 2 S. 1 GG geht alle Staatsgewalt vom Volke aus. Sie wird von ihm in Wahlen und durch besondere Organe der Gesetzgebung ausgeübt (Art. 20 Abs. 2 S. 2 GG)[238]. Das Parlament trifft als Vertreter des Volkes die Gemeinschaftsentscheidungen[239]. Jede Ausübung staatlicher Gewalt muss sich in einer Legitimationskette vom Volk ableiten[240].

Das Parlament darf den Bürgern nur Gesetze auferlegen, deren Inhalt es in seinen Willen aufgenommen hat. Wenn ein Gesetz nicht dem Willen des Parlaments entspricht, lässt es sich auch nicht aus dem Willen des Volkes ableiten. Der hiernach erforderliche Gesetzgebungswille bedingt eine hinreichend konkrete Vorstellung vom Gewollten. Ohne diese Vorstellung wäre der Wille des Parlaments blind[241]. Eine konkrete Vorstellung kann das Parlament nur haben, wenn es den Inhalt seiner Gesetze kennt, berät, prüft und öffentlich diskutiert. Die Bedeutung

---

238 Das Demokratieprinzip wird bereits in Art. 20 Abs. 1 GG eingeführt und im Absatz 2 konkretisiert, *Herzog,* in: Maunz / Dürig, Band 2, Art. 20, II, Rn. 2 f.

239 *Karpen,* Verweisung, S. 168; *Ossenbühl,* DVBl. 1967, S. 401 [402].

240 *Karpen,* Verweisung, S. 170; *Sachs,* in: ders., Art. 20, Rn. 35.

241 *Brugger,* VerwArch 78 (1987), S. 1 [20]; *Karpen,* Verweisung, S. 173 f.; *Ossenbühl,* DVBl. 1967, S. 401 [402].

dieser Vorgänge für die Willensbildung erschließt sich aus dem Umfang der parlamentarischen Geschäftsordnungen[242].

Wenn das Parlament die Gestaltung des Inhalts seiner Gesetze bedingungslos einem anderen Normgeber überlässt, hat es keinen Gesetzgebungswillen mehr, da es den Inhalt des Gesetzes nicht kennen kann. Der Inhalt des Gesetzes ist nicht mehr auf den Willen des Volkes zurückführbar[243]. Eine solche Situation widerspräche den Anforderungen des Art. 20 Abs. 1 und 2 GG.

b) Demokratieprinzip und dynamische Verweisung

Dynamische Verweisungen auf die Regeln fremder Normgeber sind grundsätzlich zulässig, es sind allerdings bestimmte Bedingungen zu beachten[244].

aa) Keine generelle Unzulässigkeit

Eine strikte Ablehnung dynamischer Verweisungen[245] würde das Demokratieprinzip verabsolutieren und unberücksichtigt lassen, dass dynamische Verweisungen das Parlament entlasten[246]. Das Parlament wäre durch eine zu starke Bindung an das Demokratieprinzip in seiner Funktionsfähigkeit behindert. Im Umfeld immer komplizierterer technischer Regelungsbereiche und einer fortschreitenden Normdichte wäre das Parlament mit seinen begrenzten personellen und fachlichen Kapazitäten nicht mehr in der Lage, seinen Kernaufgaben nachzukommen, wenn es alle Details einer Materie selbst regeln müsste[247]. Die Auslegung des Demokratieprinzips darf nicht dazu führen, dass die demokratischen Prozesse gehemmt werden.

---

242 *Karpen,* Verweisung, S. 175 f. *Karpen* fasst dies unter dem Stichwort Government by Discussion zusammen.

243 *Ossenbühl,* DVBl. 1967, S. 401 [403]; *Schenke,* in: Festschrift Fröhler (1980), S. 87 [119]. Das so entstandene Gesetz wird oft als „parlamentsloses Parlamentsgesetz" bezeichnet. Der Begriff geht auf das gleichnamige Werk von *Quaritsch* (2. Aufl. 1961) zurück.

244 *BVerfGE* 26, S. 338 [366]; 47, S. 285 [312]; 60, S. 135 [155]; 78, S. 32 [35]. Ebenso *Brugger,* VerwArch 78 (1987), S. 1 [26]; *Clemens,* AöR 111 (1986), S. 63 [103]; *Heintzen,* BB 1999, S. 1050 [1051]; *Kirchhof,* ZGR 2000, S. 681 [685]; *Schenke,* in: Festschrift Fröhler (1980), S. 87 [120].

245 So *Dreier,* in: ders., Band 2, Art. 20 (Demokratie), Rn. 111; *Hommelhoff,* in: Festschrift Odersky (1996), S. 779 [791]; *Karpen,* Verweisung, S. 177; *Ossenbühl,* DVBl. 1967, S. 401 [403 ff.]; *Sachs,* NJW 1981, S. 1651 [1652] (abgeschwächt in: *Sachs,* Art. 20, Rn. 123: „problematisch").

246 *Brugger,* VerwArch 78 (1987), S. 1 [26]. *BVerfGE* 26, S. 338 [366]; 47, S. 285 [312]; 60, S. 135 [155]; 78, S. 32 [35] gehen hiervon stillschweigend aus, ansonsten wäre der engen Auslegung des Demokratieprinzips zu folgen gewesen.

247 Ähnlich *Brugger,* VerwArch 78 (1987), S. 1 [26 f.].

bb) Keine Rechtfertigung durch jederzeitige Rücknahmemöglichkeit

Dynamische Verweisungen lassen sich nicht dadurch allgemein rechtfertigen, dass der Gesetzgeber die Verweisung jederzeit wieder zurücknehmen kann[248]. Es ist nicht gewährleistet, dass der Gesetzgeber von allen zukünftigen Änderungen des Verweisungsobjekts Kenntnis erlangt. Der Normgeber des Verweisungsobjekts ist nicht gehalten, den deutschen Gesetzgebern von beabsichtigten oder vorgenommenen Änderungen des Verweisungsobjekts zu unterrichten[249]. Ob der verweisende Gesetzgeber sich die Kenntnis von Änderungen überhaupt verschaffen kann und will, ist zu bezweifeln. Sinn einer dynamischen Verweisung ist gerade die Arbeitserleichterung. Der verweisende Gesetzgeber will sich mit den Sachfragen nicht mehr auseinandersetzen[250]. Vorausgesetzt, er könnte sich überhaupt von den Veränderungen unterrichten[251], müsste er bei jeder Änderung prüfen, ob er die Verweisung aufrechterhalten will. Bei diesem Arbeitsaufwand könnte er die jeweiligen Änderungen auch durch jeweils neu anzuordnende statische Verweisungen berücksichtigen, so dass die Regelungstechnik der dynamischen Verweisung in aller Regel keinen Sinn hätte[252].

Weniger schwer wiegt dagegen, dass ein unerwünschtes Verweisungsobjekt zumindest kurzzeitig gelten könnte[253], da der Gesetzgeber die Bestimmungen – allerdings im Rahmen der verfassungsrechtlichen Grenzen[254] – rückwirkend aufheben kann.

cc) Begrenzung der Verweisung

Die Funktionsweise dynamischer Verweisungen birgt die Möglichkeit der zukünftigen Änderung des Verweisungsobjekts in sich. Der bezogene Gesetzgeber, der die Verweisung möglicherweise gar nicht kennt, kann wegen der Inkorporation den Inhalt des verweisenden Rechts ohne Beteiligung oder Benachrichtigung des verweisenden Normgebers verändern, da die jeweils gültige Fassung des Verwei-

---

248 *Hommelhoff,* in: Festschrift Odersky (1996), S. 779 [792]; *Ossenbühl,* DVBl. 1967, S. 401 [403]. A. A. *Brugger,* VerwArch 78 (1987), S. 1 [37]; *Ernst,* in: Dörner / Menold / Pfitzer, S. 321 [334]; *Schröcker,* NJW 1967, S. 2285 [2290].

249 Der Gesetzgeber des Verweisungsobjekts kennt die Verweisung u. U. gar nicht. Er ist durch eine Verweisung auf seine Normen auch nicht gegenüber dem verweisenden Gesetzgeber in irgendeiner Form gebunden.

250 *Hommelhoff,* in: Festschrift Odersky (1996), S. 779 [792].

251 Die laufende Information könnte z. B. an der Vielzahl der ausgesprochenen Verweisungen oder am Inhalt und Umfang der Verweisungsobjekte scheitern.

252 So verfährt das Land Niedersachsen im Verwaltungsverfahrensrecht, § 1 Abs. 1 Niedersächsisches Verwaltungsverfahrensgesetz. Das gleiche gilt für die EG im Rahmen der IAS-Verordnung. Hier wird der Aufwand durch eine Verfahrensvereinfachung, das Komitologie-Verfahren, aufgefangen, *Ernst,* BB 2001, S. 823; *Heintzen,* BB 2001, S. 825 [827].

253 *Hommelhoff,* in: Festschrift Odersky (1996), S. 779 [792].

254 Zu den Grenzen *Sachs,* in: ders., Art. 20, Rn. 131 ff.

sungsobjekts automatisch in das verweisende Recht inkorporiert wird[255]. Ohne eine Beschränkung der Auswirkungen zukünftig möglicher Änderungen des Verweisungsobjekts kann der verweisende Gesetzgeber von den zukünftigen Inhalten seines eigenen Rechts keine Vorstellung haben. Ohne eine Vorstellung vom Inhalt kann der verweisende Gesetzgeber nicht den nach dem Demokratieprinzip erforderlichen Willensentschluss fassen. Damit ginge die demokratische Legitimation verloren[256]. Die Verweisung ist daher inhaltlich einzugrenzen[257].

Die Eingrenzung der Verweisung kann durch den Gesetzgeber in der Verweisungsnorm ausdrücklich vorgenommen werden. Sie kann sich auch daraus ergeben, dass ein scharf umrissenes Rechtsinstitut von einem anderen Gesetzgeber in der gleichen Weise geregelt ist und der Kern der Materie von ihm nicht verändert werden kann[258]. Ebenso kommt eine Begrenzung der Verweisung auf unbedeutende Einzelfragen in Betracht[259]. Andere Eingrenzungen ergeben sich aus einem eingeführten Sprachgebrauch, engem Sachzusammenhang, politisch-finanziellen Grundinteressen, gewohnheitsrechtlichen oder verfassungsrechtlichen Strukturen oder technischen Gründen[260]. Entscheidend ist nur, dass der zukünftige Inhalt des eigenen Rechts determiniert wird.

Der erforderliche Umfang der Inhaltsbestimmung hängt von der betroffenen Materie ab[261]. Im Bereich einer Regelungsmaterie, der unter den Gesetzesvorbehalt fällt, ist eine dynamische Verweisung stets unzulässig, da der Gesetzgeber dort zu einer eigenverantwortlichen Prüfung und Entscheidung gezwungen ist[262]. Grundrechtseingriffe bedürfen einer besonderen demokratischen Legitimation[263].

255 *BVerfGE* 47, S. 285 [315]; *Clemens,* AöR 111 (1986), S. 63 [101].

256 *BVerfGE* 64, S. 208 [214]; 78, S. 32 [36].

257 *BVerfGE* 26, S. 338 [367]; 64, S. 208 [215]; 78, S. 32 [36]; *Schenke,* in: Festschrift Fröhler (1980), S. 87 [119]; *Sommermann,* in: von Mangoldt / Klein / Starck, Band 2, Art. 20, Rn. 280.

258 *BVerfGE* 26, S. 338 [367]. Ähnlich *Clemens,* AöR 111 (1986), S. 63 [109].

259 *BVerfGE* 78, S. 32 [37].

260 *Brugger,* VerwArch 78 (1987), S. 1 [28 ff.]. Ein besonders bekannter Fall der dynamischen Verweisung findet sich im jeweiligen § 1 der Verwaltungsverfahrensgesetze der Länder Berlin, Rheinland-Pfalz und Sachsen. Sie ist wegen der verfassungsrechtlichen und technischen Vorgaben verfassungsmäßig, *Bonk / Schmitz,* in: Stelkens / Bonk / Sachs, § 1, Rn. 57; *BVerwG,* NVwZ 1984, S. 578 (wendet das VwVfG Bln. anscheinend bedenkenlos an); *Kopp / Ramsauer,* VwVfG-Komm., Einf., Rn. 9. A. A. Obermayer, VwVfG-Komm., Einl., Rn. 64 (abgeschwächt in der 3. Auflage). Krit. *Meyer,* in: Knack, § 1, Rn. 47.

261 *Schenke,* in: Festschrift Fröhler (1980), S. 87 [120]. Dieser Punkt berührt auch Fragen, die an sich zur sogenannten Wesentlichkeitstheorie (in diesem Kapitel unter II. 3.) zu zählen sind. Da sich der Wesentlichkeitsgrundsatz u. a. maßgeblich vom Demokratieprinzip ableitet, sind Überschneidungen in der Darstellung unvermeidbar.

262 *BVerfGE* 64, S. 285 [313]; *Jarass / Pieroth,* GG, Art. 20, Rn. 65.

263 *Clemens,* AöR 111 (1986), S. 63 [103]. Das ergibt sich aus der historischen Entwicklung des Demokratieprinzips, die dadurch bedingt ist, dass sich die bürgerlich-liberale Gesellschaft und die monarchistische Exekutive als Gegenpole gegenüberstanden, *Karpen,* Verweisung, S. 172 f.

Der Gesetzgeber muss alle anderen wesentlichen Fragen regeln[264]. Zur Konkretisierung dieser Anforderung könnte auf die zur Delegation von Rechtssetzungsbefugnissen an den Verordnungsgeber (Art. 80 Abs. 1 GG) entwickelten Grundsätze zurückgegriffen werden[265]. Bei der Delegation muss das Parlament Inhalt, Zweck und Ausmaß festlegen (Art. 80 Abs. 1 S. 2). Die Delegation weist Ähnlichkeiten zur dynamischen Verweisung auf. Die zu Art. 80 Abs. 1 S. 2 GG entwickelten Maßstäbe sind bei einer Konkretisierung allerdings nicht sonderlich hilfreich, da wesentliche Fragen nur allgemein mit bedeutenden Fragen umschrieben werden können[266] und eine Beurteilung letztlich vom Einzelfall abhängt[267]. Nur die aus Art. 80 Abs. 1 GG herzuleitende Anforderung, dass für den Rechtsanwender vorhersehbar sein muss, wie von der dynamischen Verweisung Gebrauch gemacht werden kann, lässt sich fruchtbar machen[268].

dd) Dynamische Verweisungen auf private Normen als Sonderfall?

Eine generelle Unzulässigkeit dynamischer Verweisungen auf Normen Privater lässt sich nicht herleiten[269]. Es ist kein Grund ersichtlich, warum die Verweisung auf private Normen das Demokratieprinzip in besonderer Form verletzen würde.

c) Legitimation von Kollisionsnormen

Kollisionsnormen führen ebenso wie dynamische Verweisungen zu einer Anwendung fremden Rechts im Inland. Die Anwendung basiert auf einem kollisionsrechtlichen Anwendungsbefehl des inländischen Gesetzgebers. Der Gesetzgeber kennt die aufgrund seines Anwendungsbefehls geltenden Gesetze – wie bei der dynamischen Verweisung – nicht[270]. Kollisionsnormen werfen daher auf den ersten Blick die gleichen verfassungsrechtlichen Probleme wie dynamische Verweisun-

264 *BVerfGE* 26, S. 338 [367]; 64, S. 208 [215]; 78, S. 32 [36 f.]; *Jarass/Pieroth,* GG-Komm., Art. 20, Rn. 65; *Schmidt-Bleibtreu/Klein,* GG-Komm., Art. 20, Rn. 36; *Sommermann,* in: von Mangoldt / Klein / Starck, Band 2, Art. 20, Rn. 280.

265 *Schenke,* in: Festschrift Fröhler (1980), S. 87 [119] will die Anforderungen des Art. 80 Abs. 1 GG analog auf die dynamische Verweisung anwenden.

266 *Bauer,* in: Dreier, Band 2, Art. 80, Rn. 30; *Lücke,* in: Sachs, Art. 80, Rn. 27 f.

267 Ähnlich *Ossenbühl,* in: Isensee / Kirchhof, Band 3, § 64, Rn. 18.

268 *Brugger,* VerwArch 78 (1987), S. 1 [25 f.]. Zu Art. 80 GG *Ossenbühl,* in: Isensee / Kirchhof, Band 3, § 64, Rn. 18. Damit wird die Frage der Bestimmtheit dynamischer Verweisungen berührt.

269 *Schmidt-Aßmann,* in: Maunz / Dürig, Band 2, Art. 19 IV, Rn. 207. A. A. *Brugger,* VerwArch 78 (1987), S. 1 [41 ff.]; *Dreier,* in: ders., Band 2, Art. 20 (Demokratie), Rn. 111 (lehnt dynamische Verweisungen ab, eine Verweisung auf Normen Privater soll das Problem verschärfen); *Sommermann,* in: von Mangoldt / Klein / Starck, Band 2, Art. 20, Rn. 280.

270 Dazu müsste er sich Kenntnis von allen in Betracht kommenden Rechtsordnungen verschaffen.

gen auf. Soweit sie im Bereich des öffentlichen Rechts zweiseitig formuliert sind, also fremdes öffentliches Recht[271] ausdrücklich zur Anwendung bringen, handelt es sich um dynamische Verweisungen[272].

Die Anwendung fremden öffentlichen Rechts in Deutschland kann allerdings durch den näheren Bezug des fremden Rechts zum in Frage stehenden Sachverhalt (Anknüpfung) gerechtfertigt sein. Die Berücksichtigung von Auslandsbezügen folgt einerseits aus der völkerrechtsfreundlichen Tendenz des Grundgesetzes, die in der Präambel und in den Art. 24 bis 26 GG zum Ausdruck kommt. Sie folgt aus der Erkenntnis, dass Deutschland kein isolierter Staat, sondern in die Völkergemeinschaft eingebunden ist und daher ein Interesse an einer internationalen Kooperation hat[273]. Andererseits ist der Gesetzgeber aus dem allgemeinen Gleichheitsgebot (Art. 3 Abs. 1 GG) verpflichtet, in Fällen mit internationalen Anknüpfungspunkten fremdes Recht zur Anwendung zu bringen. Wären die deutschen Vorschriften auf einen internationalen Sachverhalt genauso anzuwenden wie auf einen rein inländischen, könnten die Besonderheiten des internationalen Sachverhalts nicht hinreichend berücksichtigt werden; Ungleiches wäre gleich behandelt[274].

Die Anwendung des berufenen fremden Rechts darf allerdings – vor allem wegen der Grundrechtsbindung der staatlichen Gewalt – keine Grundrechte verletzen[275] und nicht gegen den Ordre Public verstoßen (Art. 6 EGBGB).

d) Unbedenklichkeit der Substitution

Die Substitution passt inländische Sachnormen im Wege der Auslegung an internationale Sachverhalte an[276]. Eine Auslegung des deutschen Rechts ist im Hinblick auf das Demokratieprinzip stets unbedenklich. Soweit die Einhaltung des ersatzweise angewendeten fremden Rechts überprüft wird, hat dieses keinen Einfluss auf die Auslegung des deutschen Rechts. Ohne die Einhaltung des fremden Rechts bestünde erst keine Rechtserscheinung, die anerkannt zu werden bräuchte. Innerhalb des deutschen Rechts wird nur gefragt, wann eine fremdrechtliche Rechtserscheinung einer deutschen gleichwertig ist. Dafür ist das fremde Recht nur in vergleichender Form heranzuziehen.

---

271 Das sind Normen, die in Deutschland als öffentliches Recht zu qualifizieren wären.

272 *Linke,* Europäisches Internationales Verwaltungsrecht, S. 129.

273 *Linke,* Europäisches Internationales Verwaltungsrecht, S. 129; *Tomuschat,* in: Isensee / Kirchhof, Band 7, § 172, Rn. 56 ff.

274 *Kropholler,* IPR, S. 24; *Sonnenberger,* in: MüKo-BGB, Band 10, Einl. IPR, Rn. 1.

275 *BVerfGE* 31, S. 58 [72 ff.].

276 *Grundmann,* RabelsZ 54 (1990), S. 283 [314]; *Kegel/Schurig,* IPR, S. 64.

2. Gewaltenteilungsgrundsatz

§ 292a HGB ist auch im Hinblick auf den Gewaltenteilungsgrundsatz bedenklich. Soweit die Vorschrift Regelungskompetenzen auf ausländische Staaten oder Private übertrüge, könnte das die grundgesetzliche Balance der staatlichen Gewalten beeinträchtigen.

Die Anforderungen an eine Übertragung von Rechtssetzungskompetenzen richten sich nach dem vorrangig aus Art. 20 Abs. 2 S. 2 GG herzuleitenden Gewaltenteilungsgrundsatz.

a) Ausformung im Grundgesetz

Art. 20 Abs. 2 S. 2 und Abs. 3 GG ordnen im Rahmen der Gewaltenteilung die Gesetzgebung grundsätzlich dem Parlament zu. Exekutive und Judikative sind an die Gesetze gebunden[277]. Die Verfassung kennt allerdings eine Reihe von Durchbrechungen des Gewaltenteilungsgrundsatzes[278].

Die Exekutive kann gemäß Art. 80 Abs. 1 S. 1 GG vom Parlament zur Rechtssetzung ermächtigt werden. Überdies ist die Exekutive zum Erlass untergesetzlicher Normen wie Satzungen oder Verwaltungsvorschriften befugt[279]. Die Ermächtigungsbefugnis ist begrenzt durch die Pflicht, Inhalt, Ausmaß und Zweck zu bestimmen (Art. 80 Abs. 1 S. 2 GG). Andere Formen der Übertragung von Rechtsetzungsbefugnissen werden in der Verfassung nicht geregelt. Allerdings wird im Grundgesetz selbst die Verweisungstechnik angewandt, z. B. in Art. 25 GG, der auf das Völkerrecht verweist.

b) Gewaltenteilungsgrundsatz und dynamische Verweisung

Für die dynamische Verweisung gelten im Hinblick auf den Gewaltenteilungsgrundsatz nahezu die gleichen Anforderungen wie im Rahmen des Demokratieprinzips[280]. Sie ist also grundsätzlich zulässig, bedarf aber einer inhaltlichen Einschränkung[281]. Für die Einschränkung gelten die bereits zum Demokratieprinzip dargestellten Grundsätze.

---

277 *Sachs,* in: ders., Art. 20, Rn. 82; *Schulze-Fielitz,* in: Dreier, Band 2, Art. 20 (Rechtsstaat), Rn. 67.

278 Z. B. das Haushaltsrecht des Parlaments als Exekutivfunktion, *Sachs,* in: ders., Art. 20, Rn. 85.

279 *Sachs,* in: ders., Art. 20, Rn. 85.

280 Die Anforderungen werden unter II. 1. b) dargestellt. In den dort genannten Gerichtsentscheidungen und Literaturbeiträgen wird daher nicht immer klar zwischen den Anforderungen des Demokratieprinzips und des Gewaltenteilungsgrundsatzes getrennt.

281 *BVerfGE* 26, S. 338 [366 f.]; 47, S. 285 [312]; 60, S. 135 [155]; 64, S. 208 [214]; 78, S. 32 [36]; *Brugger,* VerwArch 78 (1987), S. 1 [26]; *Clemens,* AöR 111 (1986), S. 63 [102]; *Kirchhof,* ZGR 2000, S. 681 [685].

aa) Ähnlichkeit zur Delegation nach Art. 80 GG

Dynamische Verweisungen sind hinsichtlich des Gewaltenteilungsgrundsatzes problematisch, weil sie sich wie eine versteckte Verlagerung von Gesetzgebungsbefugnissen auswirken können[282]. Da der Normgeber, auf dessen Vorschriften Bezug genommen wird, durch die Verweisung praktisch über das geltende Recht des verweisenden Normgebers bestimmen kann, wird ihm eine Verantwortung – ähnlich der bei der Delegation von Gesetzgebungsbefugnissen – übertragen[283].

bb) Kein Ausschluss dynamischer Verweisungen durch Art. 80 GG

Daraus kann allerdings keine grundsätzliche Unzulässigkeit dynamischer Verweisungen hergeleitet werden[284]. Dynamische Verweisungen weisen nur Ähnlichkeiten mit Delegationen auf[285]. Der fremde Normgeber wird nicht dazu ermächtigt, die Normadressaten kraft eigener Autorität oder Kompetenz zu verpflichten. Deshalb sind sie nicht durch eine abschließende Regelung über Bezugnahmen auf fremde Normgeber in Art. 80 GG präkludiert[286]. Dynamische Verweisung und Delegation unterscheiden sich in ihrer Verbindlichkeit, die sich bereits aus der Verweisungsgrundlage ergibt, ohne dass es einer weiteren Regelung durch den bezogenen Gesetzgeber bedarf[287]. Das wirkt sich vor allem im Fall der Rücknahme der dynamischen Verweisung aus. Während die aufgrund einer Delegation ergangene Rechtsverordnung bis zu einem aufhebenden Gesetz in Kraft bleibt, wird das Verweisungsobjekt sofort unwirksam[288]. Aus Art. 80 GG kann nur der Grundsatz hergeleitet werden, dass sich das Parlament nicht schrankenlos seiner Gesetzgebungsgewalt begeben darf[289].

cc) Fremdverweisungen und Gewaltenteilung in Deutschland

Aus Art. 80 GG ergibt sich keine abschließende Regelung über die Übertragung der gesetzgeberischen Verantwortung auf Fremde[290]. Die Vorschrift grenzt nur die Befugnisse von Parlament und Exekutive voneinander ab. Dynamische Verweisungen auf die Vorschriften fremder Normgeber wie ausländischer Staaten und Pri-

---

282 *BVerfGE* 47, S. 285 [312]; *Karpen,* Verweisung, S. 121; *Ossenbühl,* DVBl. 1967, S. 401 [404]; *Stern,* Staatsrecht, Band 1, S. 823 f.

283 *BVerfGE* 47, S. 285 [315].

284 So aber *Karpen,* Verweisung, S. 121; *Ossenbühl,* DVBl. 1967, S. 401 [402].

285 *Clemens,* AöR 111 (1986), S. 63 [82].

286 A. A. *Ossenbühl.* DVBl. 1967, S. 401 [402].

287 *Schröcker,* NJW 1967, S. 2285 [2289].

288 Zur Rechtsverordnung *Lücke,* in: Sachs, Art. 80, Rn. 7.

289 *BVerfGE* 47, S. 285 [315].

290 *Clemens,* AöR 111 (1986), S. 63 [82]. A. A. *Karpen,* Verweisung, S. 129.

vater betreffen nicht die Gewaltenteilung in der Bundesrepublik Deutschland. Diese Normgeber stehen in keiner Beziehung zu den drei in Art. 20 Abs. 2 und 3 GG genannten Gewalten[291].

c) Unbedenklichkeit von Kollisionsnormen

Kollisionsnormen verstoßen nicht gegen den Gewaltenteilungsgrundsatz. Sie überlassen – soweit die entsprechenden Anknüpfungspunkte vorliegen – die Sachregelung einer anderen Rechtsordnung. Der Gesetzgeber regelt den Sachverhalt nicht selbst, weil er die andere Rechtsordnung für sachnäher hält. Die darin ruhende Beschränkung des Geltungsbereichs des eigenen Rechts eröffnet den Raum für Regelungen fremder Normgeber. Innerhalb des Systems der staatlichen Gewalten in Deutschland wirkt sich das nicht aus. Die Überlassung der Regelung von Sachverhalten an fremde Normgeber ist durch die (engeren) Bezüge der Sachverhalte zu deren Rechtsordnung sachlich gerechtfertigt. Deren Berücksichtigung folgt aus der völkerrechtsfreundlichen Tendenz des Grundgesetzes und aus dem Willkürverbot.

d) Unbedenklichkeit der Substitution

Die Substitution berücksichtigt die Gleichwertigkeit fremder Rechtserscheinungen. Sie betrifft lediglich die Auslegung des eigenen Rechts. Sie betrifft damit ebenfalls nicht den Gewaltenteilungsgrundsatz.

3. Wesentlichkeitstheorie

Die Befreiungsvorschrift des § 292a HGB könnte als Verstoß gegen die Verpflichtung des Parlaments, alle wesentlichen Fragen einer Rechtsmaterie selbst zu regeln, betrachtet werden, da die Regelung des Konzernrechnungslegungsrechts kapitalmarktorientierter Konzerne anderen Normgebern überlassen wird.

a) Herleitung der Wesentlichkeitstheorie aus dem Grundgesetz

Aus dem Demokratieprinzip und dem Gewaltenteilungsgrundsatz lässt sich herleiten, dass das Parlament alle wesentlichen Fragen, die den Bürger berühren,

---

291 A. A. *Ossenbühl*, DVBl. 1967, S. 401 [404], der keine Begründung dafür liefert, warum Verweisungen auf Private die Balance der Gewalten beeinträchtigen sollen. *Karpen*, Verweisung, S. 122, meint, dass dynamische Verweisungen zwischen Bundes- und Landesgesetzen nicht die Gewaltenteilung, sondern die bundesstaatliche Ordnung betreffen. Allerdings meint auch er, dass eine Verweisung auf private Regelwerke die Balance der staatlichen Gewalten beeinträchtige, a. a. O. S. 124.

selbst regeln muss[292]. Dieser Grundsatz wurde für das Verhältnis der parlamentarischen Normsetzung zu Regelungen der Exekutive entwickelt[293]. Angesichts der zunehmenden Komplexität der Regelungsmaterien und der damit verbundenen Attraktivität für das Parlament sollte eine weitgehende Delegation der Rechtsetzung an die Exekutive unterbunden werden[294]. Der Grundsatz gilt auch für eine – im Grundgesetz nicht vorgesehene – Delegation von Rechtssetzungsbefugnissen auf Private[295], beschränkt sich hierbei aber auf die aus dem Vorbehalt des Gesetzes herzuleitenden Anforderungen.

Zu den wesentlichen Entscheidungen gehören die grundrechtsrelevanten[296] sowie die für Staat und Gesellschaft bedeutenden. Was wesentlich ist, lässt sich nicht verallgemeinern und ist letztlich eine Frage des Einzelfalls[297].

b) Wesentlichkeitstheorie und dynamische Verweisung

Dynamische Fremdverweisungen verstoßen grundsätzlich nicht gegen den Wesentlichkeitsgrundsatz. Sie können nur in Einzelfällen dazu führen, dass fremde Normgeber über das in Deutschland geltende Recht bestimmen und dabei in grundrechtsrelevante Bereiche eingreifen können[298]. Der deutsche Gesetzgeber würde in diesen Fällen seiner der Wesentlichkeitstheorie nach bestehenden Verpflichtung nicht nachkommen. Wird die dynamische Verweisung allerdings inhaltlich eingegrenzt, ist sie auch im Hinblick auf den Wesentlichkeitsgrundsatz unbedenklich[299]. Die Anforderungen an die inhaltliche Eingrenzung sind die gleichen wie im Rahmen des Demokratieprinzips[300].

---

292 BVerfGE 33, S. 125 [158]; 47, S. 46 [78 f.]; 83, S. 130 [142]. Zustimmend *Brugger,* VerwArch 78 (1987), S. 1 [24]; *Hommelhoff,* in: Festschrift Odersky (1996), 779 [794]; *Schmidt-Bleibtreu / Klein,* GG-Komm., Art. 20, Rn. 36.

293 *Ossenbühl,* in: Isensee / Kirchhof, Band 3, § 62, Rn. 41 f.; *Schnapp,* in: von Münch / Kunig, Band 2, Art. 20, Rn. 56.

294 *Heintzen,* BB 1999, S. 1050 [1053].

295 *BVerfGE* 44, S. 322 [348]; *Hellermann,* NZG 2000, S. 1097 [1101].

296 Abgesehen von Art. 2 Abs. 1 GG, *Brugger,* VerwArch 78 (1987), S. 1 [24].

297 *Badura,* Staatsrecht, Abschnitt F, Rn. 13; *Brugger,* VerwArch 78 (1987), S. 1 [24]; *BVerfGE* 47, S. 46 [78 f.]; 83, 130 [142]; *Schulze-Fielitz,* in: Dreier, Band 2, Art. 20 (Rechtsstaat), Rn. 103. Kritisch zum Begriff der Grundrechtsrelevanz *Ossenbühl,* in: Isensee / Kirchhof, Band 3, § 62, Rn. 45.

298 *Hellermann,* NZG 2000, S. 1097 [1101].

299 *Clemens,* AöR 111 (1986), S. 63 [103].

300 Unter II. 1. b).

c) Unbedenklichkeit von Kollisionsnormen

Kollisionsnormen verstoßen nicht gegen den Wesentlichkeitsgrundsatz. Der Gesetzgeber legt in Kollisionsnormen fest, wann er für die Regelung einer Rechtsmaterie durch eigene Vorschriften nicht zuständig ist, weil die eines anderen Normgebers sachnäher sind. Das entspricht der völkerrechtsfreundlichen Tendenz des Grundgesetzes. Der deutsche Gesetzgeber hat in diesen Fällen keine eigene Normsetzungsbefugnis. Ihm obliegt nicht die Regelung der Einzelheiten der betroffenen Materie.

d) Substitution als Auslegung des eigenen Rechts

Substitutionsnormen verstoßen nicht gegen den Wesentlichkeitsgrundsatz. Sie dispensieren von den Vorschriften des eigenen Rechts unter der Voraussetzung der Anwendung eines fremden Rechts[301]. Die Substitution ist eine Frage der Auslegung des eigenen Rechts daraufhin, ob eine fremdrechtlich geprägte Rechtserscheinung einem Tatbestandsmerkmal des deutschen Rechts entspricht. Dafür ist die funktionelle Gleichwertigkeit ausschlaggebend. Der Gesetzgeber darf selbst festlegen, wann von einer Gleichwertigkeit auszugehen ist. Er legt damit nur sein eigenes Recht in verbindlicher Form aus. Damit verstößt er nicht gegen den Wesentlichkeitsgrundsatz.

Soweit die Anwendung des eigenen Rechts durch die bloße Gleichwertigkeit gelockert wird, entsteht keine Gefahr für die Regelung der wesentlichen Fragen. Fremde Rechtserscheinungen können nur dann als gleichwertig gelten, wenn sie den wesentlichen Anforderungen des deutschen Rechts entsprechen[302].

4. Gebot der ordnungsgemäßen Normverkündung

Die Bezugnahme auf die „international anerkannten Rechnungslegungsgrundsätze" könnte gegen das Gebot der ordnungsgemäßen Normverkündung verstoßen, da die in Betracht kommenden Vorschriften nicht in das Bundesgesetzblatt aufgenommen wurden und überdies nicht in deutscher Sprache vorliegen.

Das Gebot der ordnungsgemäßen Normverkündung ergibt sich direkt aus Art. 82 Abs. 1 S. 1 GG. Nach dieser Vorschrift sind alle förmlichen Bundesgesetze im Bundesgesetzblatt zu verkünden. Damit soll allen Betroffenen die Möglichkeit

---

301 A. A. *Hellermann*, NZG 2000, S. 1097 [1102], der auch bei einer fehlenden Inkorporation die Wesentlichkeitstheorie anwenden will – möglicherweise weil er von einer Delegation ausgeht.

302 Soweit *Hellermann*, NZG 2000, S. 1097 [1101] befürchtet, dass es im Rahmen des § 292a HGB zur Anwendung von nicht gleichwertigen Regeln kommt, übersieht er die Bedeutung des Gleichwertigkeitsvorbehalts.

geboten werden, sich anhand einer öffentlich zugänglichen Quelle verlässlich über das geltende Recht zu informieren[303]. Die Möglichkeit des Zugangs ist nicht nur technisch, sondern auch ideell zu verstehen. Das Verweisungsobjekt muss in deutscher Sprache abgefasst sein[304].

a) Ordnungsgemäße Normverkündung bei dynamischen Verweisungen

Dynamische Verweisungen auf Vorschriften fremder Normgeber verleihen diesen den Rang und die Geltungskraft der Verweisungsnorm. Das Verweisungsobjekt wird allerdings in der Regel nicht in das Bundesgesetzblatt aufgenommen, so dass ein Teil des geltenden Bundesrechts nicht im Gesetzblatt verkündet wird[305].

Das ist kein Verstoß gegen Art. 82 GG, wenn eindeutig aus dem Gesetz hervorgeht, was genau Bestandteil des deutschen Rechts wird, und das Verweisungsobjekt für jedermann zugänglich in einer für amtliche Bekanntmachungen geeigneten Form veröffentlicht wird[306]. Um die Richtigkeit zu gewährleisten, sind allerdings eine öffentliche Archivierung und der Hinweis darauf erforderlich[307].

b) Keine Verkündungspflicht bei Kollisionsnormen und Substitution

Durch das Kollisionsrecht kommen Vorschriften fremder Normgeber zur Anwendung. Mangels Inkorporation sind diese nicht Teil des deutschen Rechts. Das Gebot der ordnungsgemäßen Normverkündung gilt nur für deutsches Recht[308]. Der deutsche Gesetzgeber ist nicht dazu verpflichtet, ausländisches Recht zu verkünden, auch wenn es von staatlichen Stellen in Deutschland anzuwenden ist.

Im Rahmen der Substitution wird nur untersucht, ob das Ergebnis einer Anwendung fremden Rechts als gleichwertig anerkannt wird. Das fremde Recht wird von

---

303 *Lücke,* in: Sachs, Art. 82, Rn. 8.

304 *Hommelhoff,* in: Festschrift Odersky (1996), S. 779 [788].

305 *Lücke,* in: Sachs, Art. 82, Rn. 9.

306 *BVerwG,* NJW 1962, S. 506. Zustimmend *Brugger,* VerwArch 78 (1987), S. 1 [13]; *Bryde,* in: von Münch/Kunig, Band 3, Art. 82, Rn. 11; *Clemens,* AöR 111 (1986), S. 63 [89 ff.]; *Hommelhoff,* in: Festschrift Odersky (1996), S. 779 [786 f.]; *Schenke,* Festschrift Fröhler (1980), S. 87 [97]. A. A. *Ossenbühl,* DVBl. 1967, S. 401 [406].

307 *Clemens,* AöR 111 (1986), S. 63 [94]; *Hommelhoff,* in: Festschrift Odersky (1996), S. 779 [786 f.]; *Karpen,* Verweisung, S. 159; *Schenke,* Festschrift Fröhler (1980), S. 87 [99]. Ein Beispiel dafür ist § 35h Abs. 1 und 3 Straßenverkehrszulassungsordnung, der für die Gestaltung von Verbandskästen in Fahrzeugen auf eine DIN-Norm verweist. In § 73 des Gesetzes wird die Bezugsquelle, ein privater Verlag, benannt und darauf hingewiesen, dass ein Exemplar beim Deutschen Patentamt archiviert ist.

308 *Heintzen,* BB 1999, S. 1050 [1053].

staatlichen Stellen in Deutschland nicht angewandt. Es wird nicht Teil des deutschen Rechts. Daher ist das fremde Recht im Rahmen der Substitution nicht zu verkünden.

III. Art der Bezugnahme auf fremdes Recht in § 292a HGB

§ 292a HGB ist eine Befreiungsvorschrift, die einerseits nur einem bestimmten Kreis von Gesellschaften offen steht und andererseits an die Anwendung fremden Rechts anknüpft. Das macht eine dogmatische Einordnung schwierig. Wie bereits dargestellt, könnte es sich um eine dynamische Verweisung[309], eine Kollisions-[310] oder eine Substitutionsnorm[311] handeln, wobei nicht auszuschließen ist, dass darin eine eigenständige Art der Bezugnahme auf fremdes Recht zu sehen ist.

1. § 292a HGB als dynamische Verweisung

Es gibt Anhaltspunkte, die dafür sprechen könnten, dass es sich bei § 292a HGB um eine dynamische Verweisung auf fremdes Recht handelt. Die besseren Gründe sprechen jedoch dagegen.

a) Kein typisches Erscheinungsbild

§ 292a HGB ist bereits auf den ersten Blick kein typischer Fall einer dynamischen Verweisung. Es werden keine bestimmten Regeln genannt, auf die Bezug genommen wird. Dass § 292a HGB lediglich auf die GAAP und die IAS verweist, wird vielfach nur den Äußerungen des Gesetzgebers entnommen[312]. Die Anwendung von GAAP und IAS ergibt sich indessen erst aus einer Auslegung des unbestimmten Rechtsbegriffs der international anerkannten Rechnungslegungsgrundsätze[313].

Das Fehlen einer konkreten Bezugnahme spricht allerdings nicht zwingend gegen eine dynamische Verweisung. Dynamische Verweisungen sind auch ohne

309 So vor allem *Hommelhoff,* in: Festschrift Odersky (1996), S. 779 ff.; *Kirchhof,* ZGR 2000, S. 681 ff.

310 *Henssler/Slota,* NGZ 1999, S. 1133 ff.

311 *Ernst,* in: Dörner/Menold/Pfitzer, S. 321 ff. und *Heintzen,* BB 1999, S. 1050 ff. gehen von einer „Anerkennung fremdbestimmter Einzelakte" aus und umschreiben damit letztlich den Fall der Substitution.

312 Wobei dessen Äußerungen – was selten gesehen wird – das gefundene Ergebnis keineswegs belegen, dazu schon B.

313 Dazu ebenfalls B.

Angabe einer konkreten Fundstelle denkbar. Sie verstoßen dann gegen das Bestimmtheitsgebot und das Gebot der ordnungsgemäßen Normverkündung[314]. Allerdings lässt sich der fehlenden Bezeichnung eine Indizwirkung kaum absprechen.

Genauso untypisch für eine dynamische Verweisung sind der Fortbestand und die Weiterentwicklung einer eigenen Sachregelung, die somit als Alternative bestehen bleibt. Dynamische Verweisungen dienen üblicherweise einem ökonomischen Effekt, indem sie das Parlament entlasten. Entlastend wirkt, dass sich das Parlament bei der dynamischen Verweisung nicht mit den Sachfragen einer Rechtsmaterie auseinandersetzen muss. Das bestehende Konzernrechnungslegungsrecht des HGB bleibt nicht nur formal neben § 292a HGB bestehen. Es wird an die zukünftigen Anforderungen angepasst[315]. Fast gleichzeitig mit der Einführung des § 292a HGB wurden Vorschriften für kapitalmarktorientierte Konzerne in § 297 Abs. 1 S. 2 HGB eingeführt. Der Fortbestand eigener Regeln ist dadurch gesichert, dass diese Regeln weiterhin für alle nicht kapitalmarktorientierten Konzerne gelten[316].

b) Keine Umgehungsabsicht des Gesetzgebers

Es wäre verfrüht, § 292a HGB allein wegen des untypischen Erscheinungsbilds den Charakter einer dynamischen Verweisung absprechen zu wollen. Es liegt nicht allzu fern, dass § 292a HGB lediglich eine Umgehung der Problematik dynamischer Verweisungen ist[317]. Angesichts der gesetzgeberischen Ziele ist zumindest denkbar, dass nur auf die GAAP und die IAS verwiesen werden sollte und diese Absicht hinter einer allgemein anmutenden Beschreibung, der tatsächlich aber nur die GAAP und die IAS entsprechen können, verborgen wurde[318].

Dieses Misstrauen ist allerdings nicht gerechtfertigt. Im Referentenentwurf und im Regierungsentwurf war noch vorgesehen, dass die Unternehmen alle Regeln anwenden können, die sie aufgrund der Inanspruchnahme eines ausländischen Kapitalmarkts anwenden müssen[319]. Im Regelfall wäre es sicherlich zu einer An-

314 Bedenken hat auch *Heintzen,* BB 1999, S. 1050 [1051]. Dazu bereits unter A.

315 Bundesministerium der Justiz / Bundesministerium der Finanzen, Maßnahmenkatalog, Tz. 4. Dort ist bezeichnenderweise von einer „Entrümpelung" die Rede.

316 Der Gesetzgeber hätte – unbeschadet der hier zu untersuchenden verfassungsrechtlichen und europarechtlichen Fragen – § 292a HGB auch auf nicht kapitalmarktorientierte Unternehmen erstrecken können. Die ab 2005 geltende IAS-VO der EG gewährt den Mitgliedstaaten ein entsprechendes Wahlrecht.

317 Die Umgehung der Problematik dynamischer Verweisungen durch den Gesetzgeber wird von *Baden,* NJW 1979, S. 623 [625] angesprochen. Ebenso *Staats,* ZRP 1978, S. 59 [61] (mit der unzutreffenden Folgerung, dass die Umgehung eine Inkorporation verhindere).

318 In diese Richtung *Grund,* ZIP 1996, S. 1969 [1974]. Das könnte auch der Fall gewesen sein, um nicht mit einer offenen Anerkennung der GAAP die Neue Strategie der EG-Kommission zu unterlaufen.

319 § 292 Abs. 5 HGB-RefE, ZIP 1996, S. 2000 f.; § 292a Abs. 1 S. 1, Abs. 2, Abs. 3 Nr. 2 HGB-RegE, BT-Ds. 13/7141.

wendung der GAAP und der IAS gekommen[320], doch wäre eine Anwendung anderer Vorschriften nicht ausgeschlossen gewesen[321]. Die „international anerkannten Rechnungslegungsgrundsätze" fanden erst in der Beschlussempfehlung des Rechtsausschusses des Bundestags Eingang in die Befreiungsnorm. Der Grund war die Erweiterung der Vorschrift auf Konzerne, die inländische Kapitalmärkte in Anspruch nehmen[322]. Der Gesetzgeber hatte somit sachliche Gründe für die Verwendung des Begriffs *international anerkannte Rechnungslegungsgrundsätze*.

c) Wahlrecht und Inkorporation

Aus der Funktionsweise der Befreiungsnorm lässt sich womöglich eine Charakterisierung als dynamische Verweisung herleiten. § 292a HGB könnte als Wahlrecht der betroffenen Unternehmen verstanden werden. Daraus könnte wiederum auf eine Inkorporation der international anerkannten Rechnungslegungsgrundsätze in das deutsche Recht geschlossen werden. Soweit die international anerkannten Rechnungslegungsgrundsätze inkorporiert würden, geschähe dies im Wege einer dynamischen Verweisung.

aa) § 292a HGB als Wahlrecht

Die Funktionsweise des § 292a HGB könnte so verstanden werden, dass es sich um ein Wahlrecht zwischen mehreren Pflichtenalternativen handele[323]. Nach § 290 HGB sind alle im Inland ansässigen[324] Konzerne zur Konzernrechnungslegung verpflichtet, und nach § 292a HGB brauchen kapitalmarktorientierte Konzerne dieser Pflicht nicht nachzukommen, wenn sie einen Konzernabschluss nach international anerkannten Rechnungslegungsgrundsätzen aufstellen. Die §§ 290, 292a HGB sehen nicht vor, dass die kapitalmarktorientierten Konzerne keinen Konzernabschluss aufstellen[325]. Man könnte deshalb annehmen, dass die Unternehmen

320 *Referentenentwurf,* ZIP 1996, S. 2000 [2001]; *Regierungsentwurf,* BT-Ds. 13/7141, S. 9, 11.

321 Dazu bereits unter B.

322 *Beschlussempfehlung,* BT-Ds. 13/9909, S. 11 (S. 13).

323 Die Verwendung des Begriffs Wahlrecht im Zusammenhang mit § 292a HGB geht auf *Hommelhoff,* in: Festschrift Odersky (1996), S. 779 [780 f.] zurück. Der Begriff Pflichtenalternativen wurde von *Kirchhof,* ZGR 2000, S. 681 [683] eingeführt.

324 Bevor § 290 HGB angewendet wird, stellt sich bei internationalen Sachverhalten regelmäßig die Frage, wessen Bilanzrecht anwendbar ist. Das deutsche IPR knüpft im Gesellschaftsrecht bisher an den Verwaltungssitz an (Sitztheorie). Das Bilanzrecht fällt unter das Gesellschaftsrecht (*Zimmer,* Internationales Gesellschaftsrecht, S. 179). Ob die Sitztheorie nach dem Überseering-Urteil des *EuGH,* NJW 2002, 3614 und der Entscheidung in Sachen Inspire Art, *EuGH,* DB 2003, S. 2219 weiter angewendet werden kann, ist zweifelhaft (für die Sitztheorie: *BGH,* BB 2003, S. 810 [811]; für die Gründungstheorie: *BGH,* BB 2003, S. 915 [917]).

325 *Grund,* ZIP 1996, S. 1969 [1974]; *Kirchhof,* ZGR 2000, S. 681 [684 f.].

durch die §§ 290, 292a HGB allgemein zur Konzernrechnungslegung verpflichtet wären, sich aber aussuchen könnten, welche Regeln sie anwenden, um dieser Pflicht nachzukommen[326].

Diese Ansicht könnte darauf gestützt werden, dass nicht nur der herkömmliche Konzernabschluss nach HGB, sondern auch der befreiende Konzernabschluss nach international anerkannten Rechnungslegungsgrundsätzen von einem deutschen Wirtschaftsprüfer[327] zu testieren und in der für Abschlüsse nach HGB üblichen Weise zu veröffentlichen ist (§ 292a bs. 1 S. 1, Abs. 2 Nr. 5 HGB). Dadurch fügt sich der befreiende Konzernabschluss in den institutionellen Rahmen der deutschen Konzernrechnungslegung ein. Diese Kautelen, so könnte man vertreten, wären nur verständlich, wenn auch der befreiende Konzernabschluss das Ergebnis der Anwendung deutschen Rechts wäre.

Die Formulierung des § 292a HGB als Befreiungsnorm und die vom Gesetzgeber vertretene Auffassung, dass es sich um einen Befreiungstatbestand handele[328], wären demnach unbeachtlich, da die Vorschrift zusammen mit § 290 HGB – zumindest technisch gesehen – den Unternehmen ein Wahlrecht gewährte, in welcher Weise sie ihrer grundsätzlichen Verpflichtung zur Konzernrechnungslegung nachkommen könnten[329]. Diese Konsequenz wäre theoretisch denkbar. Zwar bietet der Wortlaut des § 292a HGB gewichtige Anhaltspunkte für eine Auslegung als Befreiungsvorschrift[330], doch kommt es bei dynamischen Verweisungen letztendlich auf die Funktionsweise an[331].

Möglicherweise ist der Gesetzgeber – trotz entgegenstehender Darstellung[332] – sogar selbst von einem Wahlrecht für die betroffenen Unternehmen ausgegangen. In der Beschlussempfehlung findet sich jedenfalls eine Textpassage, die in diese Richtung gedeutet werden könnte[333].

---

326 *Hommelhoff,* in: Festschrift Odersky (1996), S. 779 [780]; *Kirchhof,* ZGR 2000, S. 681 [683].

327 Die Verweisung des § 292a Abs. 2 Nr. 5 HGB auf § 318 HGB führt zur Anwendung des § 319 HGB, da der „nach § 318 HGB bestellte Abschlussprüfer" nicht ohne die allgemeinen Auswahlkriterien des Gesetzes bestellt werden kann.

328 *Regierungsentwurf,* BT-Ds. 13/7141, S. 9.

329 *Grund,* ZIP 1996, S. 1969 [1974]; *Hommelhoff,* in: Festschrift Odersky (1996), S. 779 [781].

330 Ähnlich *Henssler/Slota,* NZG 1999, S. 1133 [1137].

331 *Ossenbühl,* DVBl. 1967, S. 401 [403] verwendet den Ausdruck legislativ-technische bzw. objektive Würdigung.

332 *Regierungsentwurf,* BT-Ds. 13/7141, S. 9.

333 Dort heißt es: „Der Ausschuß befürwortet darüber hinaus insbesondere, daß mit dem vom Bundesministerium der Justiz vorgelegten Konzept den betroffenen Unternehmen ein Wahlrecht eingeräumt wird. Dies gebe den Unternehmen ein Höchstmaß an Flexibilität.", *Beschlussempfehlung,* BT-Ds. 13/9909, S. 10 (S. 13).

bb) Inkorporation als Folge eines Wahlrechts

Folgte man der Annahme, dass es sich bei § 292a HGB um ein Wahlrecht handele, könnte daraus wiederum geschlossen werden, dass die sich aus dem Wahlrecht ergebenden Pflichtenalternativen gesetzlich zu regeln seien, da jede Verpflichtung des Bürgers unter dem Vorbehalt des Gesetzes stehe und bei Wahlrechten alle Alternativen als geltendes (Eingriffs-)Recht gewollt seien[334]. Befreie der Gesetzgeber unter bestimmten Voraussetzungen von einer gesetzlichen Verpflichtung, müsse auch die darin liegende Privilegierung gesetzlich geregelt sein, da sie den Umfang der ursprünglichen Verpflichtung bestimme und das allgemeine Gleichheitsgebot (Art. 3 Abs. 1 GG) die gesetzliche Regelung aller Privilegien erfordere[335].

Die alternative Verpflichtung zur Rechnungslegung nach international anerkannten Rechnungslegungsgrundsätzen stünde nach der eingangs dargestellten Annahme zwar im Gesetz (§ 292a HGB), doch ergäbe sich ihr Inhalt nicht aus dem Gesetz[336]. Die Pflicht wäre ohne eine Einbeziehung der jeweiligen international anerkannten Rechnungslegungsgrundsätze in das deutsche Recht nicht verständlich[337]. Was ein befreiender Konzernabschluss nach international anerkannten Rechnungslegungsgrundsätzen ist, könnte ohne die jeweiligen fremden Regelwerke nicht ermittelt werden[338]. Es handelt sich bei den international anerkannten Rechnungslegungsgrundsätzen nicht um einen unbestimmten Rechtsbegriff, der autonom ausgelegt werden könnte[339], da ansonsten bilanzrechtliche Einzelprinzipien zur Anwendung kämen[340]. Daher müssten die international anerkannten Rechnungslegungsgrundsätze zur Ergänzung der Befreiungsvorschrift in das deutsche Recht inkorporiert werden[341].

cc) Inkorporation durch dynamische Verweisung

Soweit man annähme, dass die international anerkannten Rechnungslegungsgrundsätze in das deutsche Recht inkorporiert werden müssten, um § 292a HGB zu vervollständigen, könnte angenommen werden, dass daraus zwangsläufig die Verweisung auf diese Regelwerke folge. Die Verweisung könnte nur als dynamische

---

334 *Hommelhoff,* in: Festschrift Odersky (1996), S. 779 [781]; *Kirchhof,* ZGR 2000, S. 681 [683].

335 *Kirchhof,* ZGR 2000, S. 681 [683].

336 *Kirchhof,* ZGR 2000, S. 681 [683 f.].

337 Ähnlich *Kirchhof,* ZGR 2000, S. 681 [684].

338 Ähnlich *Hommelhoff,* in: Ulmer, Band 2, § 292a, Rn. 24.

339 *Heintzen,* BB 1999, S. 1050 [1051].

340 Dazu und zur fehlenden Verwendbarkeit der nach anerkannten Einzelprinzipien aufgestellten Abschlüsse an den Kapitalmärkten bereits unter C. V. 1. a).

341 *Hommelhoff,* in: Festschrift Odersky (1996), S. 779 [784].

verstanden werden, da die jeweils aktuelle Fassung der fremden Regeln anzuwenden wäre. Ohne die Anwendung der neuesten Fassung fänden die Konzernabschlüsse international keine Akzeptanz[342].

dd) Wahlrecht und Tolerierung

Die Annahme, dass den betroffenen Unternehmen durch die §§ 290, 292a HGB praktisch ein Wahlrecht eröffnet werde, trifft nicht zu. Sie ist weder mit der Entstehungsgeschichte noch mit den Zielen des Gesetzes zu vereinbaren.

Der Gesetzgeber wollte die international anerkannten Rechnungslegungsgrundsätze nicht in das deutsche Recht übernehmen. Er musste jedoch ihre Verwendung durch kapitalmarktorientierte Konzerne hinnehmen. Da den Unternehmen aus der damit verbundenen Doppelverpflichtung Wettbewerbsnachteile drohten, musste der Gesetzgeber handeln. Er entschied sich für eine übergangsweise Tolerierung der nach fremdem Recht erstellten Abschlüsse bis zu einer endgültigen Neuregelung des Konzernrechnungslegungsrechts. Der Grund für diese Vorgehensweise war, dass die Regeln des HGB international in Diskredit geraten waren[343].

Eine Tolerierung gewährt kein Wahlrecht unter Pflichtenalternativen. Den Rechtsanwendern wird nur eine Gestaltungsmöglichkeit eingeräumt. Auch im Bereich der Substitution werden fremdrechtliche Rechtserscheinungen als Ersatz für ihre deutschen Äquivalente hingenommen. Die Rechtsanwender können Substitutionsmöglichkeiten durch eigene Rechtsgestaltung ausnutzen[344]. Deshalb haben die Rechtsanwender aber noch kein Wahlrecht. Das fremde Recht ist im Rahmen der Substitution keine Alternative gleichen Ranges. Es muss sich einer Gleichwertigkeitsprüfung stellen. Dies ist eine Frage der Auslegung und ergibt sich grundsätzlich aus der Funktionsäquivalenz. Es spricht nichts dagegen, wenn der Gesetzgeber selbst determiniert, welche fremdrechtlichen Erscheinungen als gleichwertig anzusehen sind[345].

Das gilt nicht nur im Bereich der Substitution, sondern auch für Kollisionsnormen. Im Internationalen Privatrecht kann der deutsche Gesetzgeber für Verpflichtungsnormen die Verweisung auf fremdes Recht vom Vorliegen einer dem deutschen Recht entsprechenden Verpflichtung abhängig machen[346].

---

342 *Hommelhoff,* in: Festschrift Odersky (1996), S. 779 [785].

343 *Regierungsentwurf,* BT-Ds. 13/7141, S. 7.

344 Z. B. bei einer Beurkundung durch einen ausländischen Notar, *Rehm,* RabelsZ 64 (2000), S. 104 ff. oder den Erwerb einer Fahrerlaubnis im Ausland, *Ernst,* in: Hommelhoff/Röhricht, S. 323 [326].

345 Diese Vorgehensweise ist auch im Bereich der Fahrerlaubnis üblich, wo Staaten nach Anerkennungswürdigkeit ihrer Fahrerlaubnisse kategorisiert werden (Anlage 11 zur FeV), dazu *Hentschel,* Straßenverkehrsrecht, § 31 FeV, Rn. 8.

346 *Hoffmann,* IPR, § 4, Rn. 17 ff.; *Sonnenberger,* in: MüKo-BGB, Band 10, Einl. IPR, Rn. 437.

Soweit schon die Gestaltungsmöglichkeit der Gesellschaften bemängelt werden sollte, wäre dem entgegenzuhalten, dass diese Möglichkeit sich lediglich zu Gunsten des deutschen Bilanzrechts auswirkt und damit das mildere Mittel ist. Der Gesetzgeber hätte aufgrund der an den Kapitalmärkten vorzufindenden Situation – ähnlich wie die EG in der IAS-Verordnung – anordnen können, dass die Unternehmen stets nach bestimmten Vorschriften, konkret die der GAAP oder die der IAS, bilanzieren müssen, die an den internationalen Kapitalmärkten generell bevorzugt werden. Durch die Regelungstechnik des § 292a HGB wird ihnen die Möglichkeit gegeben, weiterhin auch nach HGB oder sowohl nach HGB wie auch den international anerkannten Rechnungslegungsgrundsätzen zu bilanzieren[347].

Der Blick darauf wird möglicherweise dadurch verstellt, dass ein Konzernabschluss nach international anerkannten Rechnungslegungsgrundsätzen *zeitlich* betrachtet nicht schon aufgestellt wird, bevor die grundsätzliche Rechnungslegungspflicht des § 290 HGB greift. Das liegt daran, dass die Rechnungslegungspflicht eine periodisch wiederkehrende Pflicht ist. Die zeitliche Komponente ist für den Zweck der Befreiungsvorschrift aber nicht ausschlaggebend. Es kommt darauf an, dass die auf der Macht des Marktes beruhende Verpflichtung zur Rechnungslegung nach international anerkannten Rechnungslegungsgrundsätzen für die Unternehmen bedeutender ist als die Rechnungslegungspflicht nach HGB und dies vom Gesetzgeber durch eine Befreiung berücksichtigt wird.

Dem steht auch nicht entgegen, dass in der Beschlussempfehlung von einem „Wahlrecht" und einem „Höchstmaß an Flexibilität für die Unternehmen" die Rede ist[348]. Diese Bemerkung bezieht sich auf eine Passage im Regierungsentwurf, in der eine Befreiungsregelung für kapitalmarktorientierte Konzerne gegenüber einer generellen Verpflichtung dieser Unternehmen, nach international anerkannten Rechnungslegungsgrundsätzen zu bilanzieren, bevorzugt wird[349]. Der Grund ist, dass die Konzerne eine Überleitungsrechnung auf die fremden Regeln bevorzugen könnten und dass nicht alle kapitalmarktorientierten Konzerne an einer internationalen Rechnungslegung interessiert sind[350].

Das deutsche Recht wahrt eine Distanz zu den international anerkannten Rechnungslegungsgrundsätzen. Der Gesetzgeber regelt die Konzernrechnungslegung nach wie vor mit eigenen Regeln, so dass der üblicherweise mit einer dynamischen Verweisung angestrebte Erfolg, die Arbeitsentlastung des Parlaments, ausbleibt.

---

347 So schon der *Referentenentwurf,* ZIP 1996, S. 2000 [2001].

348 *Beschlussempfehlung,* BT-Ds. 13/9909, S. 10 (S. 13).

349 *Regierungsentwurf,* BT-Ds. 13/7141, S. 9.

350 *Regierungsentwurf,* BT-Ds. 13/7141, S. 9. So bereits der *Referentenentwurf,* ZIP 1996, S. 2000 [2001]. Für eine vollwertige Notierung an den US-amerikanischen Kapitalmärkten reicht eine Überleitungsrechnung bereits aus. Soweit ein Konzern an den US-Märkten in Form eines American Depositary Right (ADR) teilnimmt, braucht er seine Rechnungslegung nicht anzupassen. Einen anderen Weg geht die EG. Sie schreibt in der IAS-VO allen kapitalmarktorientierten Konzernen ab 2005 indirekt eine Rechnungslegung nach IAS vor.

Der Gesetzgeber verlangt im Rahmen des § 292a HGB, dass die nach international anerkannten Rechnungslegungsgrundsätzen aufgestellten Abschlüsse als nach fremdem Recht aufgestellt bezeichnet werden (§ 292a Abs. 1 S. 3 HGB), dass sie mit Abschlüssen nach den Vorschriften des HGB gleichwertig sind (§ 292a Abs. 2 Nr. 3 HGB) und dass die betroffenen Unternehmen jede Abweichung zu den deutschen Rechnungslegungsvorschriften im Anhang erläutern (§ 292a Abs. 2 Nr. 4 lit. b) HGB). Ein Gesetzgeber, der fremde Regeln inkorporieren möchte, stellt nicht solche Bedingungen[351].

Die Einbindung des nach international anerkannten Rechnungslegungsgrundsätzen aufgestellten Abschlusses in das System des HGB durch Kontroll- und Publikationspflichten spricht nicht für ein Wahlrecht. Eine solche Einbindung ist auch bei Substitutionsnormen denkbar. Sie vermag die vom Gesetzgeber geschaffene Distanz zu den fremden Regeln nicht zu überwinden.

Das Einklangerfordernis (§ 292a Abs. 2 Nr. 2 lit. b) HGB) lässt sich mit der Distanzierung auf den ersten Blick nicht voll vereinbaren. Wenn der Gesetzgeber die Unternehmen bei der Anwendung der international anerkannten Rechnungslegungsgrundsätze direkt an die 7. Richtlinie bindet, weil er sich selber an diese gebunden fühlt[352], könnte man meinen, dass er die international anerkannten Rechnungslegungsgrundsätze als in seine Rechtsordnung eingebunden ansieht, da er ansonsten nicht in Konflikt mit dem europäischen Recht geraten könne.

Dies wäre jedoch eine oberflächliche Betrachtung. Zwischen der europäischen und der nationalen Ebene des Bilanzrechts ist zu differenzieren. Der deutsche Gesetzgeber kann, soweit er nicht durch europäisches Recht gebunden ist, frei entscheiden, inwieweit er internationale Sachverhalte in seiner Gesetzgebung berücksichtigt. Wo er aber eine Umsetzungspflicht für europäisches Recht hat (z. B. aus Art. 249 Abs. 3 EG für Richtlinien), ist er in seiner Entscheidung nicht mehr frei und muss die vorrangigen europäischen Rechtsakte umsetzen. Die 7. Richtlinie sieht keine Befreiung von der Rechnungslegungspflicht für kapitalmarktorientierte Konzerne vor[353]. Das ist der Grund für das Einklangerfordernis.

ee) Fehlende Gestaltungsmöglichkeit

Zu einem Wahlrecht gelangt nur, wer den betroffenen Unternehmen überhaupt eine Gestaltungsmöglichkeit unterstellt. Diese hätten die Unternehmen allenfalls dann, wenn man den Grund für ihre Rechnungslegung nach international anerkannten Rechnungslegungsgrundsätzen ausblendete und damit § 292a HGB ohne seinen Sinnzusammenhang betrachtete. Kapitalmarktorientierte Unternehmen er-

351 *Heintzen,* KoR 2001, S. 150 [151].

352 *Beschlussempfehlung,* BT-Ds. 13/9909, S. 12 (S. 17).

353 *Van Hulle,* ZGR 2000, S. 537 [544 f.]. Art. 29 Abs. 2 7. Richtlinie lässt nur abweichende Regelwerke für Einzel- und Konzernabschluss zu.

stellen bereits ohne Zutun des deutschen Gesetzgebers Konzernabschlüsse nach fremden Regeln[354]. Der Grund dafür sind die Bevorzugung der fremden Regeln durch die potenziellen Kapitalgeber (Macht des Marktes) oder entsprechende Vorschriften eines in Anspruch genommenen Kapitalmarkts, ohne die es keinen Zugang zu den Kapitalgebern gäbe. Die Unternehmen können wegen der Bedeutung der Kapitalaufnahme nicht auf eine Rechnungslegung nach international anerkannten Rechnungslegungsgrundsätzen verzichten. Deshalb haben sie vor Einführung des § 292a HGB sogar doppelte Konzernabschlüsse in Kauf genommen. Wer glaubt, dass die betroffenen Unternehmen erst wegen der Befreiungsmöglichkeit des § 292a HGB ihre Abschlüsse nach fremden Regeln aufstellen, überschätzt die Bedeutung des deutschen Rechts für die Rechnungslegung dieser Unternehmen erheblich. Die Vorschrift reagiert auf eine bereits getroffene Wahl durch die kapitalmarktorientierten Konzerne, indem sie den Konzernabschluss nach fremden Regeln toleriert, soweit er gleichwertig ist[355]. Damit können die betroffenen Unternehmen ihre Abschlüsse nach international anerkannten Rechnungslegungsgrundsätzen mehrfach verwerten[356].

Wenig überzeugend wäre es in diesem Zusammenhang, die Verpflichtung der Unternehmen zu Konzernabschlüssen nach international anerkannten Rechnungslegungsgrundsätzen zu ignorieren, weil sie nicht staatlich auferlegt ist und ihr damit die demokratisch-rechtsstaatliche Autorität fehle[357]. Dem deutschen Gesetzgeber kann es bei der Entlastung deutscher Unternehmen nur um den Umfang der Belastung, nicht aber um den Ursprung der Belastung gehen. Hinge die Berücksichtigung einer anderweitigen Rechnungslegungspflicht von ihrer Herkunft ab, würden kapitalmarktorientierte Unternehmen unter ansonsten gleichen Bedingungen unterschiedlich behandelt. Es wäre nicht ersichtlich, warum ein Konzern entlastungswürdiger sein sollte, nur weil er einen Kapitalmarkt in Anspruch nimmt, an dem er staatlicherseits zu einer bestimmten Rechnungslegung verpflichtet wird. Eine staatlich auferlegte Rechnungslegungspflicht für Kapitalmarktteilnehmer gibt es zum Beispiel in den USA, wo die Börsenaufsichtsbehörde SEC die Anwendung der vom FASB – privat – gesetzten Regeln vorschreibt[358]. Die Börsen in Japan, Großbritannien und der Schweiz schreiben dagegen keine besonderen Regelwerke vor[359].

Die Unternehmen sind abgesehen davon bei der Inanspruchnahme der Befreiungsmöglichkeit nicht völlig frei. Sie dürfen § 292a HGB nicht missbräuchlich in

354 Ähnlich *Henssler/Slota,* NZG 1999, S. 1133 [1137].

355 *Ernst,* in: Dörner/Menold/Pfitzer, S. 321 [334].

356 *Heintzen,* BB 1999, S. 1050 [1051].

357 In diese Richtung geht *Kirchhof,* ZGR 2000, S. 681 [686], der eine staatlich-demokratische Legitimation der angewandten Regeln verlangt. Diese Frage stellt sich nur, wenn man von einer Inkorporation der fremden Regeln in das deutsche Recht ausgeht. Krit. zu *Kirchhof* auch *Heintzen,* KoR 2001, S. 150 [152].

358 Das ergibt sich aus ASR 4 und ASR 150 unter dem Stichwort des *substantial authoritative support,* dazu D. I. 2.

359 *Gidlewitz,* Harmonisierung, S. 44

Anspruch nehmen. Konzernabschlüsse nach international anerkannten Rechnungslegungsgrundsätzen haben keine befreiende Wirkung, wenn auszuschließen ist, dass sie für die Kapitalaufnahme erforderlich sind[360].

ff) Inkorporation keine zwangsläufige Konsequenz eines Wahlrechts

Die Beobachtung, dass unter § 292a HGB kein Fall denkbar ist, in dem ein kapitalmarktorientierter Konzern von jeglicher Konzernrechnungslegung befreit wird, lässt nicht auf eine Inkorporation fremder Regeln schließen. Auch im bereits geschilderten Fall der Substitution ist vorgesehen, dass eine bestimmte Verpflichtung des deutschen Rechts erfüllt wird – nur eben in anderer Form als nach deutschem Recht. Dem entspricht die Einbindung der fremdrechtlich geprägten Rechtserscheinung in das deutsche Normumfeld.

Es trifft nicht zu, dass bei der Befreiung von deutschen Rechtspflichten wegen des Vorliegens einer gleichwertigen fremdrechtlichen Rechtserscheinung eine Privilegierung vorgenommen wird, die gesetzlich zu regeln sei. Die meisten Fälle der Substitution sind nicht gesetzlich geregelt, sondern ergeben sich aus der Auslegung der betroffenen Sachnormen.

Etwas anderes ergibt sich auch nicht bei einer Berücksichtigung im Gesetz oder im Bereich des öffentlichen Rechts. Der deutsche Gesetzgeber befreit z. B. Steuerpflichtige in § 34c Einkommensteuergesetz (teilweise) von ihrer inländischen Steuerpflicht, wenn sie mit ihren Einkünften bereits einer ausländischen Besteuerung unterliegen. Dem Steuerpflichtigen wird dabei sogar ein Wahlrecht eingeräumt, in welcher Form die ausländische Steuer zu berücksichtigen ist. Läge darin eine gesetzlich zu regelnde Privilegierung, müsste der deutsche Steuergesetzgeber alle fremden Einkommensteuergesetze in seines aufnehmen.

gg) Keine Inkorporation

Trotz der Erkenntnis, dass § 292a HGB kein Wahlrecht gewährt und aus einer Wahlmöglichkeit auch nicht zwingend auf eine Inkorporation geschlossen werden kann, ist eine Inkorporation der international anerkannten Rechnungslegungsgrundsätze in das deutsche Recht noch nicht auszuschießen.

Man könnte die Auffassung vertreten, dass § 292a HGB zumindest die Voraussetzungen für die Befreiung von der deutschen Konzernrechnungslegungspflicht festlegen müsste. Wenn eine dieser Voraussetzungen die Anwendung international anerkannter Rechnungslegungsgrundsätze wäre, müssten diese in die Befreiungsnorm einbezogen werden, da sie ansonsten nicht aus sich heraus verständlich

360 Dazu C. V. 2. g).

wären[361]. Abschlussprüfer, Behörden und Gerichte müssten die fremden Regeln schließlich anwenden, um zu überprüfen, ob die Befreiungsmöglichkeit nach § 292a HGB zu Recht in Anspruch genommen wurde[362].

Es trifft durchaus zu, dass die Befreiungsvoraussetzung – die Anwendung international anerkannter Rechnungslegungsgrundsätze – nicht ermittelt werden kann, ohne die fremden Regeln heranzuziehen[363]. Doch führt das nicht zu einer Inkorporation dieser Regeln. Sie werden nicht als deutsches, sondern als fremdes Recht angewandt[364]. Die Anwendung fremden Rechts durch deutsche Behörden und Gerichte ist im Bereich des Internationalen Privatrechts hinlänglich bekannt und unproblematisch.

2. § 292a HGB als Kollisionsnorm

§ 292a HGB weist kollisionsrechtliche Züge auf. Daraus lässt sich aber nicht herleiten, dass es sich um eine Kollisionsnorm handelt.

a) Kollisionsrechtlicher Rechtswahltatbestand

Man könnte die Auffassung vertreten, dass es sich bei § 292a HGB um einen kollisionsrechtlichen Rechtswahltatbestand handele[365]. Die Norm könnte so verstanden werden, dass sie die Konzernrechnungslegung kapitalmarktorientierter Konzerne der Regelung durch die international zuständige Rechtsordnung zuführt, indem sie unter bestimmten Bedingungen den Verzicht auf eine Regelung durch das deutsche Recht ausspricht[366]. Dass die Anwendung der fremden Regeln letztlich noch von einer Entscheidung der betroffenen Unternehmen abhinge, müsse dem nicht entgegenstehen[367]. Zumindest könnte man darauf verweisen, dass Rechtswahltatbestände im Internationalen Privatrecht nicht unbekannt sind[368]. Z. B. sieht Art. 37 EGBGB bei vertraglichen Schuldverhältnissen eine Rechtswahlfreiheit vor.

Diese Ansicht könnte sich möglicherweise auf die Entstehungsgeschichte des § 292a HGB stützen[369]. In Referentenentwurf und Regierungsentwurf war noch

---

361 Ähnlich *Hommelhoff,* in: Ulmer, Band 2, § 292a, Rn. 24.

362 *Hommelhoff,* in: Festschrift Odersky (1996), S. 779 [780].

363 *Heintzen,* BB 1999, S. 1050 [1051].

364 *Heintzen,* BB 1999, S. 1050 [1052].

365 So zumindest *Henssler/Slota,* NZG 1999, S. 1133 [1137]. Zust. *Merkt,* in: Hopt, HGB[31], § 292a, Rn. 1.

366 Dahingehend *Henssler/Slota,* NZG 1999, S. 1133 [1137].

367 *Henssler/Slota,* NZG 1999, S. 1133 [1138].

368 *Henssler/Slota,* NZG 1999, S. 1133 [1137].

369 In diese Richtung *Henssler/Slota,* NZG 1999, S. 1133 [1137].

vorgesehen, dass Konzerne, die einen ausländischen Kapitalmarkt in Anspruch nehmen und daher einen Abschluss nach internationalen Vorschriften aufzustellen haben, von der deutschen Konzernrechnungslegung befreit werden sollen. Darin könnte eine Parallele zu Kollisionsnormen des Internationalen Privatrechts gesehen werden[370]. Der internationale Anknüpfungspunkt wäre die Inanspruchnahme eines ausländischen Kapitalmarkts, und die Zuständigkeit der an diesem Markt akzeptierten Regeln die Rechtsfolge der Kollisionsnorm. Man könnte weiter vertreten, dass diese Parallelität durch die Erweiterung der Vorschrift auf Unternehmen, die einen inländischen Kapitalmarkt in Anspruch nehmen, nicht aufgehoben worden sei. Nur der Anknüpfungspunkt habe sich geändert. Er sei nach der Änderung durch den Rechtsausschuss in der Unterwerfung der betroffenen Unternehmen unter die internationalen Regeln an den inländischen wie ausländischen Kapitalmärkten zu sehen – als eine unmittelbare rechtliche Auswirkung der Globalisierung der Kapitalmärkte[371].

Demnach gäbe es für die Konzernrechnungslegung in Deutschland zwei Kollisionsnormen auf unterschiedlicher Ebene. Zunächst knüpfte das Internationale Gesellschaftsrecht die Anwendung des deutschen Gesellschaftsrechts, und damit auch des Konzernrechnungslegungsrechts, an den Sitz (bzw. Ort der Gründung) der Gesellschaft[372]. Für einen Teil dieser Konzerne, die kapitalmarktorientierten, gäbe es dann auf einer zweiten Ebene eine weitere Kollisionsnorm, § 292a HGB, die nicht an den Sitz, sondern an die Inanspruchnahme eines Kapitalmarkts anknüpfte.

b) Kein Anknüpfungspunkt oder Regelungsverzicht

Mangels eines Anknüpfungspunkts ist § 292a HGB nicht als Kollisionsnorm anzusehen. Die Teilnahme an internationalen oder ausländischen Kapitalmärkten ist kein geeigneter Anknüpfungspunkt für eine Zuordnung der Konzernrechnungslegung zu einer bestimmten Rechtsordnung. Im deutschen Konzernrechnungslegungsrecht ist (bisher) nur eine kollisionsrechtliche Anknüpfung vorgesehen: der Sitz der Gesellschaft. Dies ergibt sich aus § 290 HGB.

Aus der Einführung des § 292a HGB kann nicht geschlossen werden, dass die Konzernrechnungslegung kapitalmarktorientierter Konzerne von der allgemeinen Konzernrechnungslegung abgespalten werden soll. Die Konzernrechnungslegung dient weder allein der Information der Kapitalmärkte noch ist diese als Rechnungslegungszweck ausgeschlossen. Die Konzernrechnungslegung dient der Information einer Vielzahl von Adressaten. Diese reichen vom Staat[373] über die Gläubi-

---

370 *Henssler/Slota,* NZG 1999, S. 1133 [1137].

371 *Henssler/Slota,* NZG 1999, S. 1133 [1137].

372 *Zimmer,* Internationales Gesellschaftsrecht, S. 179. Die zukünftige Entwicklung der Sitztheorie ist infolge des Überseering-Urteils ungewiss, Fn. 324.

373 Der die wirtschaftliche Lage der großen Konzernunternehmen in seinen Planungen berücksichtigen muss.

ger[374] bis zu den Kapitalmarktteilnehmern[375]. Wäre nur eine Information der Kapitalmarktteilnehmer beabsichtigt, wäre nicht verständlich, warum die Konzernrechnungslegungspflicht auch nicht kapitalmarktorientierte Konzerne trifft und warum nach § 298 HGB grundsätzlich die Regeln für den Einzeljahresabschluss anzuwenden sind. Andererseits bleibt die Information der Kapitalmarktteilnehmer nicht unberücksichtigt, sondern ist Teil der Konzernrechnungslegung. Das zeigt sich in § 297 Abs. 1 S. 2 HGB. Nach dieser Vorschrift haben kapitalmarktorientierte Konzerne ihre Angaben um eine Kapitalflussrechnung, einen Eigenkapitalspiegel und eine Segmentsberichterstattung zu ergänzen.

Die Teilnahme an einem nationalen oder internationalen Kapitalmarkt ist überdies kein geeignetes Kriterium zur Abgrenzung der internationalen Zuständigkeit von Regelwerken. Zunächst kann von einer Inanspruchnahme eines Kapitalmarkts nicht zwingend auf die Notwendigkeit einer Bilanzierung nach fremden Regeln geschlossen werden. Es sind auch Fälle denkbar, in denen ein Konzern weiterhin nach den Vorschriften des HGB bilanzieren kann, wenn er z. B. einen inländischen Kapitalmarkt in Anspruch nimmt. Vor allem aber führte dieser Ansatz in letzter Konsequenz dazu, dass der deutsche Gesetzgeber nicht einmal für die Regelung der Rechnungslegung auf den eigenen Kapitalmärkten sachlich zuständig wäre. Demnach käme es durch die Globalisierung zu einem Kompetenzverlust. Das Kollisionsrecht dient nicht als Schauplatz eines Verdrängungswettbewerbs der Normgeber. Es berücksichtigt die größere sachliche Nähe eines anderen Normgebers, nicht die größere Attraktivität seiner Vorschriften[376].

Da die deutschen Vorschriften an den nationalen wie internationalen Kapitalmärkten mit fremden Regeln konkurrieren, kann ein Regelungsverzicht des deutschen Gesetzgebers nicht als Versuch aufgefasst werden, die Materie einer sachlich richtigeren Rechtsordnung zuzuordnen. Der Grund für den Verzicht ist allein die Unterlegenheit der deutschen Vorschriften im „Wettbewerb der Normgeber“. Der deutsche Gesetzgeber ist keineswegs der Auffassung, dass seine Regeln sachlich nicht auf kapitalmarktorientierte Unternehmen anwendbar wären. Wäre er dies, müsste er auf eine eigene Regelung ganz verzichten. Das hat er aber nicht. Vielmehr hat er mit Einführung des § 297 Abs. 1 S. 2 HGB durch das Gesetz zur Kontrolle und Transparenz im Unternehmensbereich (KonTraG) seinen Anspruch erneuert, diese Materie selbst zu regeln – und zwar eine Woche nach Erlass des Kapitalaufnahmeerleichterungsgesetzes, mit dem § 292a HGB eingeführt wurde[377].

374 Die nicht nur über die gesellschaftsrechtliche Kapitalerhaltung geschützt werden sollen.

375 Zu den Adressaten des Konzernabschlusses *Ruhnke*, Konzernbuchführung, S. 21.

376 Das ist einer der Gründe, warum in Deutschland bisher der Sitztheorie der Vorzug vor der Gründungstheorie gegeben wurde.

377 Das Kapitalaufnahmeerleichterungsgesetz datiert vom 20. April 1998 und das Gesetz zur Kontrolle und Transparenz im Unternehmensbereich vom 27. April 1998.

c) Unzulässigkeit einer Rechtswahl

Handelte es sich bei § 292a HGB tatsächlich um eine Kollisionsnorm, wäre eine Rechtswahl durch das Unternehmen nicht hinnehmbar. Kollisionsnormen können nicht dispositiv sein, wenn die Interessen Dritter betroffen sind[378]. Die Konzernrechnungslegung dient der Information und dem Schutz ihrer Adressaten. Das gilt sowohl für die Kapitalmarktteilnehmer als auch für die anderen Adressaten, wie etwa die Gläubiger oder den Staat. Könnte das rechnungslegungspflichtige Unternehmen selbst die Regeln für seine Rechnungslegung bestimmen, würde ihm damit eine Machtposition eingeräumt, die das Internationale Privatrecht ansonsten nur bei der Übereinstimmung mehrerer Vertragsparteien im Rahmen der Privatautonomie vorsieht (z. B. in Art. 37 EGBGB).

d) Einbindung in deutsches Normumfeld

Gegen eine Auslegung als Kollisionsnorm spricht zudem, dass nicht verständlich wäre, warum der Konzernabschluss nach fremden Regeln einer Prüfungs- und Publizitätspflicht in Deutschland unterliegen sollte. Wenn der Gesetzgeber im Rahmen des Kollisionsrechts anerkennen sollte, international nicht zuständig zu sein, gäbe er die Regelung des betroffenen Sachverhalts aus der Hand. Es wäre inkonsequent, wenn er unter diesen Umständen die Prüfungs- und Publizitätspflicht regeln würde. Der Gesetzgeber kann sich in Kollisionsnormen eine eigene Regelung allenfalls für den Fall vorbehalten, dass das berufene Recht keine eigene Regelung vorsieht. Die Einbindung des internationalen Konzernabschlusses in die Prüfungs- und Publizitätspflichten nach deutschem Recht wird allerdings nicht vom Fehlen einer entsprechenden Regelung in dem an sich berufenen Regelwerk abhängig gemacht. Sie gilt in allen Fällen, also selbst dann, wenn die fremden Regeln eigene Prüfungs- und Publizitätspflichten aufstellen. In diesen Fällen käme es rechtlich zu einer Doppelverpflichtung[379].

e) Beschränkung auf bestimmte Regelwerke

Die Beschränkung der Öffnungsklausel auf solche Regelwerke, die international anerkannt, mit den Richtlinien im Einklang stehen und mit deutschen Vorschriften gleichwertig sind, spricht ebenfalls gegen eine Auslegung des § 292a HGB als Kollisionsnorm. Wenn der deutsche Gesetzgeber sich in bestimmten Fällen für international nicht zuständig hielte, wäre es nicht nachvollziehbar, warum an die anzuwendenden Vorschriften eine Vielzahl von Bedingungen gestellt wird. Es ist zwar nicht ungewöhnlich, dass die durch das Kollisionsrecht berufenen fremden

---

378 *Sonnenberger*, in: MüKo-BGB, Band 10, Einl. IPR, Rn. 200.

379 Dass die Doppelverpflichtung durch eine einzige Abschlussprüfung erfüllt werden könnte, änderte nichts am Doppelcharakter der Verpflichtung.

Normen am Ordre Public (Art. 6 EGBGB)[380] und an den Grundrechten[381] zu messen sind. Beides soll aber nur verhindern, dass fremde Regeln zur Anwendung kommen, die mit den grundsätzlichen deutschen Rechtsvorstellungen und den Wertungen des Grundgesetzes unvereinbar sind. Derartige Bedingungen sollen nicht den Inhalt der zur Anwendung kommenden Vorschriften bestimmen oder beschränken. Das Gleichwertigkeitserfordernis kann nicht als dem ordre public ähnlich angesehen werden. Es soll den Inhalt der anwendbaren Vorschriften in seinen Grundzügen vorgeben. Noch stärker gilt das für das Einklangerfordernis, das die anwendbaren Vorschriften eingrenzt. Schließlich ist nicht erkennbar, warum der deutsche Gesetzgeber sich nur bei international anerkannten Regelwerken für unzuständig halten sollte, bei nicht anerkannten dagegen schon. Es wäre überdies nicht nachvollziehbar, warum der Gesetzgeber zusätzlich zum Ordre Public weitere Vorbehalte einführen sollte.

3. § 292a HGB als Substitutionsnorm

§ 292a HGB ist ein gesetzlich geregelter Fall der Substitution einer inländischen Rechtserscheinung[382].

a) Befreiende Konzernabschlüsse als Fall einer gesetzlich geregelten Substitution

Nach § 292a Abs. 1 S. 1 HGB brauchen die betroffenen Gesellschaften keinen Abschluss nach den Vorschriften des HGB aufzustellen, wenn sie einen nach international anerkannten Rechnungslegungsgrundsätzen aufgestellten Abschluss präsentieren. Der an sich erforderliche Konzernabschluss nach den Vorschriften des HGB wird durch einen Abschluss nach fremden Recht ersetzt. Das entspricht der Funktion der Substitution, bei der eine deutsche Rechtserscheinung durch eine ausländische ersetzt wird.

Der nach international anerkannten Rechnungslegungsgrundsätzen aufgestellte Konzernabschluss muss bestimmte Voraussetzungen erfüllen, u. a. einem Abschluss nach deutschen Vorschriften gleichwertig sein (§ 292a Abs. 2 Nr. 3 HGB). Diese Konstellation entspricht dem bekannten Fall der Substitution. Die Substitution ermöglicht bei Sachverhalten mit Auslandsbezug, ein Tatbestandsmerkmal einer deutschen Sachnorm ersatzweise durch eine gleichwertige ausländische

---

380 *Henssler/Slota,* NZG 1999, S. 1133 [1137] sehen in diesen Anforderungen ein Äquivalent zum Vorbehalt des Ordre Public.

381 *BVerfGE* 31, S. 58 [72 ff.].

382 I. E. ebenso *Ernst,* in: Dörner/Menold/Pfitzer, S. 321 [334] und *Heintzen,* BB 1999, S. 1050 [1052]. Beide gehen von einer Anerkennung fremdbestimmter Einzelakte aus und umschreiben letztlich den Fall der Substitution.

Rechtserscheinung auszufüllen, soweit die deutsche Sachnorm eine entsprechende Auslegung zulässt[383].

Ein Beispiel für eine Substitution aus dem Bereich des Bilanz- und Börsenrechts ist die Rechnungslegungspflicht ausländischer Emittenten bei der Inanspruchnahme deutscher Kapitalmärkte. Die Regelung ist dem deutschen Kapitalmarktrecht unterworfen. Auf der Sachebene stellt sich die Frage, ob eine Rechnungslegung nach ausländischen Regeln mit der vom deutschen Recht geforderten gleichwertig ist und daher auch in Deutschland als „Rechnungslegung" gilt[384]. Dabei stellt sich die Frage, ob die Durchführung eines Verfahrens nach ausländischem Recht, dessen Ergebnis mit einem bestimmten Begriff zusammengefasst wird (hier: Rechnungslegung) , im deutschen Recht Wirkung zeitigt[385].

Keine Schwierigkeiten entstehen dadurch, dass es sich bei der Konzernrechnungslegungspflicht um eine Norm des öffentlichen Rechts handelt[386]. Die Substitution ist nicht nur im Bereich des Internationalen Privatrechts, sondern auch im Internationalen öffentlichen Recht möglich. Ein Beispiel dafür ist die bereits genannte Rechnungslegungspflicht ausländischer Emittenten an deutschen Kapitalmärkten, ein anderes Beispiel ist die Berücksichtigung der ausländischen Einkommensteuer bei der inländischen Einkommensbesteuerung nach § 34c Einkommensteuergesetz. Dort wird die Besteuerung des Steuerpflichtigen im Ausland bei der Bemessung seines inländischen Pflichtenumfangs berücksichtigt. Dieser Verzicht steht allein im Interesse des Steuerpflichtigen, dem aus seiner Betätigung im Ausland keine Nachteile entstehen sollen[387]. Als Ersatz für die deutsche Einkommensteuer gilt die ausländische Einkommensteuer. Dadurch wird die Frage aufgeworfen, welche ausländischen Steuerzahlungen als „Einkommensteuer" anerkannt werden[388].

Die Besonderheit des § 292a HGB gegenüber den üblichen Fällen der Substitution ist lediglich die gesetzliche Regelung. Die Substitution ist üblicherweise das Ergebnis einer Auslegung der jeweiligen deutschen Sachnorm. Die gesetzliche Regelung war erforderlich, da das deutsche Konzernrechnungslegungsrecht den Inhalt der Rechnungslegungspflicht in vielen Punkten exakt festlegt. Dadurch bleibt nur wenig Raum für einen gleichwertigen Ersatz der einzelnen gesetzlichen Anforderungen. Die Vorschriften des Zweiten Unterabschnitts sind teilweise sehr detailliert. Vor allem aber wollte der Gesetzgeber den Kreis der für einen Ersatz in

383 Dazu E. I. 3.

384 *Grundmann,* RabelsZ 54 (1990), S. 283 [315].

385 *Grundmann,* RabelsZ 54 (1990), S. 283 [314].

386 Ebenso *Grundmann,* RabelsZ 54 (1990), S. 283 [314 f.] hinsichtlich des Kapitalmarktrechts, das ebenfalls dem öffentlichen Recht angehört. Zum öffentlich-rechtlichen Charakter *Icking,* Rechtsnatur des Handelsbilanzrechts.

387 Es gibt keine Bindung an das Verhalten des fremden Staates, *Heinicke,* in: L. Schmidt, EStG-Komm., § 34c, Rn. 8.

388 Die gleiche Problematik stellt sich bei Doppelbesteuerungsabkommen.

Betracht kommenden Vorschriften einschränken. Nicht jedes beliebige Regelwerk sollte zur Anwendung kommen, sondern nur solche, die von den Kapitalmarktteilnehmern nachgefragt werden.

Zweck des § 292a HGB ist die Anerkennung eines durch fremde Normen bestimmten Konzernabschlusses als Ersatz für einen an sich nach den Vorschriften des HGB aufzustellenden Konzernabschluss[389]. Dadurch soll die Mehrfachverwertung eines für Kapitalmarktzwecke aufgestellten Konzernabschlusses ermöglicht werden[390]. Der befreiende Konzernabschluss ist daher als Substitut für einen an sich nach deutschen Regeln aufzustellenden Abschluss anzusehen.

b) Fehlender Auslandsbezug

Ein möglicherweise fehlender Auslandsbezug der betroffenen Gesellschaften bereitet keine Schwierigkeiten. Solche könnten sich daraus ergeben, dass § 292a HGB auch Gesellschaften erfasst, die nur inländische Kapitalmärkte in Anspruch nehmen, und dass dadurch ein Auslandsbezug möglicherweise nicht immer besteht.

Für eine Substitution ist kein intensiver Auslandsbezug erforderlich. Die vom fremden Recht geprägte Rechtserscheinung muss nicht im Ausland entstanden sein. Bereits die Beteiligung von Ausländern am Entstehen einer Rechtserscheinung im Inland reicht aus[391].

Es ist nichts dagegen einzuwenden, wenn der Gesetzgeber Fälle typisiert, in denen regelmäßig von einem Auslandsbezug auszugehen ist und in denen er deshalb eine Substitution seiner Anforderungen zulässt. Der Auslandsbezug darf nur nicht von vornherein ausgeschlossen sein.

Bei den befreienden Konzernabschlüssen ist ein internationaler Bezug stets gegeben. § 292a HGB ist so zu verstehen, dass die Befreiungsmöglichkeit nur von Unternehmen in Anspruch genommen werden kann, bei denen der Auslandsbezug wegen der Inanspruchnahme internationaler Kapitalmärkte nicht auszuschließen ist[392]. Ohne eine Veranlassung durch eine Kapitalaufnahme an den internationalen Kapitalmärkten könnte die Befreiungsnorm nicht in Anspruch genommen werden. Es bestünde kein sachlicher Grund, Gesellschaften ohne internationalen Bezug von der Anwendung deutschen Rechts zu befreien.

---

389 *Claussen,* in: Festschrift Ulmer (2003), S. 801 [803]; *Ernst,* in: Hommelhoff / Röhricht, S. 323 [326]; *Heintzen,* BB 1999, S. 1050 [1052].

390 *Heintzen,* BB 1999, S. 1050 [1051]; *Regierungsentwurf,* BT-Ds. 13 / 7141, S. 9.

391 Das zeigt das Beispiel der Beurkundung durch einen ausländischen Notar im Inland, *Kropholler,* IPR, S. 226; *Rehm,* RabelsZ 64 (2000), S. 104 ff. Dem ähnlich ist der in der Praxis weit verbreitete Fall der Beurkundung von Verträgen in der Schweiz. Die betroffenen Rechtsgeschäfte weisen in der Regel keinerlei inhaltlichen Auslandbezüge auf. Dazu *Reithmann,* NJW 2003, S. 385 ff.

392 Dazu C. V. 2. g).

c) Berücksichtigung ökonomischer Zwänge

Die Auslegung des § 292a HGB als Substitutionsnorm könnte nicht damit angegriffen werden, dass die betroffenen Gesellschaften nur auf ökonomische Zwänge reagierten und eine wirtschaftliche „Verpflichtung" – anders als eine fremdstaatliche – nicht anerkennenswert sei[393]. Die Gründe für die Aufstellung eines Konzernabschlusses nach international anerkannten Rechnungslegungsgrundsätzen sind bei der Substitution gleichgültig. Bei der Substitution wird nicht nach dem Grund für das Entstehen der fremden Rechtserscheinung gefragt. Die Substitution ist eine Frage der Auslegung deutscher Sachnormen. Bei § 292a HGB ist zu berücksichtigen, dass nicht die fremden Regelwerke mit dem HGB, sondern der nach den fremden Regeln erstellte Konzernabschluss mit einem – hypothetisch – nach den Vorschriften des HGB aufgestellten gleichwertig sein muss.

d) Beschränkung auf international anerkannte Regelwerke

Die Beschränkung des § 292a HGB auf international anerkannte Rechnungslegungsgrundsätze spricht nicht gegen die Funktion als Substitutionsnorm. Es steht im Ermessen des Gesetzgebers, den Anwendungsbereich der Substitution einzuschränken. Schließlich könnte er eine Substitution auch ganz unterbinden.

IV. Konsequenzen

Wegen seiner Eigenschaft als Substitutionsnorm wirft § 292a HGB im Hinblick auf das Demokratieprinzip, den Gewaltenteilungsgrundsatz, die Wesentlichkeitstheorie und das Gebot der ordnungsgemäßen Normverkündung grundsätzlich keine Probleme auf. Etwas anderes ergibt sich auch nicht aus den Besonderheiten der Vorschrift gegenüber dem Normalfall der Substitution.

1. Demokratieprinzip

Durch § 292a HGB kommt es nicht zu einer Geltung fremden Rechts in Deutschland. Die Vorschrift erlaubt den betroffenen Gesellschaften, statt des nach den Vorschriften des HGB aufzustellenden Konzernabschlusses ersatzweise einen nach international anerkannten Rechnungslegungsgrundsätzen aufgestellten zu präsentieren.

Darin liegt kein Wahlrecht, sondern allenfalls ein Gestaltungsspielraum. Die Unternehmen haben ihren Konzernabschluss wegen der Inanspruchnahme internationaler Kapitalmärkte nach den dort akzeptierten Regeln aufzustellen. Diesen

---

393 *Kirchhof*, ZGR 2000, S. 681 [686].

Konzernabschluss sollen sie mehrfach verwerten dürfen, wenn er mit einem deutschen gleichwertig ist. Dass die Pflicht zur Rechnungslegung nach international anerkannten Rechnungslegungsgrundsätzen nicht staatlichen Ursprungs sein muss, spielt keine Rolle.

Es kommt zu keiner Inkorporation fremden Rechts, da die international anerkannten Rechnungslegungsgrundsätze nicht gleichrangig neben die deutschen Vorschriften treten. Die nach ihnen erstellten Abschlüsse müssen sich u. a. einer Gleichwertigkeitsprüfung stellen.

Den betroffenen Gesellschaften wird die Anwendung fremden Rechts nicht vom deutschen Gesetzgeber vorgeschrieben. Dessen Anwendung ist allerdings die Voraussetzung für die Substitution. Ohne einen Ersatz kann von der Anwendung der Vorschriften des HGB nicht dispensiert werden. Die Entstehung des Substituts betrifft den deutschen Gesetzgeber nicht. Er hat nur (über die Abschlussprüfung) sicherzustellen, dass der ersatzweise Konzernabschluss ordnungsgemäß nach fremdem Recht entstanden ist. Dazu reicht aus, dass das fremde Recht als solches angewandt wird.

Für die Anwendung der Befreiungsnorm muss das fremde Recht nicht ergänzend herangezogen werden. Der Inhalt der Konzernrechnungslegungspflicht ergibt sich aus den Vorschriften des Zweiten Unterabschnitts (§§ 290 bis 315 HGB). Soweit die betroffenen Gesellschaften fremdes Recht anwenden, geschieht das außerhalb der Verantwortung des deutschen Gesetzgebers.

Da § 292a HGB nicht die Anwendung fremder Regeln in Deutschland vorschreibt, kann die Vorschrift das Demokratieprinzip nicht verletzen.

2. Gewaltenteilungsgrundsatz

§ 292a HGB delegiert keine Gesetzgebungsgewalt an andere Normgeber. Keinem fremden Normgeber wird das Recht eingeräumt, deutsche Gesellschaften zu etwas zu verpflichten.

Ebenso wenig wird Gesetzgebungsgewalt in versteckter Form – per dynamischer Verweisung – delegiert. Der Gesetzgeber lässt in den Fällen der Inanspruchnahme eines Kapitalmarkts zu, dass die für dortige Zwecke erstellten Konzernabschlüsse auch für die Erfüllung der Konzernrechnungslegungspflicht nach dem HGB verwendet werden können.

Selbst wenn § 292a HGB die Gesetzgebungsgewalt für das Konzernrechnungslegungsrecht auf einen fremden Normgeber übertrüge, wäre das im Hinblick auf das Gewaltenteilungsprinzip nicht bedenklich, da die Balance der staatlichen Gewalten in Deutschland nicht beeinträchtigt wäre.

3. Wesentlichkeitstheorie

Die Vorschriften des Zweiten Unterabschnitts (§§ 290 bis 315 HGB) regeln umfassend das Konzernrechnungslegungsrecht. Allein aus der umfassenden Regelung kann aber nicht auf die Wesentlichkeit der Materie geschlossen werden. Das Konzernrechnungslegungsrecht war vor 1965 nahezu gar nicht geregelt. Erst mit dem Aktiengesetz von 1965 wurden einige Fragen in den §§ 329 bis 338 AktG1965 geregelt. Erst mit dem Bilanzrichtlinien-Gesetz von 1985 wurde das Konzernrechnungslegungsrecht detaillierter und fand Eingang in das HGB. Allerdings weist das Konzernrechnungslegungsrecht angesichts der zu regulierenden Zielkonflikte eine gewisse Bedeutung auf[394].

Die Öffnung des Bilanzrechts für Abschlüsse nach fremden Regeln reduziert die Regelungstiefe des Konzernrechnungslegungsrechts. Es bleiben aber weiter alle wesentlichen Fragen geregelt, da der befreiende Konzernabschluss nicht nur gleichwertig mit einem nach deutschen Vorschriften erstellten sein muss[395], sondern auch im Einklang mit der 7. Richtlinie stehen muss. Die Vorschriften des HGB gehen hinsichtlich der Regelungstiefe kaum über die 7. Richtlinie hinaus. Im HGB werden lediglich bestimmte Wahlrechte der Richtlinie ausgeübt. Überdies sind Abweichungen des befreienden Konzernabschlusses vom deutschen Recht zu erläutern (§ 292a Abs. 2 Nr. 4 lit. b) HGB).

Doch selbst die verbleibende Öffnung der deutschen Rechnungslegung lässt sich ohne weiteres mit der Inanspruchnahme eines Kapitalmarkts und der damit verbundenen Doppelbelastung rechtfertigen.

4. Normverkündung

Da die international anerkannten Rechnungslegungsgrundsätze kein deutsches Recht sind und auch nicht Teil des Bundesrechts werden, sind sie nicht wie dieses zu verkünden. Probleme mit dem Gebot der ordnungsgemäßen Verkündung ergäben sich nur bei einer dynamischen Verweisung.

F. Ergebnisse des ersten Teils

Der Begriff der international anerkannten Rechnungslegungsgrundsätze ist nicht unbestimmt, bedarf aber einer Auslegung.

Es handelt sich nicht um eine abschließende Umschreibung nur von GAAP oder IAS.

---

394 *Hellermann,* NZG 2000, S. 1097 [1101].

395 Dies allein genügt schon den Ansprüchen der Wesentlichkeitstheorie. A. A. *Hellermann,* NZG 2000, S. 1097 [1102], dem das Gleichwertigkeitserfordernis nicht ausreicht.

Die Regelungstechnik ist nicht an bekannte rechtliche Konstruktionen aus dem Völkerrecht oder dem Umweltrecht angelehnt.

Alle Rechnungslegungsgrundsätze, die international anerkannt sind, führen zur befreienden Wirkung.

Der Begriff der Rechnungslegungsgrundsätze ist weit zu verstehen und umfasst jede Form von Regelwerk. Einzelne Bilanzierungsprinzipien sind dagegen nicht gemeint.

Für die internationale Anerkennung kommt es nicht auf eine Anerkennung durch internationale Gremien, Staaten, Börsenaufsichtsbehörden oder Börsen an.

Die internationale Anerkennung beschränkt lediglich den Kreis der anwendbaren Vorschriften. Da die befreienden Konzernabschlüsse gerade auch im Hinblick auf potenzielle Kapitalgeber aufgestellt werden sollen, reicht eine Prognoseentscheidung der betroffenen Gesellschaften über die Anerkennung bei ihren Adressaten aus.

Die Prognoseentscheidung über die Anerkennung kann durch Abschlussprüfer und Gerichte auf Missbräuche hin untersucht werden.

Wegen der besonderen Bedeutung der US-amerikanischen Volkswirtschaft und der dortigen Kapitalmärkte sowie der weit verbreiteten Akzeptanz an Kapitalmärkten und bei deutschen Unternehmen sind die GAAP regelmäßig international anerkannte Rechnungslegungsgrundsätze. Etwas anderes kann sich, abhängig vom jeweiligen Unternehmen, nur in extremen Ausnahmefällen ergeben.

GAAP sind die Vorschriften, deren Anwendung sowohl von den US-amerikanischen Wirtschaftsprüfern (nach Rule 203 und SAS 69) als auch von der Börsenaufsichtsbehörde SEC (nach Regulation S–X und ASR 150) verlangt wird. Das sind insbesondere die SFAS, die ARB und die APB Opinions, daneben auch ihre Hilfsnormen, die im sogenannten House of GAAP zusammengefasst werden. Überdies sind die Vorschriften der SEC, insbesondere die Regulation S–X, anzuwenden, auch wenn diese nach US-amerikanischem Verständnis nicht zu den GAAP zählen.

Ein Abschluss nach GAAP darf nur in den von SAS 69 vorgesehenen Fällen mit den IAS vermischt werden. Vorschriften der 7. Richtlinie oder des HGB dürfen nur angewendet werden, wenn diese bestimmte Verhaltensweisen vorschreiben, die nach den GAAP überhaupt nicht vorgesehen sind und nicht im Widerspruch zu ihnen stehen.

Im Falle eines Konflikts der GAAP mit der 7. Richtlinie oder dem HGB durch das Erfordernis des Einklangs oder der Gleichwertigkeit (§ 292a Abs. 2 Nr. 2 lit. b) und Nr. 3 HGB) müssen die GAAP eingehalten werden. Das entspricht der Ersatzfunktion des befreienden Konzernabschlusses.

§ 292a Abs. 2 Nr. 2 lit. a) HGB ist verfassungsrechtlich nicht zu beanstanden.

§ 292a HGB spricht keine dynamische Verweisung auf Vorschriften fremder Normgeber aus. Die Vorschrift entspricht schon nicht dem typischen Erscheinungsbild einer dynamischen Verweisung. Der Gesetzgeber beabsichtigte keine dynamische Verweisung. Die Vorschrift gewährt den betroffenen Gesellschaften kein Wahlrecht. Sie inkorporiert auch nicht fremdes Recht.

Dynamische Verweisungen sind überdies nicht stets verfassungswidrig. Wird die Verweisung inhaltlich eingegrenzt, kommt es nicht zu Verstößen gegen das Demokratieprinzip, den Gewaltenteilungsgrundsatz oder den Wesentlichkeitsgrundsatz. Bei der Verkündung ist auf eine genaue Bezeichnung sowie auf die technische und ideelle Zugänglichkeit zu achten.

§ 292a HGB ist ebenso wenig eine Kollisionsnorm oder ein kollisionsrechtlicher Rechtswahltatbestand. Der deutsche Gesetzgeber verzichtet nicht auf eine Regelung des Konzernrechnungslegungsrechts für kapitalmarktorientierte Konzerne. Die Kapitalmarktteilnahme wäre überdies kein geeigneter Anknüpfungspunkt für eine Kollisionsnorm. Die Einbindung des befreienden Konzernabschlusses in das deutsche Normumfeld durch Offenlegung und Prüfung wären nicht verständlich. Ebenso unverständlich wäre die Beschränkung der anwendbaren Regelwerke auf international anerkannte. Der Schutzcharakter der Rechnungslegungsvorschriften verbietet eine einseitige Rechtswahl durch die zur Rechnungslegung verpflichteten Gesellschaften.

§ 292a HGB ist eine Substitutionsnorm. Substitutionsnormen sind grundsätzlich verfassungsmäßig. Im Rahmen des § 292a HGB ergibt sich – auch im Hinblick auf die Wesentlichkeitstheorie – nichts anderes.

Zweiter Teil

Einklang der GAAP mit der 7. Richtlinie

Ein befreiender Konzernabschluss nach GAAP muss gemäß § 292a Abs. 2 Nr. 2 lit. b) HGB im Einklang mit der 7. Richtlinie stehen. Diese verweist im Bereich der Gliederungsvorschriften und der Bewertungsgrundsätze (Art. 17 und 29) auf die 4. Richtlinie, so dass auch deren Vorschriften für die Einklangprüfung relevant werden[1].

Das Einklangerfordernis wurde in die Vorschrift aufgenommen, weil der nationale Gesetzgeber nicht von der Anwendung europäischer Vorschriften befreien darf, an die er selbst gebunden ist[2]. Die Bindung des nationalen Gesetzgebers an die EG-Richtlinien ergibt sich aus Art. 249 Abs. 3 EG[3].

Durch das Einklangerfordernis werden die Rechtsanwender zur direkten Einhaltung der 7. Richtlinie verpflichtet. Sie gilt somit ohne einen Umsetzungsakt. Dies könnte gegen die aus Art. 249 Abs. 3 EG resultierende Umsetzungspflicht verstoßen[4].

Die Befreiungsnorm könnte zugleich gegen die verfassungsrechtlichen Anforderungen des Bestimmtheitsgebots verstoßen, da sie den bilanzierenden Gesellschaften die unmittelbare Anwendung der 7. Richtlinie mit ihren zahlreichen unbestimmten Rechtsbegriffen und Wahlrechten überbürdet.

Der Wortlaut des § 292a HGB gibt keinen Aufschluss darüber, was ein Einklang ist[5]. Die GAAP und die 7. Richtlinie sind zwei Regelwerke, die unabhängig voneinander entstanden sind und eine unterschiedliche Zielsetzung haben[6]. Beide Regelwerke können aller Voraussicht nach nicht ohne jegliche Konfliktfälle zugleich angewandt werden[7]. Ausgehend von der Auslegung des Einklangerfordernisses

---

1 *Deutscher Standardisierungsrat,* DRS 1.15; *IdW,* WPg 1998, S. 183 [184]; *Schulze-Osterloh,* in: Hommelhoff / Röhricht, S. 301 [305].

2 *Beschlussempfehlung,* BT-Ds. 13/9909, S. 12 (S. 17); *Adler/Düring/Schmaltz,* Ergänzungsband, § 292a, Rn. 27; *Ernst,* in: Dörner / Menold / Pfitzer, S. 321 [331]; *Hoyos/Lechner,* in: Beck'scher Bilanz-Kommentar[4], § 292a, Rn. 20.

3 Vertrag zur Gründung der Europäischen Gemeinschaft – EG vom 25. März 1957, BGBl. II, S. 766, zuletzt geändert durch den Vertrag von Nizza vom 26. Februar 2001, ABl. L 80, S. 1.

4 *Ebert,* Private Normsetzung, S. 51.

5 *Niehus,* in: Kleindiek / Oehler, S. 13 [18].

6 Zu den GAAP *Haller,* in: Ballwieser, S. 1 [7 f.].

7 *Busse von Colbe,* in: Festschrift Kropff (1997), S. 417 [426]; *Havermann,* WPg 2000, S. 121 [124]; *IdW,* WPg 1996, S. 593 [595]; *Ordelheide,* WPg 1996, S. 545 [548]; *Span-*

sind die Divergenzen eines Konzernabschlusses nach GAAP mit der 7. Richtlinie zu überprüfen.

Soweit es zu Konfliktfällen kommen sollte, stellt sich die Frage, welche Konsequenzen sich daraus ergeben. § 292a HGB gibt darüber keinen Aufschluss.

A. Verstoß gegen die formelle Umsetzungspflicht aus Art. 249 Abs. 3 EG

Die direkte Verpflichtung der Rechtsanwender auf die 7. Richtlinie ohne einen staatlichen Umsetzungsakt könnte die aus Art. 249 Abs. 3 EG resultierende Verpflichtung zur effektiven Umsetzung von Richtlinien verletzen. Betroffen wäre nur der formelle Aspekt der Umsetzungspflicht, da die Regelung des § 292a HGB nicht zwingend dem Inhalt der 7. Richtlinie zuwiderläuft.

I. Inhalt und Umfang der formellen Umsetzungspflicht

Richtlinien sind Teil einer zweiaktigen Regelungstechnik zur Harmonisierung der nationalen Rechtsordnungen auf europäischer Ebene. Mit der Richtlinie geben die Gemeinschaftsorgane den Mitgliedstaaten bestimmte inhaltliche Ziele vor. Den Mitgliedstaaten bleibt es überlassen, wie sie die Zielvorgabe umzusetzen. Sie bestimmen die Form und die Mittel[8]. Die Freiheit bei der Umsetzung dient der Berücksichtigung nationaler Besonderheiten durch die Mitgliedstaaten selbst[9].

Das Erreichen der von der Gemeinschaft vorgegebenen Ziele hängt maßgeblich vom Verhalten der Mitgliedstaaten ab. Daher müssen die von den Mitgliedstaaten gewählten Mittel der Umsetzung gewährleisten, dass die vorgegebenen Ziele erreicht werden[10]. Die Mitgliedstaaten haben die Richtlinie so effektiv wie möglich umzusetzen[11]. Dazu müssen sie einen eindeutigen und bestimmten Rechtszustand schaffen[12].

Die Mitgliedstaaten müssen ihrer Umsetzungspflicht nicht zwangsläufig in Form von Gesetzen nachkommen[13]. Für die Umsetzung können Rechtsverord-

---

heimer, Internationale Rechnungslegung, S. 263. A. A. *Regierungsentwurf,* BT-Ds. 13/7141, S. 8.

8 *Nettesheim,* in: Grabitz / Hilf, Band 2, Art. 249, Rn. 133; *Oppermann,* Europarecht, Rn. 547; *G. Schmidt,* in: Groeben / Thiesing / Ehlermann, Band 4, Art. 189, Rn. 37.

9 *Nettesheim,* in: Grabitz / Hilf, Band 2, Art. 249, Rn. 152; *G. Schmidt,* in: Groeben / Thiesing / Ehlermann, Band 4, Art. 189, Rn. 39.

10 *G. Schmidt,* in: Groeben / Thiesing / Ehlermann, Band 4, Art. 189, Rn. 39.

11 *Oppermann,* Europarecht, Rn. 552.

12 *EuGHE* 1983, S. 449 [456].

13 *EuGHE* 1985, S. 1661 [1673]; 1989, S. 163 [165]; 1990, I – S. 878 [880].

nungen ausreichen. Entscheidend ist nur, dass das umgesetzte Recht verbindlich ist[14]. Das gebietet der Effektivitätsgrundsatz[15].

Daher reicht es für eine ordnungsgemäße Umsetzung z. B. nicht aus, dass eine Verwaltungspraxis geändert wird oder rechtlich unverbindliche Rundschreiben ergehen[16]. Genauso wenig genügt die Umsetzung von Richtlinien durch die Rechtsprechung des Mitgliedstaats, auch wenn die Richter als staatliche Organe anzusehen sind[17].

Soweit eine Richtlinie vorsieht, dass den Bürgern Verpflichtungen auferlegt werden, muss sie durch zwingende Vorschriften so umgesetzt werden, dass die Betroffenen zuverlässig Kenntnis davon erlangen können[18].

Wenn eine von einer Richtlinie betroffene Rechtsmaterie zuvor gesetzlich oder in anderer Form geregelt war, muss die Umsetzung der vorherigen Form entsprechen[19].

Nach der Umsetzung entfaltet die Richtlinie eine Sperrwirkung gegen mitgliedstaatliches Recht, das ihr widerspricht. Eine der Richtlinie entgegenstehende nationale Regelung wäre jedoch nicht unwirksam, sondern nur als Vertragsverletzung anzusehen, gegen die nach Art. 226 EG von der Kommission vorgegangen werden kann[20]. Richtlinien gelten nach Art. 249 Abs. 3 EG grundsätzlich nur mittelbar. Die Richtliniengebung ist ein zweiaktiges Rechtssetzungsverfahren, in dem sich die Richtlinie ausschließlich an die jeweiligen Mitgliedstaaten richtet. Innerhalb des nationalen Rechtsraums erlangen Richtlinien erst über den Umsetzungsakt des nationalen Gesetzgebers eine Rechtswirkung[21].

Nur in Ausnahmefällen gelten Richtlinien im nationalen Rechtsraum unmittelbar: In diesen Fällen muss einerseits die Richtlinie so regelungsintensiv sein, dass sich ein Umsetzungsakt auf ein bloßes „Abschreiben“ durch den nationalen Gesetzgeber beschränken müsste. Andererseits muss die Richtlinie nicht oder nicht fristgerecht umgesetzt worden sein. Doch selbst wenn beide Voraussetzungen erfüllt sind, ist zu beachten, dass unmittelbar geltende Richtlinien den Bürgern keine Pflichten auferlegen können, da sie sich nur an die Mitgliedstaaten richten[22]. Aus einer unmittelbaren Wirkung können somit nur Rechte der Bürger hergeleitet werden[23].

---

14 *Nettesheim,* in: Grabitz / Hilf, Band 2, Art. 249, Rn. 141.

15 *EuGHE* 1989, S. 163 [165].

16 *EuGHE* 1982, S. 4637 [4642]; 1986, S. 3657 [3659]; 1995, I – S. 1603 [1607]; I – S. 1797 [1801].

17 *EuGHE* 1997, I – S. 6877 [6884]; *Nettesheim,* in: Grabitz / Hilf, Band 2, Art. 249, Rn. 141.

18 *EuGHE* 1991, S. 5019 [5023]; *Hetmeier,* in: Lenz, Art. 249, Rn. 10.

19 *Oppermann,* Europarecht, Rn. 552.

20 *Oppermann,* Europarecht, Rn. 554.

21 *Oppermann,* Europarecht, Rn. 555.

22 *EuGHE* 1987, S. 3969; *Kellermann,* StuB 2001, S. 122 [124] (zur 4. Richtlinie).

23 *Oppermann,* Europarecht, Rn. 556.

II. Umsetzungspflicht und befreiende Konzernabschlüsse

Die 7. Richtlinie ist in Deutschland durch das Bilanzrichtlinien-Gesetz von 1985 umgesetzt worden. Die Konzernrechnungslegung wurde in den §§ 290 bis 315 HGB gesetzlich geregelt. Der deutsche Gesetzgeber ist damit seiner Umsetzungspflicht zunächst nachgekommen[24].

1. Rücknahme der gesetzlichen Umsetzung

Durch die Öffnungsklausel des § 292a HGB wird die gesetzliche Umsetzung der 7. Richtlinie zum Teil wieder zurückgenommen. Kapitalmarktorientierte Gesellschaften, die einen befreienden Konzernabschluss aufstellen, haben selber dafür Sorge zu tragen, dass der von ihnen aufgestellte Abschluss mit der 7. Richtlinie im Einklang steht. Für diese Unternehmen existieren keine gesetzlichen Regelungen zur Anwendung der 7. Richtlinie. Den einzigen normativen Orientierungspunkt bieten die Deutsche Rechnungslegungsstandards (DRS) 1 und 1a. Diese Standards haben keine Gesetzeskraft, für sie gilt lediglich eine Richtigkeitsvermutung (§ 342 Abs. 2 HGB). Damit wird die 7. Richtlinie in einer schwächeren Form umgesetzt als vor Geltung des § 292a HGB. Ein privat gesetzter Rechnungslegungsstandard, für den lediglich eine Richtigkeitsvermutung gilt, ist kein verbindlicher Rechtssatz. Die bilanzierenden Gesellschaften sind an den Standard nicht gebunden[25]. Abgesehen davon wurde der DRS 1 erst am 22. Juli 2000 im Bundesanzeiger (Nr. 136a) veröffentlicht, bestand also bei Erlass des Kapitalaufnahmeerleichterungsgesetzes noch nicht.

Nachdem der deutsche Gesetzgeber die 7. Richtlinie mit dem Bilanzrichtlinien-Gesetz von 1985 umgesetzt hat, konnte er die Einhaltung der 7. Richtlinie nicht den Rechtsanwendern überlassen. Er hätte die Frage des Einklangs wiederum gesetzlich regeln müssen. Durch die vorherige gesetzliche Regelung war er an diese Form der Umsetzung gebunden. Eine adäquate Umsetzung wäre z. B. eine (statische) Verweisung des deutschen Rechts auf die GAAP oder die IAS gewesen.

2. Erforderlichkeit eines Umsetzungsgesetzes

Bei Erlass des § 292a HGB ging der Gesetzgeber vom Einklang der GAAP und der IAS mit der 7. Richtlinie aus[26]. Deshalb sah er keine Veranlassung, die Beachtung der 7. Richtlinie gesetzlich zu regeln.

---

24 Ob die Richtlinie in allen Einzelheiten inhaltlich zutreffend umgesetzt wurde, ist zu bezweifeln. Die Frage ist allerdings nicht Gegenstand dieser Untersuchung.

25 Eine Bindung an private Standards wäre verfassungsrechtlich problematisch.

26 *Regierungsentwurf*, BT-Ds. 13/7141, S. 8.

Obwohl es sich bei § 292a HGB um eine Übergangsregel handelt, die nach Art. 5 des Kapitalaufnahmeerleichterungsgesetzes Ende 2004 außer Kraft treten wird, konnte der Gesetzgeber nicht ausschließen, dass sich in den sechs Jahren der Geltung des § 292a HGB die GAAP oder die IAS so ändern würden, dass kein Einklang mehr gegeben wäre[27]. Der Gesetzgeber musste daher die Einhaltung der 7. Richtlinie sicherstellen.

Eine direkte Bindung der Rechtsanwender an die 7. Richtlinie durch das Einklangerfordernis reicht dazu allerdings nicht aus. Sie gewährleistet nicht deren verbindliche Umsetzung.

Für die Umsetzung sind die bilanzierenden Gesellschaften, also die Verpflichtungsadressaten, verantwortlich. Die Einhaltung der Richtlinie hängt damit allein vom Verhalten der Rechtsanwender ab.

Befreiende Konzernabschlüsse sind nach § 292a Abs. 2 Nr. 5 HGB von einem Abschlussprüfer zu prüfen. Der Abschlussprüfer übt zwar eine öffentliche Funktion aus, ist aber nicht Teil der öffentlichen Verwaltung[28]. Schon die Umsetzung von Richtlinien durch eine Verwaltungspraxis entspricht nicht mehr den Anforderungen des Art. 249 Abs. 3 EG. Dasselbe gilt für eine Umsetzung durch die Rechtsprechung der Gerichte. Die Umsetzung im Wege einer Abschlussprüfung ist eine noch weniger effektive Umsetzung als eine durch die Verwaltung oder die Gerichte vorgenommene[29]. Daher gilt für sie erst recht, dass sie die Anforderungen des Art. 249 Abs. 3 EG unterläuft.

Die Verpflichtung der Rechtanwender, bestimmte EG-Richtlinien einzuhalten, kommt einer Verweigerung der Umsetzung gleich. Das wird besonders augenfällig, wenn man das hinter dem Einklangerfordernis stehende Regelungskonzept verallgemeinert. Wenn der deutsche Gesetzgeber die 7. Richtlinie durch eine direkte Verpflichtung der Rechtsanwender auf die Vorschriften der Richtlinie umsetzen könnte, müsste das auch für alle anderen Richtlinien gelten. Demnach könnte der deutsche Gesetzgeber theoretisch in einem einzigen Gesetz von den Rechtsanwendern pauschal die Beachtung aller EG-Richtlinien verlangen.

3. Keine Rechtfertigung durch eine Befreiungsklausel in der 7. Richtlinie

Die Befreiungsnorm des § 292a HGB kann nicht auf eine Ermächtigung in der 7. Richtlinie gestützt werden, auch wenn ihre Nähe zu den §§ 291, 292 HGB das vielleicht suggerieren mag. Die 7. Richtlinie sieht nicht vor, dass kapitalmarkt-

27 Als Beispiel dafür seien nur die tiefgreifenden Änderungen der GAAP bei der Abschreibung des Geschäfts- oder Firmenwerts (SFAS 142) genannt.

28 Zur Stellung des Abschlussprüfers vertieft *Schulze-Osterloh,* ZGR 1976, S. 411 ff.

29 Zutreffend erklärt *W. Müller,* in: Hommelhoff / Röhricht, S. 313 [314] den Konzernabschluss für praktisch sanktionslos.

orientierte Gesellschaften ersatzweise einen befreienden Konzernabschluss nach international anerkannten Rechnungslegungsgrundsätzen (oder auch nur nach IAS) aufstellen dürfen[30].

Auch Art. 29 Abs. 2 lit. a) 7. Richtlinie, der im Übrigen nur für die Bewertung gilt, lässt diesen Schluss nicht zu. Nach dieser Vorschrift können Konzernabschlüsse nach anderen Regeln als die Einzeljahresabschlüsse aufgestellt werden. Mit Hilfe dieser Vorschrift können sich die Mitgliedstaaten an internationalen Standards orientieren. Die Annäherung findet in der 4. Richtlinie ihre Grenze[31]. Soweit die internationalen Standards der 4. Richtlinie entsprechen, können die Mitgliedstaaten ihr Konzernrechnungslegungsrecht nach ihnen ausrichten. Daraus ergibt sich allerdings nicht, dass die Mitgliedstaaten die Rechnungslegungsrichtlinien nicht mehr umzusetzen brauchen. Selbst wenn sie ihre Rechnungslegung nach den IAS ausrichten wollen, müssen sie die 7. Richtlinie weiter umsetzen. Dazu können sie gegebenenfalls auf die IAS verweisen, wenn sie gewährleisten, dass die IAS mit der 7. Richtlinie konvergieren.

Art. 29 Abs. 2 lit. a) der 7. Richtlinie war der Ausgangspunkt für die von der EG-Kommission vorgeschlagene Neue Strategie[32]. Diese mag den deutschen Gesetzgeber zu der Öffnungsklausel des § 292a HGB ermutigt haben[33]. Sie bietet indessen keine normative Grundlage für eine Öffnungsklausel. Eine Mitteilung der EG-Kommission ist kein Akt der Rechtssetzung. Die EG-Kommission ist nicht einmal befugt, verbindlich über die Auslegung der Richtlinie zu entscheiden. Dies kann nur der Europäische Gerichtshof[34].

Die EG-Kommission hatte im Rahmen ihrer Neuen Strategie nur dafür Sorge zu tragen, dass die IAS mit der 7. Richtlinie übereinstimmen. Die Einführung nationaler Öffnungsklauseln wurde von der EG-Kommission in ihrer Neuen Strategie nicht einmal vorgeschlagen.

Die Öffnungsklausel lässt sich gegenüber der Umsetzungspflicht auch nicht durch die besonderen Umstände der Globalisierung der Kapitalmärkte rechtfertigen. Es ist allein Aufgabe des europäischen Normgebers, auf diese Entwicklungen einzugehen. Dies ist in Form der IAS-Verordnung geschehen.

---

30 Das wird vorausgesetzt in *EG-Kommission,* Mitteilung „Neue Strategie", KOM (1995) 508 endgültig, Tz. 4.2.

31 *Van Hulle,* in: L. Schruff, S. 7 [23]; *ders.,* ZGR 2000, S. 537 [541].

32 *Van Hulle,* ZGR 2000, S. 537 [541].

33 Die ersten Vorschläge zu § 292a HGB rühren aus dem selben Jahr wie die Neue Strategie: *Biener,* in: L. Schruff, S. 61 [73 f.]; *Leutheusser-Schnarrenberger,* WM 1995, S. 1870 [1871]. In diese Richtung auch *Regierungsentwurf,* BT-Ds. 13/7141, S. 8.

34 *Schön,* ZGR 2000, S. 706 [724].

III. Konsequenzen

Der deutsche Gesetzgeber verstößt mit § 292a HGB gegen seine formelle Umsetzungspflicht für Richtlinien aus Art. 249 Abs. 3 EG[35]. Das führt nicht zur Unwirksamkeit des § 292a HGB. Allerdings verletzt der deutsche Gesetzgeber den EG-Vertrag und riskiert ein Vertragsverletzungsverfahren der EG-Kommission nach Art. 226 EG.

Die fehlerhafte Umsetzung führt nicht zur unmittelbaren Anwendbarkeit der 7. Richtlinie, da sie den Bürgern keine Rechte gewährt, sondern ihnen lediglich Pflichten auferlegt[36].

B. Verstoß gegen das Bestimmtheitsgebot nach dem GG

Durch die direkte Bindung der bilanzierenden Gesellschaften an die 7. Richtlinie mit ihrer Vielzahl von Wahlrechten und unbestimmten Rechtsbegriffen verstößt der Gesetzgeber nicht gegen das Bestimmtheitsgebot[37].

Das Bestimmtheitsgebot leitet sich vom Rechtsstaatsprinzip ab[38]. Nach ihm müssen Gesetze so genau gefasst werden, dass die Adressaten die Folgen ihres Handelns kalkulieren können. Ohnedies wäre eine gerichtliche Kontrolle nicht möglich[39]. Unbestimmte Rechtsbegriffe dürfen nur solange verwendet werden, wie diese Funktion nicht gefährdet ist[40].

Die Verpflichtung bilanzierender Gesellschaften auf Generalnormen, die Gewährung von umfassenden Wahlrechten oder die Verwendung einer Vielzahl unbestimmter Rechtsbegriffe im Bilanzrecht verstößt nicht gegen das Bestimmtheitsgebot. Die Offenheit der Regelungen dient der Berücksichtigung unterschiedlicher Lebenssachverhalte.

Die Bindung der Verpflichtungsadressaten an allgemeine Prinzipien ist im Bilanzrecht seit jeher bekannt. Vor dem Bilanzrichtlinien-Gesetz 1985 galt für Kaufleute und Personenhandelsgesellschaften (in § 38 HGB a. F.) nur ein Verweis auf

35 *Ebert,* Private Normsetzung, S. 51. Krit. schon *Ordelheide,* WPg 1996, S. 545 [548].

36 *Kellermann,* StuB 2001, S. 122 [124] (zur 4. Richtlinie).

37 So wohl auch *Kirchhof,* ZGR 2000, S. 681 [684].

38 *Sachs,* in: ders., GG-Komm., Art. 20, Rn. 78; *Schulze-Fielitz,* in: Dreier, GG-Komm., Band 2, Art. 20 (Rechtsstaat), Rn. 117. Dazu schon im ersten Teil unter A.

39 *Sachs,* in: ders., GG-Komm., Art. 20, Rn. 79; *Schulze-Fielitz,* in: Dreier, GG-Komm., Band 2, Art. 20 (Rechtsstaat), Rn. 117.

40 *Sachs,* in: ders., GG-Komm., Art. 20, Rn. 80; *Schnapp,* in: von Münch / Kunig, GG-Komm., Band 2, Art. 20, Rn. 29; *Schulze-Fielitz,* in: Dreier, GG-Komm., Band 2, Art. 20 (Rechtsstaat), Rn. 121.

die Grundsätze ordnungsmäßiger Buchführung (GoB). Ein Konzernrechnungslegungsrecht existierte nur in Grundzügen und auch das erst seit dem Aktiengesetz von 1965. Auch die 4. und die 7. Richtlinie lassen viele bedeutende Fragen ungeregelt. Das gilt etwa für die Fragen der Fremdwährungsumrechnung, der langfristigen Auftragsfertigung oder der phasengleichen Dividendenvereinnahmung. Eine fehlende Regelungsdichte im Bilanzrecht spricht also nicht gegen eine Bestimmtheit.

Bei der direkten Anwendung der 7. Richtlinie sind kaum andere Entscheidungen zu treffen als bei Anwendung der Regelungen des HGB. Die Generalklausel der 7. Richtlinie wird in § 297 Abs. 2 S. 2 HGB an die Rechtsanwender weitergegeben. Der Gesetzgeber gibt auch nicht vor, wie die allgemeinen Bewertungskriterien des Art. 29 der 7. Richtlinie i.V. m. Art. 31 Abs. 1 der 4. Richtlinie anzuwenden sind. Die entsprechende Vorschrift des § 298 Abs. 1 S. 1 i.V. m. § 252 Abs. 1 HGB enthält keine weitergehenden Vorgaben.

Den bilanzierenden Gesellschaften wird gegenüber dem HGB nur ein zusätzlicher Spielraum durch die Weitergabe der Mitgliedstaatenwahlrechte gewährt. Das führt nicht zur Unbestimmtheit des § 292a HGB.

C. Einklang als Maßstab für den Vergleich von GAAP und 7. Richtlinie

Die Auslegung des Begriffs Einklang bestimmt wesentlich über die praktische Anwendbarkeit des § 292a HGB. Der von den Gesellschaften aufgestellte Konzernabschluss muss mit der 7. Richtlinie im Einklang stehen (§ 292a Abs. 2 Nr. 2 lit. b) HGB). Da der befreiende Konzernabschluss zugleich nach international anerkannten Rechnungslegungsgrundsätzen aufgestellt werden muss (§ 292a Abs. 2 Nr. 2 lit. a) HGB), haben letztlich die international anerkannten Rechnungslegungsgrundsätze mit der 7. Richtlinie im Einklang zu stehen[41]. Da genau genommen nur der Konzernabschluss der Richtlinie entsprechen muss, wäre es theoretisch denkbar, dass die betroffenen Gesellschaften Sachverhalte vermeiden, bei denen beide Regelwerke divergieren. Für international tätige Konzerngesellschaften ist das jedoch keine realistische Option. Die bilanzierenden Gesellschaften haben bei ihren Abschlüssen also in Wirklichkeit zwei verschiedene Regelwerke zu koordinieren. Sie haben damit letztlich einen dualen Konzernabschluss aufzustellen.

Die angewandten international anerkannten Rechnungslegungsgrundsätze sind genau einzuhalten. Das ergibt sich aus der erforderlichen Akzeptanz der Abschlüsse bei den Adressaten an den Kapitalmärkten und aus der Ersatzfunktion des befreienden Konzernabschlusses[42].

---

41 Ähnlich *Wiedmann,* in: Ebenroth / Boujong / Joost, Band 1, § 292a, Rn. 9.

42 Dazu im ersten Teil D. III. 4.

Der Begriff Einklang gibt vor, inwieweit die 7. Richtlinie einzuhalten ist. Je enger er verstanden wird, desto schwieriger ist es für die betroffenen Gesellschaften, beide Regelwerke zugleich anzuwenden[43].

Als international anerkannte Rechnungslegungsgrundsätze kommen vornehmlich die GAAP und die IAS in Betracht. Beide Regelwerke sind vorrangig für eine Information von Kapitalmarktteilnehmern konzipiert. Die 7. Richtlinie sieht die Information eines viel breiteren Kreises von Adressaten, darunter auch Gläubiger der Gesellschaft, vor[44]. Deshalb ist es nicht ausgeschlossen, dass die Regelwerke in Einzelpunkten divergieren[45]. Es gibt jedenfalls Untersuchungen, die Unterschiede zwischen der 7. Richtlinie und den IAS belegen[46]. Die Unterschiede gefährden die praktische Anwendbarkeit des § 292a HGB. Deshalb gab es seit Einführung des § 292a HGB Tendenzen, das Einklangerfordernis zu relativieren.

I. Inhalt und Umfang der materiellen Umsetzungspflicht aus Art. 249 Abs. 3 EG

Die Bindung des befreienden Konzernabschlusses an die 7. Richtlinie betrifft die materielle Seite der Umsetzungspflicht aus Art. 249 Abs. 3 EG. Sie soll die Verwirklichung der inhaltlichen Zielvorgaben der 7. Richtlinie gewährleisten.

Nach Art. 249 Abs. 3 EG sind Richtlinien hinsichtlich des zu erreichenden Ziels verbindlich, überlassen den Mitgliedstaaten aber die Umsetzung in das nationale Recht[47]. Die Bindungswirkung der „Zielvorgaben" von Richtlinien kann sehr unterschiedlich sein. Z. T. geben Richtlinien nur programmatische Grundsätze vor. Bisweilen sind sie sehr detailliert formuliert und rücken damit in die Nähe von Verordnungen[48]. In diesen Fällen kann der nationale Gesetzgeber gezwungen sein, die Richtlinie nur noch in das nationale Recht „abzuschreiben", wobei nicht die Übernahme des genauen Wortlauts erforderlich ist[49]. Dadurch wird der nationale Gesetzgeber inhaltlich an jede Einzelvorschrift der Richtlinie gebunden. Jede Abweichung von den Einzelvorschriften wäre eine Verletzung der Umsetzungspflicht. Ein Umsetzungsspielraum besteht in diesen Fällen nur hinsichtlich der Wahl der Mittel (z. B. Gesetz oder Rechtsverordnung).

---

43 *Claussen/Scherrer,* in: KK-AktG, Band 6/1, § 292a, Rn. 170.

44 In den Erwägungsgründen werden Gesellschafter und Dritte genannt.

45 *Havermann,* WPg 2000, S. 121 [124]; *Pellens/Bonse/Gassen,* DB 1998, S. 785 [788].

46 Der *Kontaktausschuss,* Konformitätsüberprüfung IAS sieht 2 Abweichungen, das *IdW,* WPg 1998, S. 183 ff. sieht 7 Unterschiede.

47 *Nettesheim,* in: Grabitz/Hilf, Band 2, Art. 249, Rn. 133; *Oppermann,* Europarecht, Rn. 547; *G. Schmidt,* in: Groeben/Thiesing/Ehlermann, Band 4, Art. 189, Rn. 37.

48 *Bleckmann,* in: Leffson/Rückle/Großfeld, S. 11 [12]; *Nettesheim,* in: Grabitz/Hilf, Band 2, Art. 249, Rn. 133; *Oppermann,* Europarecht, Rn. 551.

49 *Bleckmann,* in: Leffson/Rückle/Großfeld, S. 11 [12]; *Oppermann,* Europarecht, Rn. 552.

Bestehen Zweifel an der zutreffenden Umsetzung einer Richtlinie, ist das nationale Recht richtlinienkonform auszulegen[50]. Das gilt zumindest dann, wenn ein Gesetz den Zweck hat, eine Richtlinie umzusetzen und dessen eindeutiger Wortlaut oder Zweck nicht der richtlinienkonformen Auslegung entgegensteht[51].

Die Mitgliedstaaten dürfen nach korrekter Umsetzung einer Richtlinie keine richtlinienwidrigen Vorschriften mehr erlassen, sonst verletzen sie ihre Umsetzungspflicht. Das richtlinienwidrige Recht des Mitgliedstaates ist nicht unwirksam[52]. Bei Verletzung der Umsetzungspflicht droht allerdings ein Vertragsverletzungsverfahren nach Art. 226 EG.

II. Umsetzungspflicht und Einklangerfordernis

Der deutsche Gesetzgeber hat sich bei Erlass des § 292a HGB zu seiner Bindung an die 7. Richtlinie bekannt[53]. Das hat ihn nicht daran gehindert, die Verantwortung für ihre Einhaltung auf die bilanzierenden Gesellschaften und die Abschlussprüfer zu übertragen und damit die formelle Umsetzungspflicht zu verletzen[54].

Durch die rechtswidrige Übertragung der Verantwortung für eine ordnungsgemäße Umsetzung der 7. Richtlinie auf die Rechtsanwender hat sich der deutsche Gesetzgeber nicht seiner materiellen Umsetzungspflicht entledigt. Ein nationaler Gesetzgeber kann seine Bindung an eine Richtlinie nicht durch die Verletzung seiner formellen Umsetzungspflicht einschränken.

Wenn die Umsetzungspflicht aus Art. 249 Abs. 3 EG in vollem Umfang fortbesteht, der Gesetzgeber sie aber auf die Rechtsanwender überträgt, ohne die Bindungswirkung der Richtlinie inhaltlich einzuschränken, folgt daraus, dass die Rechtsanwender im Rahmen des § 292a HGB genauso an die Richtlinie gebunden sind wie der Gesetzgeber. Daran ändert auch die Verletzung der formellen Umsetzungspflicht nichts. Wenn § 292a HGB schon formelle Anforderungen verletzt, darf dies nicht auch noch dazu führen, dass die 7. Richtlinie inhaltlich nicht zutreffend umgesetzt wird.

Da der Gesetzgeber die materielle Umsetzung auf die Rechtsanwender übertragen und sich gleichzeitig zu seiner Bindung an die 7. Richtlinie bekannt hat, ist § 292a Abs. 2 Nr. 2 lit. b) HGB so auszulegen, dass die Rechtsanwender genauso an die 7. Richtlinie gebunden sind wie der Gesetzgeber selbst.

---

50 *Kellermann,* StuB 2001, S. 122 [125]; *Oppermann,* Europarecht, Rn. 560; *Tschesche,* in: Baetge / Kirsch / Thiele, Band 2, § 292a, Rn. 7.

51 *Bleckmann,* in: Leffson / Rückle / Großfeld, S. 11 [28].

52 *Oppermann,* Europarecht, Rn. 554.

53 *Beschlussempfehlung,* BT-Ds. 13 / 9909, S. 12 (S. 17).

54 Dazu bereits A. III.

Die Vorschriften der 7. Richtlinie sind unterschiedlich detailliert. Sie weist eine Reihe detaillierter Vorschriften über die Konsolidierung auf. Daneben verweist sie für die Gliederung von Bilanz und Gewinn- und Verlustrechnung auf die sehr detaillierten Vorschriften der 4. Richtlinie[55]. Bei den Bewertungsvorschriften gibt es begrenzte Gestaltungsspielräume durch allgemein gehaltene Einzelvorschriften. Größere Gestaltungsspielräume entstehen durch eine Reihe von Wahlrechten, die entweder für die Mitgliedstaaten (bei der Umsetzung)[56] oder für die Gesellschaften direkt gelten[57].

Entsprechend der unterschiedlichen Detailliertheit der Vorschriften der Richtlinien variiert die Umsetzungspflicht des nationalen Gesetzgebers. Damit variiert auch die Bindung der Rechtsanwender an die 7. Richtlinie. Detaillierte Richtlinienvorschriften haben sie genau einzuhalten. Soweit die 7. Richtlinie Gestaltungsspielräume lässt, stehen sie den Gesellschaften im Rahmen des § 292a HGB offen.

III. Versuche, die Bindung an die 7. Richtlinie zu lockern

Da schon früh erkannt wurde, dass es zwischen den GAAP bzw. IAS und der 7. Richtlinie Divergenzen geben könnte, wurden beizeiten Versuche unternommen, das Einklangerfordernis so auszulegen, dass die Unterschiede ignoriert werden können. Damit sollte die praktische Anwendbarkeit der Befreiungsnorm gewährleistet werden[58].

Die Auslegungsansätze differenzieren bei der Richtlinienbindung nicht nach der Detailliertheit der jeweils betroffenen Vorschriften der 7. Richtlinie. Aus der Zielsetzung der Auslegungsvorschläge ergibt sich, dass auch detaillierte Einzelvorschriften erfasst werden sollen.

1. Bindung an ein Gesamtkonzept der 7. Richtlinie (Gesamtkonzepttheorie)

Der Begriff *Einklang* könnte so ausgelegt werden, dass der Gesetzgeber – und damit die bilanzierenden Gesellschaften – nicht an die Einzelvorschriften der 7. Richtlinie – gleichgültig, wie detailliert sie sind – gebunden sind, sondern nur an ein der 7. Richtlinie zu Grunde liegendes Gesamtkonzept.

---

55 *Bleckmann,* in: Leffson / Rückle / Großfeld, S. 11 [14]; *Meyer-Arndt,* BB 1993, S. 1623.

56 So genannte Mitgliedstaatenwahlrechte.

57 So genannte Unternehmenswahlrechte.

58 *Havermann,* WPg 2000, S. 121 [124].

a) Herleitung

Man könnte der Auffassung sein, dass ein *Einklang* sprachlich eine geringere Bindung an die Richtlinienvorschriften bedeute als eine *Übereinstimmung.* Die Bindung durch einen Einklang wäre andererseits stärker als bei einer *Gleichwertigkeit*[59]. Für den Einklang sei der befreiende Konzernabschluss deshalb an einem *Gesamtkonzept* der Richtlinien zu messen. Deshalb seien für den befreienden Konzernabschluss nicht die einzelnen Vorschriften der Richtlinie maßgeblich, sondern nur ihre *Gesamtheit*[60].

Diese Auslegung ließe sich möglicherweise auch auf systematische Argumente stützen. Der Gesetzgeber hat in § 291 HGB von einem in Art. 7 Abs. 2 lit. a) bb) der 7. Richtlinie gewährten Wahlrecht Gebrauch gemacht. Nach Art. 7 der 7. Richtlinie können die Mitgliedstaaten Konzernmuttergesellschaften von ihrer Konzernrechnungslegungspflicht befreien, wenn sie selber eine Tochtergesellschaft einer Muttergesellschaft innerhalb der EG sind, die ihren Konzernabschluss nach dem Recht des anderen Mitgliedstaats *im Einklang* mit der 7. Richtlinie aufstellt. Bis zur Änderung des § 291 HGB durch das Kapitalaufnahmeerleichterungsgesetz 1998, mit dem auch § 292a HGB eingeführt wurde, hat der Gesetzgeber in § 291 HGB statt eines *Einklangs* (wie in Art. 7 der 7. Richtlinie) eine *Übereinstimmung* verlangt[61]. Bei Ausarbeitung des Kapitalaufnahmeerleichterungsgesetzes gelangte der deutsche Gesetzgeber – dreizehn Jahre nach Einführung des § 291 HGB mit dem Bilanzrichtlinien-Gesetz – zu der Erkenntnis, dass der in Art. 7 der 7. Richtlinie verwendete Ausdruck „Einklang" einen geringeren Grad an Konvergenz verlange als der bisher verwendete Ausdruck „Übereinstimmung". Er änderte daraufhin den § 291 HGB und führte den Begriff des Einklangs auch in § 292a HGB ein[62]. Der Gesetzgeber vertrat dabei die Ansicht, dass ein Konzernabschluss im Rahmen des § 292a HGB das gleiche Maß an Konvergenz mit der 7. Richtlinie haben müsse wie ein im Rahmen des § 291 HGB aufgestellter[63].

---

59 *Merkt,* in: Hopt, HGB[31], § 292a, Rn. 6; *Mujkanovic,* BB 1999, S. 999 [1001]; *Niehus,* in: Kleindiek / Oehler, S. 13 [18].

60 *Adler / Düring / Schmaltz,* Ergänzungsband, § 292a, Rn. 28; *Berger / Lütticke,* in: Beck'scher Bilanz-Kommentar[5], § 292a, Rn. 18; *Busse von Colbe,* in: MüKo-HGB, Band 4, § 292a, Rn. 19; *Claussen / Scherrer,* in: KK-AktG, Band 6 / 1, § 292a, Rn. 171; *Deutscher Standardisierungsrat,* DRS 1.17; *Mujkanovic,* BB 1999, S. 999 [1001 f.]; *Niehus / Thyll,* Konzernabschluß, Rn. 156; *Scheffler,* in: Festschrift Strobel (2002), S. 3 [17]; *W.* Schruff, in: WP-Handbuch, Band 1, Abschnitt N, Rn. 28; *Strobel,* DB 1999, S. 1127 [1130]; *Wiedmann,* in: Ebenroth / Boujong / Joost, Band 1, § 292a, Rn. 10; *Wollmert / Oser,* DB 2000, S. 729 [732].

61 Darstellung der früheren Rechtlage bei *Schulze-Osterloh,* in: Hommelhoff / Röhricht, S. 301 [305].

62 *Regierungsentwurf,* BT-Ds. 13 / 7141, S. 10. So auch *Busse von Colbe,* in: MüKo-HGB, Band 4, § 292a, Rn. 18.

63 *Regierungsentwurf,* BT-Ds. 13 / 7141, S. 10. Dem folgend *Busse von Colbe,* in: MüKo-HGB, Band 4, § 292a, Rn. 18; *Deutscher Standardisierungsrat,* DRS 1.16; *Ernst,* in: Hommelhoff / Röhricht, S. 323 [327].

b) Gründe gegen die Gesamtkonzepttheorie

Die Gesamtkonzepttheorie leidet schon im Ansatz darunter, dass aus Art. 7 der 7. Richtlinie keine Maßstäbe für eine Befreiungsnorm zu Gunsten kapitalmarktorientierter Rechnungslegungsregeln gewonnen werden können. Befreiende Konzernabschlüsse für kapitalmarktorientierte Konzerne haben mit einer Befreiung vom Tannenbaumprinzip[64], wie sie Art. 7 der 7. Richtlinie vorsieht, nichts gemein. Die Befreiung von Teilkonzernabschlüssen hat ihren Sinn darin, dass ein Konzernabschluss auf einer Zwischenebene für die Adressaten keinen Informationsgewinn bringt und daher weggelassen werden darf[65]. Dagegen sollen befreiende Konzernabschlüsse nach § 292a HGB die Unternehmen von einer doppelten Konzernrechnungslegung und den damit verbundenen Belastungen befreien.

Aber selbst wenn der Gesetzgeber seiner Befreiungsregelung den Art. 7 Abs. 2 lit. a) bb) der 7. Richtlinie zu Grunde legen durfte, wäre dadurch noch keine Erkenntnis über den Inhalt des Begriffs Einklang gewonnen, da er im Rahmen des Art. 7 Abs. 2 lit. a) bb) der 7. Richtlinie nicht definiert ist[66]. Für die Schlussfolgerung des Gesetzgebers, dass ein Einklang weniger Anforderungen als eine Übereinstimmung stelle[67], bietet Art. 7 Abs. 2 lit. a) bb) der 7. Richtlinie jedenfalls keine Grundlage.

Aus der Verwendung der Ausdrücke *Einklang* und *Übereinstimmung* in der 7. Richtlinie lässt sich keine Differenzierung herleiten. Das ergibt sich aus dem gemeinschaftsrechtlichen Wortsinn[68], bei dessen Ermittlung auch die anderen Fassungen einer Richtlinie heranzuziehen sind. In der deutschen Fassung wird in den Art. 7 Abs. 2 lit. a) bb), 33 Abs. 2 lit. a) und b) sowie 37 Abs. 2 der 7. Richtlinie jeweils ein *Einklang* verlangt. Dagegen ist nach den Art. 9 Abs. 1, 29 Abs. 1 und 2 lit. a) der 7. Richtlinie eine *Übereinstimmung* erforderlich. In der englischen Fassung wird in allen Fällen eine *Accordance* verlangt[69], und in der französischen Fassung ist in den Art. 7 Abs. 2 lit. a) bb), 9 Abs. 1 und 29 Abs. 1 und 2 lit. a) der 7. Richtlinie von *Conformité,* in Art. 33 Abs. 2 lit. a) und b) der 7. Richtlinie von *Conformément* und in Art. 37 Abs. 2 der 7. Richtlinie von *Concordance* die Rede[70]. Der Anschein einer Differenzierung wird lediglich durch die ungenaue deutsche Fassung der Richtlinie gesetzt[71].

---

64 Das sogenannte Tannenbaumprinzip verpflichtet bei mehrstufigen Konzernen jede Muttergesellschaft zur Aufstellung eines Konzernabschlusses, auch wenn die Muttergesellschaften ihrerseits Tochtergesellschaften anderer Muttergesellschaften sind. Art. 7 der 7. Richtlinie soll überflüssige Konzernabschlüsse auf Zwischenebenen vermeiden helfen.

65 *Kindler,* in: Ulmer, Band 2, § 291, Rn. 1.

66 *Schulze-Osterloh,* in: Hommelhoff / Röhricht, S. 301 [305].

67 *Regierungsentwurf,* BT-Ds. 13 / 7141, S. 10.

68 Darauf weist *Schulze-Osterloh,* in: Hommelhoff / Röhricht, S. 301 [305] hin.

69 Official Journal of the European Communities, 1978 L 193, S. 1.

70 Journal officiel des Communautes européennes, 1978 L 193, S. 1.

71 *Schulze-Osterloh,* in: Hommelhoff / Röhricht, S. 301 [305].

Damit ist allerdings immer noch nicht geklärt, welche Anforderungen Art. 7 Abs. 2 lit. a) bb) der 7. Richtlinie an die Konvergenz eines anderen Regelwerks stellt. Die Vorschrift soll die wenig informativen Teilkonzernabschlüsse eliminieren. Dies geschieht unter der Voraussetzung, dass die Muttergesellschaft einen Konzernabschluss im Einklang mit der 7. Richtlinie nach dem Recht eines Mitgliedstaats aufstellt. Für diesen Vorgang ist es nicht erforderlich, die Gesellschaften von der Anwendung der zwingenden Vorschriften der Richtlinie zu befreien[72]. Im Gegenteil. Der Richtliniengeber bindet die Muttergesellschaft nicht nur an das Recht des Mitgliedstaats, der seinerseits die 7. Richtlinie ohnehin korrekt umsetzen muss, sondern zusätzlich noch an die Richtlinie selbst. Das spricht dafür, dass dem Richtliniengeber die Einhaltung der Richtlinien besonders wichtig war. Daher sind für das Einklangerfordernis des Art. 7 Abs. 2 lit. a) bb) der 7. Richtlinie alle zwingenden Vorschriften der Richtlinien einzuhalten[73].

Soweit man eine Abschwächung der Richtlinienbindung durch die Verwendung des Begriffs Einklang für möglich hielte, entstünde das Problem, dass die Orientierung an einem Gesamtkonzept der 7. Richtlinie den Unterschied zwischen *Einklang* und *Gleichwertigkeit*[74] einebnete[75]. Die Feststellung der Gleichwertigkeit misst sich an der Funktion, also der Aussagefähigkeit des Konzernabschlusses für seine Adressaten. Sie fehlt, wenn es zu wesentlichen Informationsverlusten kommt[76]. Da die Aussagefähigkeit ihrerseits nur an dem Ziel der Rechnungslegung gemessen werden kann, besteht kein Unterschied zu einem Gesamtkonzept, das sich an der Erfüllung des Zwecks der Rechnungslegungsvorschriften zu orientieren hätte. Denn der Zweck ist die Information der Adressaten, die nur mit einem aussagefähigen Abschluss gewährleistet werden kann.

Abgesehen hiervon dürften große Probleme bestehen, ein Gesamtkonzept der Richtlinien überhaupt zu entwickeln. Die Richtlinien sind von den Konflikten und Widersprüchen um die gleichzeitige Verfolgung der Gesellschafterinformation und des Gläubigerschutzes geprägt. Ohne die Kenntnis eines Gesamtkonzepts könnten die Gesellschaften die Befreiungsnorm nicht anwenden.

---

72 *EG-Kommission,* Stellungnahme zu E-DRS 1, C5 / UL D (99) 155.

73 *EG-Kommission,* Stellungnahme zu E-DRS 1, C5 / UL D (99) 155; *Küting / Hütten,* WPg 1999, S. 12 [15]; *Schön,* ZGR 2000, S. 706 [724]; *Tschesche,* IAS-Konzernabschlüsse, S. 83.

74 Dieser Unterschied wird von den Anhängern der Gesamtkonzepttheorie selbst propagiert (dazu bereits a)).

75 *EG-Kommission,* Stellungnahme zu E-DRS 1, C5 / UL D (99) 155; *Schön,* ZGR 2000, S. 706 [724].

76 *Mujkanovic,* BB 1999, S. 999 [1002].

2. Bedeutung des Einklangverständnisses des Kontaktausschusses

Eine weite Auslegung des Einklangerfordernisses könnte auf die weite Auslegung des Begriffs durch den nach Art. 52 der 4. Richtlinie bei der EG-Kommission eingesetzten Kontaktausschuss gestützt werden. Zumindest hat der deutsche Gesetzgeber die Auffassung des Kontaktausschusses der Einführung des § 292a HGB zu Grunde gelegt[77].

Der Kontaktausschuss hat 1996 die Konvergenz der 7. Richtlinie mit den IAS untersucht. Er kam zu dem Ergebnis, dass die 7. Richtlinie problemlos neben den IAS angewendet werden könne. Es bestünden lediglich zwei unbedeutende Divergenzen, die notfalls durch eine Änderung der Richtlinien behoben werden könnten[78].

Der Auffassung des Kontaktausschusses kommt bei der Auslegung der Umsetzungspflicht aus Art. 249 Abs. 3 EG keine besondere *rechtliche* Bedeutung zu. Weder der Kontaktausschuss noch die EG-Kommission sind dazu befugt, das europäische Recht in verbindlicher Form auszulegen. Dieses Recht kommt nur dem Europäischen Gerichtshof zu[79].

Ungeachtet dessen können aus der Untersuchung des Kontaktausschusses von 1996 ohnehin keine Maßstäbe für eine Auslegung der Umsetzungspflicht bzw. des Einklangerfordernisses gewonnen werden. Der Kontaktausschuss hat nicht untersucht, ob die IAS im Einklang mit der 7. Richtlinie stehen[80]. Die Untersuchung befasste sich mit der Frage, ob eine Gesellschaft, die (über mitgliedstaatliche Umsetzungsgesetze) zur Rechnungslegung nach der 7. Richtlinie verpflichtet ist, zugleich auch die Anforderungen der IAS einhalten kann[81]. Schon mit der Definition dieses Ziels lässt der Kontaktausschuss keinen Zweifel daran, dass die Vorschriften der 7. Richtlinie unbedingt zu beachten sind. Die Untersuchung geht von der Einhaltung der 7. Richtlinie aus und fragt von dieser Basis ausgehend, ob nicht auch die IAS eingehalten werden könnten. Die Unmaßgeblichkeit der Untersuchung ergibt sich auch daraus, dass der Kontaktausschuss die seinerzeit vorliegenden IAS 1, 4, 5, 7, 10, 12–15, 17–20, 24, 26, 29 und 32 – also die Mehrzahl – nicht untersucht hat, weil dies „nur zu einer Auflistung zahlreicher Unterschiede führen" würde[82].

---

77 *Regierungsentwurf,* BT-Ds. 13/7141, S. 8. So *Reker/Pahl/Löcke,* WPg 1998, S. 527 [529].

78 *Kontaktausschuss,* Konformitätsüberprüfung IAS, Tz. 13, 14.

79 *EG-Kommission,* Stellungnahme zu E-DRS 1, C5/UL D (99) 155; *Krawitz,* in: Bonner Handbuch, Band 2, § 292a, Rn. 153; *Schön,* ZGR 2000, S. 706 [724].

80 Dazu bereits *Grund,* ZIP 1996, S. 1969 [1973 f.]; *Schulze-Osterloh,* in: Hommelhoff/Röhricht, S. 301 [306]; *Spanheimer,* Internationale Rechnungslegung, S. 263.

81 *Kontaktausschuss,* Konformitätsüberprüfung IAS, Tz. 8.

82 *Kontaktausschuss,* Konformitätsüberprüfung IAS, Tz. 2 und 6 a. E. Dazu *Gelhausen/Mujkanovic,* AG 1997, S. 337 [340].

Selbst wenn die Untersuchung des Kontaktausschusses für eine Lockerung der Bindungswirkung des deutschen Gesetzgebers nutzbar gemacht werden könnte, ließe das immer noch keine Schlüsse auf eine Anwendbarkeit der aktuellen GAAP und IAS zu. Die Untersuchung erfasst die GAAP überhaupt nicht. Soweit die IAS untersucht werden, sind die Ergebnisse der Untersuchung nur noch rechtshistorisch interessant, da die IAS vom Stand des 31. Dezember 1995 untersucht wurden[83].

3. Zulässigkeit unwesentlicher Abweichungen

Man könnte die Auffassung vertreten, dass in unwesentlichen Fällen von den Vorschriften der 7. Richtlinie abgewichen werden könne.

Der Gedanke könnte auf die Annahme eines „Wesentlichkeitsgrundsatzes“[84] in der Dogmatik der 7. Richtlinie gestützt werden[85]. Die 7. Richtlinie sehe in zahlreichen Fällen Erleichterungen für die bilanzierenden Gesellschaften vor. Im Einzelnen handele es sich um die Art. 6–8, 11, 13, 15, 17 Abs. 2, 19 Abs. 1 lit. b), 26 Abs. 2, 27 Abs. 2 und 3 sowie 33 Abs. 9 der 7. Richtlinie. Aus dem Charakter dieser Erleichterungen ergäbe sich ein allgemeines Prinzip, nach dem die Richtlinie in „unwesentlichen“ Fällen nicht verbindlich sei.

Art. 6 der 7. Richtlinie betrifft die Befreiung von Konzernabschlüssen wegen geringer Größe des Unternehmens. Die Art. 7, 8 und 11 der 7. Richtlinie betreffen die Befreiung von Teilkonzernabschlüssen nach dem sogenannten Tannenbaumprinzip. Art. 13 und 15 der 7. Richtlinie sehen die Befreiung von der Konsolidierung unbedeutender oder nicht-gewerblicher Unternehmen vor. Art. 17 Abs. 2 der 7. Richtlinie gestattet die Zusammenfassung von Vorräten, wenn ansonsten ein unverhältnismäßiger Aufwand erforderlich wäre. Art. 19 Abs. 1 lit. b) der 7. Richtlinie betrifft ein Wahlrecht hinsichtlich der Konsolidierung bei Anwendung der Erwerbsmethode. Art. 26 Abs. 2 der 7. Richtlinie sieht die Eliminierung konzerninterner Geschäfte im Rahmen der Konsolidierung vor, soweit sie unter Marktbedingungen vorgenommen wurden. Art. 27 der 7. Richtlinie befasst sich mit der Festlegung des Bilanzstichtags und Art. 33 Abs. 9 der 7. Richtlinie lässt es zu, eine unbedeutende Beteiligung an assoziierten Unternehmen wegzulassen.

Diese Vorschriften sehen also in der Tat Vereinfachungen für das bilanzierende Unternehmen und für die Adressaten vor, denen weniger nützliche Informationen erspart werden sollen, um den Konzernabschluss nicht unnötig aufzublähen.

---

[83] Seit dem 31. Dezember 1995 sind nur folgende Standards – zumindest im Wesentlichen – unverändert geblieben: IAS 7, 18, 21, 23–31.

[84] Dieser Begriff ist nicht zu verwechseln mit der Wesentlichkeitstheorie im Bereich des deutschen Verfassungsrechts.

[85] *Deutscher Standardisierungsrat,* DRS 1.20. Zustimmend *Strobel,* DB 1999, S. 1127 [1130]. Ähnlich *Hommelhoff,* in: Ulmer, Band 2, § 292a, Rn. 32; *Marsch-Barner,* GK-HGB, § 292a, Rn. 6. Wohl auch *Hoyos/Lechner,* Beck'scher Bilanz-Kommentar[4], § 292a, Rn. 24 a. E.

Die Regelungen lassen sich allerdings nicht zu einem Prinzip verallgemeinern. Es handelt sich um Ausnahmevorschriften. Aus Ausnahmefällen können keine Regelfälle gebildet werden. Das widerspräche der gesetzlichen Systematik. Ansonsten würde jedes Gesetz durch die Aufnahme von Ausnahmeregelungen an Verbindlichkeit verlieren, obwohl Ausnahmen gerade den allgemeinen Geltungsanspruch erhalten sollen.

Abgesehen davon sind die Erleichterungen in der 7. Richtlinie an bestimmte Zwecke gebunden. Die Ausrichtung des Konzernabschlusses nach Regelwerken, die an den internationalen Kapitalmärkten favorisiert werden, ist in keinem der Ausnahmefälle vorgesehen.

Daher gibt es keine Grundlage für die Annahme eines bilanzrechtlichen Wesentlichkeitsgrundsatzes.

4. Missachtung der 7. Richtlinie, um die Funktionsfähigkeit des § 292a HGB zu gewährleisten

Eine geringere Bindung der befreienden Konzernabschlüsse im Sinne des § 292a HGB an die Richtlinien könnte darauf gestützt werden, dass eine gleichzeitige Anwendung von GAAP bzw. IAS und der 7. Richtlinie praktisch kaum möglich sei, so dass § 292a HGB bei einer zu engen Auslegung Gefahr liefe, praktisch unanwendbar zu sein[86].

Damit befreiende Konzernabschlüsse überhaupt ermöglicht werden könnten, müssten die Richtlinien im Zweifel eher weit als eng ausgelegt werden[87]. Ansonsten liefe die Befreiungsregelung leer, was nicht Absicht des Gesetzgebers gewesen sein könne. Außerdem sehe auch die Neue Strategie der EG-Kommission übergangsweise befreiende Konzernabschlüsse vor, so dass eine europarechtliche Bindung nicht gegen befreiende Konzernabschlüsse stehen könne[88].

Dem nationalen Gesetzgeber darf nicht unterstellt werden, mit einer Regelung europäisches Recht verletzen zu wollen[89]. Dies wäre allenfalls dann möglich,

---

[86] *Claussen/Scherrer,* in: KK-AktG, Band 6/1, § 292a, Rn. 171; *Havermann,* WPg 2000, S. 121 [124]; *ders.,* ZGR 2000, S. 693 [700 f.]; *Spanheimer,* Internationale Rechnungslegung, S. 263. Ähnlich *Baetge/Kirsch/Thiele,* Konzernbilanzen, S. 112, die Zweifel an der Richtlinienkompatibilität durch die Anwendung der GAAP in der „Rechnungslegungs- und Prüfungspraxis" überwunden glauben. Wenn das als Bezugnahme auf ein Gewohnheitsrecht zu verstehen sein sollte, stünde dem schon die Kürze des Anwendungszeitraums des § 292a HGB entgegen.

[87] *Busse von Colbe,* in: MüKo-HGB, Band 4, § 292a, Rn. 20; *Deutscher Standardisierungsrat,* DRS 1.27; *Havermann,* WPg 2000, S. 121 [124 u. 127]; *ders.,* ZGR 2000, S. 693 [700 f.].

[88] In diese Richtung noch *Krawitz,* in: Bonner Handbuch, Band 2, § 292a, Rn. 107 in der 20. El. Diesen Standpunkt hat er in der 21. El. anscheinend aufgegeben.

[89] *Brakensiek/Hütten,* BB 1999, S. 1008 [1109]; *Spanheimer,* Internationale Rechnungslegung, S. 264.

wenn er ein vom Wortlaut eindeutig gegen das europäische Recht verstoßendes Gesetz erließe, etwa dergestalt, dass Konzernabschlüsse nach GAAP erlaubt werden, gleichgültig, ob die 7. Richtlinie dem entgegensteht. Ist ein Gesetz auslegungsfähig, ist es im Zweifel richtlinienkonform auszulegen[90]. Der Gesetzgeber hat durch das Einklangerfordernis die Einhaltung der Richtlinien den Rechtsanwendern aufgebürdet. Damit hat er sich der praktischen Probleme bei der Anwendung des § 292a HGB entledigt. Daraus kann nicht der Schluss gezogen werden, dass der Begriff *Einklang* weit auszulegen sei.

Die EG-Kommission befindet sich in einer vergleichbaren Lage. Sie konnte zwar befreiende Konzernabschlüsse als nützlich für einen Übergang auf die IAS ansehen, die Gesellschaften aber nicht von zwingenden Richtlinienvorschriften befreien, da sie das europäische Recht weder setzen noch auslegen darf, sondern es nur anwendet bzw. dessen Anwendung durch die Mitgliedstaaten überwacht. Die politischen Absichten der EG-Kommission haben keinen Einfluss auf die Bindung der Mitgliedstaaten an die Richtlinien.

Die Annahme einer Lockerung der Bindung an die Richtlinie nur für den Fall des § 292a HGB wäre überdies unsystematisch, da nicht ersichtlich ist, warum die Richtlinie im Bereich des § 292a HGB weniger verbindlich sein sollte als bei den §§ 238 bis 315 HGB.

D. Grundlagen für eine Auslegung der 7. Richtlinie

Bevor der Einklang einzelner GAAP mit der 7. Richtlinie untersucht werden kann, ist auf einige grundsätzliche Fragen der Auslegung und der Dogmatik der 7. Richtlinie einzugehen.

Über die im Rahmen der Einklangprüfung heranzuziehende Methodik für die Auslegung der 7. Richtlinie besteht Uneinigkeit (I.). Zudem ist das Verhältnis der 7. zur 4. Richtlinie ungeklärt. Dieses ist für die Auslegung der Vorschriften der 4. Richtlinie, auf die in der 7. Richtlinie (in Art. 17 und 29) verwiesen wird, maßgebend (II.).

I. Auslegungsmethodik für EG-Richtlinien

EG-Richtlinien werden grundsätzlich nach den gleichen Methoden ausgelegt wie das deutsche Recht. Es gibt allerdings Unterschiede in der Gewichtung der einzelnen Methoden. Zudem sind die Besonderheiten einer zweiaktigen Rechts-

---

90 *Hennrichs,* Wahlrechte, S. 85; *Kellermann,* StuB 2001, S. 122 [125]; *Oppermann,* Europarecht, Rn. 560. Laut *Havermann,* ZGR 2000, S. 693 [701] hat der Deutsche Standardisierungsrat die juristische Auslegungsmethodik *bewusst* außer Acht gelassen.

setzung[91] in einem supranationalen und zugleich multilingualen Bereich zu berücksichtigen.

1. Ermittlung des Wortlauts

Die Auslegung geht stets vom Wortlaut der Richtlinienvorschrift aus[92]. Hierbei ergibt sich eine erste Besonderheit der Richtlinien. Der Text liegt nicht nur in *einer* sprachlichen Fassung vor. Es gibt eine Vielzahl authentischer Versionen in verschiedenen Sprachen. Alle diese Fassungen sind gleichberechtigt anzuwenden[93]. Wegen der Multilingualität sind Abweichungen im Wortlaut nicht auszuschließen[94].

Bei Abweichungen sind die einzelnen Fassungen miteinander zu vergleichen. Hierbei können sich einzelne Übersetzungsfehler herausstellen[95]. Ergeben sich danach immer noch Widersprüche oder Unklarheiten sind andere Auslegungsmethoden, vor allem die Systematik und der Zweck, heranzuziehen[96]. Die Richtlinie ist nicht nach einem sprachlichen Minimalkonsens auszulegen. Das würde die Auslegung zu stark einschränken[97].

Der Wortlaut der Richtlinie ist stets gemeinschaftsrechtlich zu verstehen[98]. Ähnlichkeiten mit Rechtsbegriffen aus den nationalen Rechtsordnungen der einzelnen Mitgliedstaaten sind grundsätzlich unbeachtlich[99]. Das gilt selbst dann, wenn ein Rechtsbegriff ursprünglich aus einem Mitgliedstaat stammt und in das Gemeinschaftsrecht übernommen wurde. Durch die Übernahme wird ein nationaler Rechtsbegriff ein autonomer Rechtsbegriff des Gemeinschaftsrechts, der gegebenenfalls abweichend auszulegen ist. Dem nationalen Verständnis kann allenfalls eine Indizfunktion zukommen[100].

---

91 Zur Umsetzung von Richtlinien A. I.

92 *Bleckmann,* in: Leffson / Rückle / Großfeld, S. 11 [21]; *Lutter,* JZ 1992, S. 593 [599].

93 *EuGHE* 1982, S. 3415 [3430]; 1997, I – S. 4430 [4435]; *Hennrichs,* Wahlrechte, S. 128 (unter Verweis auf Art. 290 EG und die Verordnung Nr. 1 zur Regelung der Sprachenfrage für die EWG); *Lutter,* JZ 1992, S. 593 [599].

94 *Bleckmann,* in: Leffson / Rückle / Großfeld, S. 11 [23]; *Nicolaysen,* Europarecht I, S. 102.

95 *Hennrichs,* Wahlrechte, S. 128; *Tschesche,* in: Baetge / Kirsch / Thiele, Band 2, § 292a, Rn. 48.

96 *EuGHE* 1967, S. 463 [472 f.]; 1969, S. 419 [424 f.]; 1974, S. 1287 [1293]; 1982, S. 3415 [3430]; 2000, I – S. 2867 [2877]; 2001, I – S. 810 [827]; *Nicolaysen,* Europarecht I, S. 102.

97 *Bleckmann,* in: Leffson / Rückle / Großfeld, S. 11 [23].

98 *Bleckmann,* in: Leffson / Rückle / Großfeld, S. 11 [24 f.]; *Nicolaysen,* Europarecht I, S. 102.

99 *Hennrichs,* Wahlrechte, S. 128.

100 *Hennrichs,* Wahlrechte, S. 128; *Lutter,* JZ 1992, S. 593 [601 f.].

2. Systematik

Soweit der Wortlaut einer Vorschrift für ihre Auslegung nicht ergiebig ist, ist auf die Systematik zurückzugreifen.

Hierbei kann die Stellung einer Vorschrift in ihrem Umfeld innerhalb der Richtlinie ausschlaggebend sein. Ebenso relevant ist das Verhältnis der Richtlinie zu den Verträgen allgemein und ihrer Ermächtigungsgrundlage im Speziellen[101].

Ansonsten ergeben sich keine Besonderheiten gegenüber der systematischen Auslegung des deutschen Rechts.

3. Zweck

Wie im nationalen Recht gibt der Zweck der Richtlinie und der einzelnen Vorschriften die Auslegung im besonderen Maße vor[102]. Die Vorschriften sind so auszulegen, dass sie ihren Zweck in der effektivsten Weise erfüllen. Der Zweck ergibt sich aus den Erwägungsgründen bzw. der Präambel und gegebenenfalls vorhandenen Zielnormen in der Richtlinie[103].

4. Entstehungsgeschichte

Selten wird die Entstehungsgeschichte einer Richtlinie für ihre Auslegung relevant[104]. Oftmals fehlen öffentlich zugängliche Quellen. Nicht zugängliche Quellen können nicht herangezogen werden. Dagegen können die veröffentlichten Begründungen, Protokollerklärungen des Rates und eventuell vorhandenen Vorgängerregelungen der Auslegung dienen. Erklärungen der EG-Kommission und der Mitgliedstaaten sind unbeachtlich, da sie nicht Gesetzgebungsorgane sind. Die Mitgliedstaaten wirken nur im Rat kollektiv als europäisches Organ[105]. Selbst die Erklärungen des Rates sind nicht authentisch, sondern nur ein Hilfsmittel, da nur der Europäische Gerichtshof dazu befugt ist, das Gemeinschaftsrecht verbindlich auszulegen[106].

---

101 *Bleckmann,* in: Leffson / Rückle / Großfeld, S. 11 [24]; *Hennrichs,* Wahlrechte, S. 128; *Lutter,* JZ 1992, S. 593 [603].

102 *Lutter,* JZ 1992, S. 593 [602].

103 *Hennrichs,* Wahlrechte, S. 131.

104 *Lutter,* JZ 1992, S. 593 [599].

105 *Hennrichs,* Wahlrechte, S. 129. Differenzierend *Lutter,* JZ 1992, S. 593 [601].

106 *Hennrichs,* Wahlrechte, S. 130; *Lutter,* JZ 1992, S. 593 [600].

5. Umsetzungspraxis in den Mitgliedstaaten

Die Umsetzungspraxis in den Mitgliedstaaten ist von rechtsvergleichendem Interesse. Sie kann die Auslegung des Gemeinschaftsrechts nicht direkt beeinflussen. Das Gemeinschaftsrecht ist autonom vom Recht der Mitgliedstaaten[107]. Eine *übereinstimmende* Umsetzungspraxis kann allerdings ein bedeutendes Auslegungskriterium sein[108].

Bei widersprüchlichen Umsetzungsakten ist das Kriterium der Umsetzungspraxis nicht besonders hilfreich. Die Maßgeblichkeit einer abweichenden oder gar gegensätzlichen Umsetzungspraxis könnte als Auslegungsmerkmal letztlich nur zur Ineffizienz der Richtlinienbestimmungen führen. Die Auslegung der Richtlinie anhand einer abweichenden Umsetzungspraxis würde nur die Unterschiede in den Mitgliedstaaten betonen und diese praktisch zementieren. Die nach Art. 44 Abs. 2 lit. g) EG erlassenen Richtlinien verfolgen einen gegenteiligen Zweck. Sie sollen die Rechtsordnungen der Mitgliedstaaten angleichen.

Die Umsetzungspraxis in den Mitgliedstaaten kann auch nicht zur Schließung von Regelungslücken in Richtlinien herangezogen werden. Bei Unklarheiten ist eine Richtlinie zunächst nach systematischen und teleologischen Gesichtspunkten auszulegen. Überdies ist das nationale Recht für das europäische Recht nicht verbindlich oder maßgeblich. Das ergibt sich im Gegenschluss aus dem ausdrücklichen Verweis auf die nationalen Rechtsordnungen in Art. 288 Abs. 2 EG[109].

Dennoch stehen nach einer in Deutschland weit verbreiteten Auffassung alle Rechnungslegungsmethoden mit der 7. Richtlinie im Einklang, die in einzelnen Mitgliedstaaten der EG ohne Einschreiten der EG-Kommission nach Art. 226 EG angewendet werden[110].

Diese Ansicht ist das Ergebnis einer falschen Gewichtung der für Richtlinien geltenden Auslegungsmethoden[111]. Die rechtsvergleichende Betrachtung der Umsetzungspraxis in den einzelnen Mitgliedstaaten wird als einziges oder vorrangiges Auslegungskriterium herangezogen. Die anderen Auslegungsmethoden werden außer Acht gelassen. Zudem wird selbst die rechtsvergleichende Betrachtung der Umsetzungspraxis in den Mitgliedstaaten falsch angewandt.

---

107 *Hennrichs,* Wahlrechte, S. 132.

108 Ähnlich *Lutter,* JZ 1992, S. 593 [603 f.].

109 *Nicolaysen,* Europarecht I, S. 102.

110 *Adler/Düring/Schmaltz,* Ergänzungsband, § 292a, Rn. 31; *Biener,* HGB-Bilanzrecht, Rn. 43; *Deutscher Standardisierungsrat,* DRS 1.21, 1.22; *Havermann,* WPg 2000, S. 121 [126]; *Niehus,* in: Kleindiek/Oehler, S. 13 [18]; *Scheffler,* in: Festschrift Strobel (2002), S. 3 [17]; *W. Schruff,* in: WP-Handbuch, Band 1, Abschnitt N, Rn. 31; *Strobel,* DB 1999, S. 1127 [1130]; *Wiedmann,* in: Ebenroth/Boujong/Joost, Band 1, § 292a, Rn. 12; *Wollmert/Oser,* DB 2000, S. 729 [732].

111 So auch *Altenburger,* WPg 2002, S. 806 [809].

Die Annahme, dass allein die Umsetzungspraxis in einzelnen Mitgliedstaaten als Auslegungskriterium dienen kann, ist unzutreffend. Richtlinien sind primär nach ihrem Wortlaut, hilfsweise nach Systematik, Zweck oder Entstehungsgeschichte auszulegen. Die Umsetzungspraxis in den Mitgliedstaaten hat allenfalls eine untergeordnete Bedeutung für die Auslegung. Sie erschöpft sich in einer Indizwirkung, dies allerdings nur bei einer übereinstimmenden Umsetzungspraxis. Gerade eine divergierende Umsetzungspraxis zum maßgebenden Auslegungskriterium zu erheben, ist nicht nachvollziehbar.

Eine Betrachtung der Umsetzungspraxis gewährleistet im Übrigen nicht die korrekte Umsetzung von Richtlinien. Einzelne Mitgliedstaaten können eine Richtlinie falsch oder gar nicht umgesetzt haben. In der Praxis kommt das häufig vor.

Aus einer Untätigkeit der EG-Kommission gegenüber den Umsetzungsnormen einzelner Mitgliedstaaten kann nicht der Schluss gezogen werden, dass diese damit der Richtlinie entsprechen. Die EG-Kommission ist nicht zur verbindlichen Auslegung von Richtlinien befugt. Diese obliegt nur dem EuGH[112]. Die Untätigkeit der EG-Kommission kann auf fehlender Kenntnis von der mangelhaften Umsetzungspraxis, auf politischer Rücksichtnahme[113] oder auf anderen Erwägungen und Umständen, die nicht zwangsläufig öffentlich bekannt sind, beruhen. Überdies kann ein Vertragsverletzungsverfahren unter Umständen Jahre dauern[114].

Das HGB verstößt in mehreren Punkten gegen die 4. Richtlinie[115], ohne dass die EG-Kommission ein Vertragsverletzungsverfahren eingeleitet hätte. Das ist kein Einzelfall. Das HGB kollidierte auch bei der Durchsetzbarkeit der Offenlegungspflicht über lange Zeit mit der 1. und 4. Richtlinie, ohne dass die EG-Kommission tätig geworden ist[116]. Die 4. und die 7. Richtlinie wurden von vielen Mitgliedstaaten zu spät umgesetzt. Die EG-Kommission ist dagegen nur in einem Fall vorgegangen[117].

---

112 *EG-Kommission,* Stellungnahme zu E-DRS 1, C5 / UL D (99) 155; *Krawitz,* in: Bonner Handbuch, Band 2, § 292a, Rn. 153; *Schön,* ZGR 2000, S. 706 [724].

113 Dazu das von *Biener,* HGB-Bilanzrecht, Rn. 43 genannte Beispiel der Fair-Value-Bewertung in einigen Mitgliedstaaten.

114 *Busse von Colbe,* in: MüKo-HGB, Band 4, § 292a, Rn. 20.

115 *Vogel,* Rechnungslegungsvorschriften, S. 102; *Hennrichs,* Wahlrechte, S. 424 ff.

116 *EuGHE* 1997, I – S. 6858; 1998, I – S. 5485. Die Frage der mangelhaften Umsetzung wurde anscheinend erst durch das Daihatsu-Verfahren 1995 angestoßen und führte zu einer Vorlageentscheidung des OLG Düsseldorf und zu einer Klage der EG-Kommission im Vertragsverletzungsverfahren. Die fehlerhafte Umsetzung wurde vom Gesetzgeber erst geraume Zeit später durch das Kapitalgesellschaften- und Co-Richtlinie-Gesetz v. 24. Februar 2000, BGBl. I, S, 154 behoben. Das betroffene Bilanzrichtlinien-Gesetz wurde bereits am 19. Dezember 1985 erlassen, BGBl. I, S. 2355.

117 *Van Hulle,* ZGR 2000, S. 537 [539] zum Fall Italien, das die Richtlinien erst 1991 umgesetzt hat (Die Umsetzungsfrist lief gemäß Art. 55 der 4. Richtlinie 1980 bzw. 1983 ab). Auch Deutschland hat die 4. Richtlinie verspätet umgesetzt (mit dem Bilanzrichtlinien-Gesetz von 1985).

Abgesehen davon dient die alleinige Betrachtung der Umsetzungspraxis nicht der Harmonisierung des Rechts. Das Herausgreifen der jeweils am weitesten von den Richtlinienvorschriften abweichenden nationalen Vorschriften führt tendenziell eher zum Gegenteil[118].

Dazu kommt, dass ein Herausgreifen der jeweils qualitativ schlechtesten Umsetzungsnorm unsystematisch ist. Dadurch werden die nationalen Vorschriften aus ihrem Sinnzusammenhang herausgerissen. Abweichungen von den Vorschriften der Richtlinie werden möglicherweise an anderer Stelle kompensiert[119].

6. Dynamische Auslegung

Der Grundgedanke einer dynamischen Auslegung im Bereich der 7. Richtlinie ist, dass die Rechnungslegungsrichtlinien wegen der Globalisierung der Kapitalmärkte in Richtung der dort bevorzugten IAS fortentwickelt werden müssten, ohne dass es eines formellen Änderungsaktes auf europäischer Ebene bedürfe[120]. Die Richtlinien seien in den sechziger und siebziger Jahren entstanden. Die damaligen Wertungen, darunter die Betonung des Vorsichtsgedankens, seien mittlerweile gegenüber den internationalen Harmonisierungsbemühungen an den Kapitalmärkten und den dort angewandten Grundprinzipien der Rechnungslegung nicht mehr bedeutend[121]. Eine Anpassung an die IAS ohne Änderungsakt sei wegen der fehlenden Einigkeit der Mitgliedstaaten über Änderungen der Richtlinien unumgänglich[122].

Zugunsten der GAAP könnte eine dynamische Auslegung wohl nicht herangezogen werden. Nach Ansicht der EG-Kommission sollen nur die IAS der Harmonisierung dienen. Da die IAS mittlerweile an die GAAP angepasst wurden, könnten die GAAP reflexartig von der dynamischen Auslegung der Richtlinie profitieren.

Der Versuch, die Verbindlichkeit der 7. Richtlinie durch eine sogenannte dynamische Auslegung zu relativieren, ist abzulehnen[123]. Ihm liegt ein unzutreffendes

---

118 *Schön,* ZGR 2000, S. 706 (724) spricht von einem Race to the Bottom. Ähnlich *van Hulle,* WPg 1998, S. 138 [142 f.]. Das *Beratende Forum für Rechnungslegung,* Vorsicht und Matching, XV / 7002 / 95, Tz. 34 beklagt, dass die unterschiedlichen Auslegungen des Verhältnisses von Vorsichtsprinzip und Matching Principle in den Mitgliedstaaten nicht bloß dem Voranschreiten der Harmonisierung entgegenstünden, sondern die bereits erreichte Harmonisierung gefährdeten.

119 Ein Beispiel dafür ist die Abkoppelungstheorie.

120 *Deutscher Standardisierungsrat,* DRS 1.27; *Van Hulle,* WPg 1998, S. 138 [147]; *Strobel,* DB 1999, S. 1127 [1130]. Unklar *EG-Kommission,* Stellungnahme zu E-DRS 1, C5 / UL D (99) 155.

121 *Van Hulle,* WPg 1998, S. 138 [147].

122 In diese Richtung *van Hulle,* ZGR 2000, S. 537 [540].

123 *Kleindiek,* BB 2001, S. 2572 [2574]; *Schön,* ZGR 2000, S. 706 [720 f.]; *Tschesche,* in: Baetge / Kirsch / Thiele, Band 2, § 292a, Rn. 48; *Zitzelsberger,* WPg 1998, S. 799 [803, 805]. Krit. auch *IdW,* WPg 1999, S. 662.

Verständnis der im Rahmen des europäischen Primärrechts – das sind die Gründungsverträge – diskutierten Auslegungsmethoden zu Grunde.

Im Bereich des Primärrechts wird z. T. eine dynamische Auslegung vorgeschlagen, um die Kompetenzen der Gemeinschaftsorgane an das Voranschreiten des Harmonisierungsprozesses anzupassen[124]. Je weiter die Gemeinschaft zusammenwächst, desto mehr Kompetenzen müssten den Gemeinschaftsorganen zugesprochen werden. Ohne die Anpassung der Kompetenzen geriete der Prozess des Zusammenwachsens ins Stocken.

Eine dynamische Auslegung ist – trotz ihrer Vorteile – bereits im Bereich des Primärrechts als bedenklich einzustufen, da sie das Prinzip der begrenzten Einzelermächtigung verletzt. Sie räumt der Gemeinschaft gegenüber den Mitgliedstaaten einseitig, also ohne deren Mitbestimmung, mehr Kompetenzen ein[125]. Die Gemeinschaft hat nach den Gründungsverträgen keine originäre Kompetenz („Kompetenz-Kompetenz").

Soweit Vorschriften des Primärrechts überhaupt dynamisch ausgelegt werden dürften, wäre zu beachten, dass keine Auslegung gegen den eindeutigen Wortlaut zulässig wäre.

Für eine Anwendung der dynamischen Auslegung im Bereich des Sekundärrechts besteht kein Bedarf, da es bereits in den Kompetenzbereich der Gemeinschaft fällt. Soweit innerhalb der europäischen Organe keine Einigkeit erzielt werden kann, mag das zwar den Integrationsprozess stören, ist aber nicht auf eine fehlende Übertragung von Kompetenzen zurückzuführen, die das Ziel einer dynamischen Auslegung sind. Zudem droht bei der Anwendung der dynamischen Auslegung auf das Sekundärrecht die Gefahr, dass Gemeinschaftsorgane den im Vertrag festgelegten Gesetzgebungsprozess mit dem Argument umgehen könnten, die Integration fördern zu wollen.

Mindestens ebenso gravierend wäre die Einbuße an Rechtssicherheit. Durch eine dynamische Auslegung könnte sich das geltende Recht ändern, ohne dass dies im Normtext ersichtlich wäre. Die Rechtsanwender könnten ihr Verhalten und dessen Folgen nicht mehr anhand des geltenden Rechts berechnen.

Die EG-Organe stehen einer dynamischen Auslegung offenkundig ablehnend gegenüber. Im Rahmen der Rechnungslegungsrichtlinien erachteten sie es für notwendig, die Richtlinien in einem formalen Verfahren an die IAS anzupassen[126]. Erstes Beispiel dafür war die Fair-Value-Richtlinie von 2001[127]. Danach erging

124 *Oppermann,* Europarecht, Rn. 685.

125 Ähnlich *Oppermann,* Europarecht, Rn. 685.

126 Darauf weisen auch *Busse von Colbe,* DB 2001, S. 877 [879] und *van Hulle,* ZGR 2000, S. 537 [544 f.] hin.

127 Richtlinie 2001 / 65 / EG des Europäischen Parlaments und des Rates vom 27. September 2001 zur Änderung der Richtlinien 78 / 660 / EWG, 83 / 349 / EWG und 86 / 635 / EWG des Rates im Hinblick auf die im Jahresabschluss bzw. im konsolidierten Abschluss von

2002 die IAS-Verordnung. Dieser folgte im Sommer 2003 eine „Modernisierungs-Richtlinie“ mit weitreichenden Anpassungen an die IAS[128]. Diese Änderungen sind nicht als bloße Klarstellungen anzusehen[129], dazu wäre der legislative Aufwand zu groß gewesen[130].

II. Verhältnis der 7. zur 4. Richtlinie

Obwohl die 7. und 4. Richtlinie bereits seit geraumer Zeit gelten, ist ihr Verhältnis zueinander als ungeklärt anzusehen. Der EuGH hat sich erst in drei Fällen mit materiellen Fragen des europäischen Bilanzrechts befasst[131]. Die Verfahren betrafen jedoch nur die 4. Richtlinie.

Die Art. 17 und 29 der 7. Richtlinie verweisen für die Gliederung, den Ansatz und die Bewertung – also in allen wesentlichen, nicht konzernspezifischen Punkten – auf die Vorschriften der 4. Richtlinie über Einzeljahresabschlüsse. Da sich der Zweck von Konzernabschlüssen von dem der Einzelabschlüsse unterscheidet, könnten die Art. 17 und 29 der 7. Richtlinie als Verweisungsanalogie verstanden werden, so dass die Vorschriften der 4. Richtlinie im Rahmen eines Konzernabschlusses anders auszulegen sein könnten (1.). Eine inhaltliche Veränderung könnten die Vorschriften der 4. Richtlinie auch durch die Generalnorm der 7. Richtlinie, den Art. 16, erfahren (2.). In jedem Fall führen die Verweisungen in der 7. Richtlinie dazu, dass die Vorschriften der 4. Richtlinie für die Konzernrechnungslegung zunächst in ihrem ursprünglichen Kontext ausgelegt werden müssen. Hierbei spielt die Generalnorm der 4. Richtlinie, Art. 2 Abs. 3, eine wesentliche Rolle (3.).

Gesellschaften bestimmter Rechtsformen und von Banken und von anderen Finanzinstituten zulässigen Wertansätze, ABl. L 283 vom 27. Oktober 2001, S. 28. Zu den Folgen in Deutschland *Ernst,* WPg 2001, 245 ff.

128 Richtlinie 2003/51/EG des Europäischen Parlaments und des Rates vom 18. Juni 2003 zur Änderung der Richtlinien 78/660/EWG, 83/349/EWG, 86/635/EWG und 91/674/EWG des Rates über den Jahresabschluss und den konsolidierten Abschluss von Gesellschaften bestimmter Rechtsformen, von Banken und von anderen Finanzinstituten sowie von Versicherungen, ABl. L 178 vom 17. Juli 2003, S. 16. Die Bezeichnung als „Modernisierungs-Richtlinie“ wird im Nachfolgenden trotz erheblicher Bedenken gegen den Begriff (Die Richtlinien werden nicht modernisiert, sondern den IAS angepasst) übernommen. Dazu *Bieker/L. Schmidt,* KoR 2002, S. 206 ff.

129 So aber *Biener,* HGB-Bilanzrecht, Rn. 45.

130 *EG-Kommission,* Mitteilung „Neue Strategie“, KOM (1995) 508 endgültig, Tz. 2.5 und 2.6 zu den politischen Schwierigkeiten der Harmonisierung der Rechnungslegung.

131 EuGHE 1996, I – S. 3145 (Tomberger); 1999, I – S. 5347 (DE + ES Bauunternehmung); EuGH, BB 2003, S. 355 (BIAO).

1. Verweisungsanalogie

Für Gliederung, Ansatz und Bewertung verweist die 7. Richtlinie in den Art. 17 und 29 grundsätzlich ohne inhaltliche Einschränkung[132] auf die 4. Richtlinie für Einzeljahresabschlüsse. Damit lässt die Richtlinie an sich keinen Raum für die Annahme einer Verweisungsanalogie, nach der die in Bezug genommenen Vorschriften nur *sinngemäß* gelten würden.

Zu den Art. 17 und 29 der 7. Richtlinie könnte aber vertreten werden, dass eine direkte Verweisung[133] der 7. Richtlinie auf die 4. Richtlinie nicht sinnvoll und daher änderungsbedürftig sei[134]. Die Verweisung könnte davon ausgehend als Verweisungsanalogie verstanden werden, so dass die Vorschriften der 4. Richtlinie nur sinngemäß, also angepasst an die Besonderheiten von Konzernabschlüssen, gelten würden.

Die 4. Richtlinie habe mehrere Funktionen. Neben der Information dienten Einzeljahresabschlüsse als Bemessungsgrundlage für die gesellschaftsrechtliche Kapitalerhaltung. Zudem berücksichtige die 4. Richtlinie steuerlich motivierte Bewertungen. Dadurch sei in der 4. Richtlinie der Vorsichtsgedanke besonders ausgeprägt. Dagegen diene die 7. Richtlinie nur der Information. Die Kapitalerhaltung und die Besteuerung spielten keine Rolle, da Konzernabschlüsse in aller Regel nicht für diese Zwecke herangezogen würden[135]. Über eine direkte Verweisung auf die 4. Richtlinie flössen deren Paradigmen in die 7. Richtlinie ein. Diese Paradigmen leiteten sich von den unterschiedlichen Funktionen des Einzelabschlusses ab und seien mit der alleinigen Informationsfunktion des Konzernabschlusses nicht zu vereinbaren[136]. Deshalb sei es gerechtfertigt, die von der 7. Richtlinie in Bezug genommenen Vorschriften der 4. Richtlinie anders auszulegen als im Rahmen des Einzeljahresabschlusses[137]. Das würde sich vor allem auf das Verhältnis von Vorsichtsprinzip und Grundsatz der periodengerechten Erfolgsabgrenzung auswirken[138]. Die periodengerechte Bewertung hätte im Konzernabschluss demnach eine viel größere Bedeutung.

Die Deutung als Verweisungsanalogie ist unzutreffend. Aus dem Wortlaut der Art. 17 Abs. 1 und 29 Abs. 1 der 7. Richtlinie ergibt sich nicht, dass die Verweisung auf die 4. Richtlinie eine sinngemäße sein sollte[139].

---

132 Mit Ausnahme des Art. 17 Abs. 1 der 7. Richtlinie.

133 Das ist eine Verweisung, bei der die Bedeutung und die Auslegung der Einzelvorschriften des Verweisungsobjekts übernommen wird.

134 In diese Richtung *Deutscher Standardisierungsrat,* DRS 1.24 ff.; *Havermann,* WPg 2000, S. 121 [125]; *Scheffler,* in: Festschrift Strobel (2002), S. 3 [17].

135 *Deutscher Standardisierungsrat,* DRS 1.24.

136 *Deutscher Standardisierungsrat,* DRS 1.23.

137 *Deutscher Standardisierungsrat,* DRS 1.24; *Strobel,* DB 1999, S. 1127 [1130]; *Wollmert/Oser,* DB 2000, S. 729 [732].

138 *Havermann,* WPg 2000, S. 121 [125].

In Art. 17 Abs. 1 der 7. Richtlinie sind Abweichungen von den Gliederungsschemata zur Berücksichtigung der Besonderheiten von Konzernabschlüssen vorgesehen. Hierbei handelt es sich um den klar umrissenen Ausnahmefall einer sinngemäßen Verweisung. Dieser lässt sich nicht verallgemeinern. Es gibt keinen Grund für eine vom Einzelabschluss abweichende Konzernbilanzgliederung[140].

In Art. 29 der 7. Richtlinie findet sich keine Einschränkung der Verweisung auf die 4. Richtlinie. Die Absätze 3 und 5 eröffnen dem nationalen Gesetzgeber lediglich die Möglichkeit, ein separates Konzernrechnungslegungsrecht oder ein für Einzeljahresabschluss und Konzernabschluss einheitliches Rechnungslegungsrecht einzuführen[141]. Dadurch können die Mitgliedstaaten ein Konzernrechnungslegungsrecht gestalten, das weniger am Vorsichtsgedanken oder der Besteuerung orientiert ist als ihr Recht des Einzeljahresabschlusses[142]. Der gemeinsame Maßstab für das Bilanzrecht der Mitgliedstaaten wird allerdings nicht verschoben. Dies sind die Art. 31 bis 42 f. der 4. Richtlinie. Das ergibt sich aus den insoweit gleichlautenden Formulierungen in den Verweisungen des Art. 29 Abs. 1 und 2 lit. a) der 7. Richtlinie[143]. Die Mitgliedstaaten können das Recht für den Einzeljahresabschluss und den Konzernabschluss nur unter Ausnutzung von Gestaltungsspielräumen bei der Umsetzung der 4. Richtlinie divergent gestalten.

Der Richtliniengeber wollte die Grundsätze der 4. Richtlinie direkt in die 7. Richtlinie übernehmen[144]. Das ergibt sich aus dem Normgebungsverfahren, in dem z. B. stets eine volle Übernahme der Bewertungsregeln der 4. Richtlinie vorgesehen war[145]. Die Übernahme der Wertungen der 4. Richtlinie ist nicht unzweckmäßig. Dort werden die Kapitalerhaltung und die Besteuerung bei weitem weniger berücksichtigt als oftmals angenommen[146].

Eine Transformation der Grundsätze der 4. Richtlinie für Zwecke des Konzernabschlusses scheidet auch deshalb aus, weil es nur schwer vorstellbar wäre, dass

---

139 *EG-Kommission,* Mitteilung zu Auslegungsfragen, XV/7009/97, Tz. 61; *IdW,* WPg 1998, S. 183 [184]; *dies.,* WPg 1999, S. 662; *Schön,* ZGR 2000, S. 706 [719]; *Zitzelsberger,* WPg 1998, S. 799 [800, 805]. Ohne Einschränkungen auch *Biener/Schatzmann,* Konzern-Rechnungslegung, S. X f. und Erl. zu Art. 29; *Habersack,* Europ. Gesellschaftsrecht, Rn. 304; *Klein,* in: Albach/Klein, S. 59 [63].

140 Begründung zu Art. 11 [= Art. 17 endgültige Fassung], Vorschlag für eine Siebente Richtlinie des Rates aufgrund von Art. 54 Abs. 3 Buchst. g) des EWG-Vertrags über den Konzernabschluß vom 4. Mai 1976, ABl. C 121 v. 2. Juni 1976, S. 2.

141 Zu dieser Frage *Kramer,* True and Fair View, S. 67 ff.

142 So erklärt Art. 29 Abs. 5 S. 1 der 7. Richtlinie steuerliche Einflüsse grundsätzlich für unerwünscht, beansprucht aber gemäß S. 2 keine Verbindlichkeit.

143 Darauf weist auch *Kontaktausschuss,* Konformitätsüberprüfung IAS, Tz. 7 b) hin.

144 *Schön,* ZGR 2000, S. 706 [719].

145 Begründung zu Art. 15 [= Art. 29 endgültige Fassung], Vorschlag für eine Siebente Richtlinie des Rates aufgrund von Art. 54 Abs. 3 Buchst. g) des EWG-Vertrags über den Konzernabschluß vom 4. Mai 1976, ABl. C 121 vom 2. Juni 1976, S. 2.

146 Dazu im Folgenden unter 3. c).

exakt die gleichen Vorschriften der 4. Richtlinie einmal „vorsichtiger" und einmal „periodengerechter" ausgelegt werden, ohne dass sich aus dieser Janusköpfigkeit erhebliche Beeinträchtigungen der Rechtssicherheit und des Harmonisierungserfolgs ergäben. Differenzierungen zwischen den Abschlussarten können die Mitgliedstaaten bei der Umsetzung der Richtlinie im Rahmen des Art. 29 der 7. Richtlinie vornehmen, soweit die 4. Richtlinie Umsetzungsspielräume gewährt.

Im Übrigen ist es unerheblich, ob die Verweisung der 7. Richtlinie auf die 4. Richtlinie von den Mitgliedstaaten oder den dortigen Rechnungslegungsgremien als ineffizient angesehen wird. Die Mitgliedstaaten sind nicht dazu berechtigt, auf nationaler Ebene als missglückt empfundene Richtlinienvorschriften zu korrigieren oder unbeachtet zu lassen[147]. Die Änderung von Richtlinienvorschriften ist allein dem europäischen Gesetzgeber überlassen, ihre Auslegung dem Europäischen Gerichtshof.

2. Einfluss der Generalnorm auf die Verweisung

Die in Art. 17 und 29 der 7. Richtlinie in Bezug genommenen Vorschriften der 4. Richtlinie könnten durch die Generalnorm der 7. Richtlinie modifiziert werden. Für die 7. Richtlinie postuliert Art. 16 Abs. 3 eine Generalnorm, nach der ein Konzernabschluss ein zutreffendes Bild der Vermögens-, Finanz- und Ertragslage der Gesamtheit der in die Konsolidierung einbezogenen Unternehmen vermitteln soll. Nach Abs. 5 ist von den Einzelvorschriften der Richtlinie abzuweichen, wenn die Ziele der Generalnorm nicht anders erreicht werden können.

Darauf aufbauend könnte argumentiert werden, dass der Konzernabschluss nur eine Informationsfunktion habe, während der Einzeljahresabschluss die Zwecke der Information und des Gläubigerschutzes vereinige und zudem noch die Besteuerung berücksichtige[148]. Deshalb verstieße die Anwendung der in Bezug genommenen Vorschriften der 4. Richtlinie über den Einzeljahresabschluss in einigen Fällen gegen die Generalnorm des Art. 16 Abs. 3 der 7. Richtlinie. In den Fällen einer Abweichung von der Zielsetzung des Art. 16 Abs. 3 der 7. Richtlinie seien die in Bezug genommenen Vorschriften der 4. Richtlinie deshalb gemäß Art. 16 Abs. 5 der 7. Richtlinie nicht anwendbar.

Allerdings steht dem entgegen, dass der Richtliniengeber eventuelle Vorbehalte nicht in die Richtlinie aufgenommen hat, also in voller Kenntnis der Umstände eine direkte Verweisung angeordnet hat. Es wäre zudem unsystematisch, wenn diese Verweisung durch die Generalnorm wieder in großem Umfang außer Kraft gesetzt werden könnte[149]. Dementsprechend ging der Richtliniengeber davon aus, dass die

---

147 So aber anscheinend *Deutscher Standardisierungsrat,* DRS 1.25.

148 *Adler/Düring/Schmaltz,* Ergänzungsband, § 292a, Rn. 28; *Deutscher Standardisierungsrat,* DRS 1.23; *Tschesche,* in: Baetge/Kirsch/Thiele, Band 2, § 292a, Rn. 46.

149 Ähnlich *Pellens/Bonse/Gassen,* DB 1998, S. 785 [788].

Anwendung der einzelnen Vorschriften der Richtlinie, also auch die Bezugnahmen der Art. 17 und 29 der 7. Richtlinie auf die 4. Richtlinie, normalerweise ausreicht, um das erwünschte zutreffende Bild von der Vermögens-, Finanz- und Ertragslage darzustellen[150]. Daher gelten die Vorschriften der 4. Richtlinie innerhalb des Konzernabschlusses weitestgehend uneingeschränkt.

3. Auslegung der Vorschriften der 4. Richtlinie

Die Vorschriften der 4. Richtlinie sind nach der bereits dargestellten Auslegungsmethodik für Richtlinien auszulegen[151]. Eine Besonderheit ergibt sich jedoch aus der Generalnorm der 4. Richtlinie. Nach Art. 2 Abs. 3 der 4. Richtlinie hat der Einzeljahresabschluss „ein den tatsächlichen Verhältnissen entsprechendes Bild der Vermögens-, Finanz- und Ertragslage" zu vermitteln. Da die Einzelvorschriften nicht nur anhand der Generalnorm ausgelegt werden, sondern durch sie auch außer Kraft gesetzt werden können (Art. 2 Abs. 5 der 4. Richtlinie), ist sie als zentrale Vorschrift des europäischen Bilanzrechts anzusehen. Daher soll zunächst auf ihren englischen Ursprung (a) und ihre gemeinschaftsrechtliche Bedeutung (b) eingegangen werden. Da sich die Generalnorm in starkem Maße auf die Zwecke des Einzeljahresabschlusses bezieht, ist auf diese näher einzugehen (c).

a) Ursprung der Generalnorm im englischen Recht

Die Generalnorm basiert ideengeschichtlich auf dem englischen Recht. Dementsprechend hat es sich eingebürgert, die gewundene deutsche Übersetzung des Art. 2 Abs. 3 der 4. Richtlinie durch den prägnanteren englischen Begriff des *True and Fair View* zu ersetzen (auch wenn die englische Fassung der Richtlinie nicht minder umständlich ist).

Der Begriff True and Fair View wurde im englischen Recht – zumindest in ähnlicher Form – erstmals 1844 verwendet[152]. Er ist abstrakt kaum zu umschreiben[153]. Diese Eigenschaft teilt er übrigens mit den im deutschen Recht bekannten Grundsätzen ordnungsmäßiger Buchführung (GoB)[154].

Die nationale Bedeutung des Begriffs ist hier nicht näher zu untersuchen. Werden Rechtsbegriffe aus der Rechtsordnung eines Mitgliedstaates in das Gemein-

---

150 Protokollerklärung des Rates zur Siebenten Richtlinie, abgedruckt bei *Biener/Berneke,* Bilanzrichtlinien-Gesetz, S. 855.

151 Dazu bereits unter D. I.

152 *Kloos,* Transformation, S. 124.

153 *Kloos,* Transformation, S. 125; *Vogel,* Rechnungslegungsvorschriften, S. 21.

154 *Schulze-Osterloh,* ZHR 150 (1986), S. 532 [539]; *Vogel,* Rechnungslegungsvorschriften, S. 21.

schaftsrecht übernommen, so werden sie zu autonomen Begriffen des Gemeinschaftsrechts[155].

b) Gemeinschaftsrechtliche Bedeutung der Generalnorm

Art. 2 Abs. 3 der 4. Richtlinie ist eine Zielnorm. Ihre zentrale Bedeutung erlangt sie durch die Hervorhebung im Vierten Erwägungsgrund zur 4. Richtlinie[156] und die Abweichungspflicht nach Art. 2 Abs. 5 der 4. Richtlinie.

Durch die Nennung in den Erwägungsgründen wird die schon aus dem englischen Recht bekannte Verknüpfung von Zweck und Inhalt der Rechnungslegung hervorgehoben. Ohne diese Verknüpfung wäre der True and Fair View nur eine inhaltslose Formel[157].

Der Inhalt der Zielnorm ergibt sich allerdings nicht nur aus dem Zweck, sondern auch aus den Einzelvorschriften der Richtlinie[158]. In den Einzelvorschriften hat der Richtliniengeber seine Vorstellungen vom Zweck der Rechnungslegung manifestiert. Nach Art. 2 Abs. 5 der 4. Richtlinie ist nur in *Ausnahmefällen* von den Einzelvorschriften abzuweichen. Deshalb ergibt sich aus den Einzelvorschriften im *Normalfall* ein Einzeljahresabschluss, der einen True and Fair View vermittelt[159].

Der Zweck der Rechnungslegung wirkt sich wiederum auf die Auslegung der Einzelvorschriften aus. Die Rechnungslegungszwecke und die Einzelvorschriften stehen in einem Verhältnis der Wechselwirkung[160].

Die Funktion der Generalnorm geht über eine einfache teleologische Auslegung hinaus. Für den Fall, dass der Zweck der Rechnungslegung nicht oder nicht vollständig erreicht wird, werden von vornherein bestimmte Verhaltensweisen angeordnet.

Nach Art. 2 Abs. 4 der 4. Richtlinie ist der Konzernabschluss durch Angaben im Anhang zu ergänzen, wenn dies für einen True and Fair View erforderlich ist[161].

---

155 *Hennrichs,* Wahlrechte, S. 142; *Schulze-Osterloh,* ZHR 150 (1986), S. 532 [539, 541]; *Vogel,* Rechnungslegungsvorschriften, S. 22 f.

156 *Großfeld,* in: Leffson / Rückle / Großfeld, S. 192 [195].

157 *Moxter,* in: Festschrift Baetge (1997), S. 97 [107 f.], der allerdings meint, dass sich – wegen der Vielzahl der erfassten Adressaten – aus dem Zweck keine klaren Kriterien gewinnen ließen.

158 *EuGHE* 1996, I – S. 3145 [3153]; *Hennrichs,* Wahlrechte, S. 143. Sehr weitgehend *Moxter,* in: Festschrift Baetge (1997), S. 97 [108]; *ders.,* in: Festschrift Beisse (1997), S. 347 [357].

159 Insoweit ergibt sich aus der Protokollerklärung des Rates zur Vierten Richtlinie, abgedruckt bei *Biener / Berneke,* Bilanzrichtlinien-Gesetz, S. 847, nach der eine Anwendung der Einzelvorschriften im *Normalfall* ausreiche, nichts Neues.

160 So ausdrücklich *Hennrichs,* Wahlrechte, S. 143.

161 *Hennrichs,* Wahlrechte, S. 135; *Moxter,* in: Festschrift Baetge (1997), S. 97 [104].

Nach seinem Abs. 5 ist von Einzelvorschriften der Richtlinie abzuweichen, wenn ihre Anwendung mit der Generalnorm nicht vereinbar ist. In diesen Fällen sind Einzelheiten im Anhang zu berichten[162]. Aus der für die Mitgliedstaaten eingeräumten Möglichkeit, Ausnahmefälle im Sinne des Abs. 5 zu bezeichnen, ergibt sich, dass der Begriff Ausnahmefall nicht nur konkret, also auf die Abschlüsse einzelner Gesellschaften bezogen, gemeint ist, sondern abstrakt. Es muss demnach allgemeine Bilanzierungsfragen geben, bei denen die Einzelvorschriften zur Darstellung eines unzutreffenden Bildes führen können.

c) Rechnungslegungsziele

Aus der Generalklausel allein lassen sich die Zwecke der Rechnungslegung nicht ableiten. Sie lässt offen, für wen die Informationen bestimmt sind. Der Inhalt jeder Rechnungslegung hängt vom Adressaten ab. Deshalb sind die Erwägungsgründe und die Einzelvorschriften der 4. Richtlinie, ihr Regelungsumfeld und ihre Ermächtigungsgrundlage im EG-Vertrag heranzuziehen.

aa) Schutz von Gesellschaftern und Dritten

Nach dem ersten und zweiten Erwägungsgrund der 4. Richtlinie dient der Einzeljahresabschluss dem Schutz der gegenüber der Gesellschaft bestehenden Interessen. Als Adressaten der Rechnungslegung werden die Gesellschafter und Dritte genannt. Unter den Dritten sind vor allem, aber nicht nur[163], die Gläubiger zu verstehen[164]. Daneben sind Geschäftspartner und Investoren zu schützen[165]. Sie haben wie die Gesellschafter durch ihre Rechtsbeziehungen zur Gesellschaft ein rechtlich fundiertes Interesse an Informationen über die Gesellschaft[166].

Die Bedeutung des Gläubigerschutzes ergibt sich auch aus Art. 1 der 4. Richtlinie, nach dem die 4. Richtlinie für Kapitalgesellschaften gilt. Bei dieser Gesellschaftsform sind die Interessen der Gläubiger besonders gefährdet, da ihren Ansprüchen nur eine begrenzte Haftungsmasse gegenübersteht[167].

Neben den Gläubigern sind auch alle anderen Personen, die an einer Gesellschaft interessiert sind, gleichberechtigt zu schützen. Das sind alle, die in Geschäftsbeziehungen zur bilanzierenden Gesellschaft stehen oder dies beabsichtigen[168]. Die Gläubiger genießen ihnen gegenüber keine Vorrangstellung[169].

---

162 *Hennrichs,* Wahlrechte, S. 136; *Moxter,* in: Festschrift Baetge (1997), S. 97 [105].

163 *Niehues,* WPg 2001, S. 1209 [1211].

164 *Schön,* ZGR 2000, S. 706 [709].

165 *Habersack,* Europ. Gesellschaftsrecht, Rn. 260.

166 *Fresl,* Europäisierung, S. 153; *Peters,* Objektivierung, S. 100.

167 *Fresl,* Europäisierung, S. 153; *Schön,* ZGR 2000, S. 706 [709].

168 *Niehues,* WPg 2001, S. 1209 [1211].

Der Schutzkreis der 4. Richtlinie entspricht dem der Ermächtigungsgrundlage des Art. 44 Abs. 2 lit. g) EG[170].

bb) Information

Das vorrangige Ziel der Rechnungslegung ist die Gewährung von Informationen[171]. Das ergibt sich aus der Generalnorm. Nach Art. 2 Abs. 3 der 4. Richtlinie hat der Einzeljahresabschluss ein zutreffendes Bild der Unternehmenslage zu vermitteln. Dieser Grundsatz wird im vierten Erwägungsgrund der 4. Richtlinie hervorgehoben.

Die Zielsetzung ergibt sich ebenso aus den Einzelvorschriften. Deren Anwendung führt zu einem Zahlenwerk, mit dem sich die Adressaten über die bilanzierende Gesellschaft informieren können[172]. Adressaten der Information sind die Gesellschafter und Dritte, vor allem die Gläubiger. Die Interessen aller Adressaten sind mangels anderweitiger Maßstäbe gleichmäßig zu berücksichtigen. Soweit die Interessen im Konflikt zueinander stehen, sind sie möglichst schonend auszugleichen.

Die Gesellschafter haben den Erfolg ihrer Beteiligung zu bewerten, um entsprechende Dispositionen zu treffen. Der Einzeljahresabschluss dient als Grundlage für die Bemessung der Höhe von Gewinnausschüttungen[173]. Da die Gesellschafter von Kapitalgesellschaften regelmäßig keinen Einfluss auf die Geschäftsführung haben, ist der Konzernabschluss ein Mittel der Rechenschaftslegung über das zur Verfügung gestellte Kapital[174].

Die Gläubiger und die anderen Interessierten haben das Risiko ihres Engagements zu bewerten. Danach bestimmen sich Fortbestand und Umfang des Engagements sowie die Verzinsung.

---

169 *EuGHE* 1997, I – S. 6858 [6864]; 1998, I – S. 5485 [5504]; *Niehues,* WPg 2001, S. 1209 [1211].

170 Zum Schutzkreis des Art. 44 EG: *EuGHE* 1997, I – S. 6858 [6864 f.]; *Eyles,* Niederlassungsrecht, S. 137 f.; *Habersack,* Europ. Gesellschaftrecht, § 3, Rn. 20 f.; *Müller-Huschke,* in: Schwarze, Art. 44, Rn. 23; *Randelzhofer/Forsthoff,* in: Grabitz/Hilf, Band 1, Art. 44, Rn. 15.

171 *EuGHE* 1996, I – S. 3145 [3153]; *Fresl,* Europäisierung, S. 107; *Niehues,* WPg 2001, S. 1209 [1211 f.].

172 Ähnlich *Fresl,* Europäisierung, S. 106.

173 Aus dem Jahresabschluss lässt sich ableiten, welche Ausschüttungshöhe sinnvoll ist. Diese Frage ist nicht zu verwechseln mit der gesellschaftsrechtlichen Kapitalerhaltung – wie etwa in Art. 15 der 2. Richtlinie.

174 *Peters,* Objektivierung, S. 100 f.; *Schön,* ZGR 2000, S. 706 [710 f.].

cc) Kapitalerhaltung

Der Zweck der Rechnungslegung erschöpft sich nicht in der Information der Adressaten. Neben die Information tritt – in begrenztem Umfang – die gesellschaftsrechtliche Kapitalerhaltung. Sie dient nicht allen Personen des in Art. 44 EG und den Erwägungsgründen definierten Schutzkreises, sondern nur den Gläubigern der Gesellschaft, denen eine begrenzte Haftungsmasse gegenübersteht, die es zu erhalten gilt[175].

Die gesellschaftsrechtliche Kapitalerhaltung wird in der 2. Richtlinie[176] geregelt. Nach Art. 15 Abs. 1 lit. a) der 2. Richtlinie darf kein Kapital an die Gesellschafter ausgeschüttet werden, wenn das Nettoaktivvermögen das gezeichnete Kapital zuzüglich gesetzlicher Rücklagen unterschreitet. Dieser Zustand kann nur mit Hilfe der Rechnungslegung ermittelt werden[177]. Daher ist es erforderlich, die Kapitalerhaltung im Sinne der 2. Richtlinie bei der Auslegung der Rechnungslegungsrichtlinien zu berücksichtigen[178]. Die Verschränkung der Rechnungslegungsrichtlinien und der anderen gesellschaftsrechtlichen Richtlinien ergibt sich aus der Nennung der 1. Richtlinie im zweiten Erwägungsgrund der 4. Richtlinie. Der besondere Schutz der gesellschaftsrechtlichen Kapitalerhaltung resultiert aus ihrem Automatismus: Wenn sich aus der Bilanz eine bestimmte Unternehmenslage ergibt, darf kein Kapital an die Gesellschafter ausgeschüttet werden – unabhängig vom Willen der Beteiligten.

Die Rechnungslegungsrichtlinien setzen die Kapitalerhaltungsfunktion voraus. Die Kapitalerhaltungs- und die Rechnungslegungsrichtlinien sind Teil eines in den siebziger Jahren des letzten Jahrhunderts in Gang gesetzten Harmonisierungsprozesses im Bereich des Gesellschaftsrechts. Es wäre nicht systemgerecht, wenn eine später erlassene Richtlinie die Zielsetzung einer älteren Richtlinie unberücksichtigt ließe. Die Richtlinien beziehen sich aufeinander[179].

Die 4. Richtlinie umfasst Regeln, die allein der Begrenzung von Ausschüttungen dienen, etwa die Art. 33, 34, 37 und 59 der 4. Richtlinie[180]. Nach diesen Vorschriften sind Bewertungsrückstellungen bzw. Kapitalrücklagen zu bilden.

---

175 Zweiter Erwägungsgrund der 4. Richtlinie; *Schulze-Osterloh,* in: L. Schruff, S. 121 [123]. So auch *Fresl,* Europäisierung, S. 153.

176 2. Richtlinie 77/91/EWG des Rates vom 13. Dezember 1976 zur Koordinierung der Schutzbestimmungen, die in den Mitgliedstaaten den Gesellschaften im Sinne des Art. 58 Absatz 2 des Vertrages im Interesse der Gesellschafter sowie Dritter für die Gründung von Aktiengesellschaften sowie für die Erhaltung und Änderung ihres Kapitals vorgeschrieben sind, um diese Bestimmungen gleichwertig zu gestalten (2. Richtlinie), ABl. L 26 v. 30. Januar 1977, zuletzt geändert durch Beschluss vom 1. Januar 1995, ABl. L 1 S. 1.

177 *Niehues,* WPg 2001, S. 1209 [1212 f.]; *Schön,* ZGR 2000, S. 706 [710]; *Schulze-Osterloh,* in: L. Schruff, S. 121 [123].

178 *Hennrichs,* Wahlrechte, S. 96; *Moxter,* in: Festschrift Beisse (1997), S. 347 [350]; *Schulze-Osterloh,* DStZ 1997, S. 281 [282].

179 *Fresl,* Europäisierung, S. 160 f.

180 *Moxter,* in: Festschrift Beisse (1997), S. 347 [350].

Der Zweck der Kapitalerhaltung tritt allerdings nicht gleichberechtigt neben den Informationszweck. Die 2. Richtlinie gilt nach ihrem Art. 1 nur für Aktiengesellschaften. Dagegen gelten die Rechnungslegungsrichtlinien für alle Kapitalgesellschaften[181]. Anders als der deutsche Gesetzgeber sieht der Richtliniengeber nicht vor, dass die Regeln über die Kapitalerhaltung auch für Gesellschaften mit beschränkter Haftung gelten[182]. Es wäre daher systematisch nicht gerechtfertigt, die Rechnungslegung aller Kapitalgesellschaften durch Faktoren beeinflussen zu lassen, die nur für einen Teil der bilanzierenden Gesellschaften relevant sind.

Zudem sind die Gläubiger nur ein Teil der zu schützenden Dritten. Die anderen Adressaten haben kein besonderes Interesse an einer Kapitalerhaltung. Im Gegenteil. Die Kapitalerhaltung kann dazu führen, dass Informationen verfälscht werden, da die mit ihr einhergehende stärkere Betonung des Vorsichtsprinzips zur Bildung stiller Reserven führt, die den Informationswert der Rechnungslegung beeinträchtigen. Deshalb ist die Bedeutung der Kapitalerhaltung gegenüber der Informationsfunktion abgeschwächt[183].

Überdies wurde die 2. Richtlinie schon vor der Harmonisierung der Rechnungslegungsregeln eingeführt. Demnach kam es für die Kapitalerhaltung nicht auf die Anwendung bestimmter Einzelgrundsätze an. Die Rechnungslegungsrichtlinien beschreiben wiederum die Kapitalerhaltung nicht explizit als Ziel der Rechnungslegung.

Bei der Auslegung der Rechnungslegungsrichtlinien ist die gesellschaftsrechtliche Kapitalerhaltung daher nicht als gleichberechtigtes Ziel der Rechnungslegung neben der Information zu berücksichtigen[184]. Die Auslegung der Rechnungslegungsrichtlinien darf allerdings nicht dem Zweck der Kapitalerhaltung zuwiderlaufen[185]. Ihre Beachtung kann daher nicht allein im Anhang geschehen, zumal der in der 2. Richtlinie vorgesehene Mechanismus der Kapitalerhaltung dann nicht funktionierte.

---

181 *Fresl,* Europäisierung, S. 161; *Niehues,* WPg 2001, S. 1209 [1212]; *Schön,* ZGR 2000, S. 706 [710].

182 *Schulze-Osterloh,* in: L. Schruff, S. 121 [126].

183 *Fresl,* Europäisierung, S. 157.

184 *Niehues,* WPg 2001, S. 1209 [1214]. A. A. *Moxter,* in: Festschrift Baetge (1997), S. 97 [109], der dafür das Vorsichtsprinzip anführt. Das Vorsichtsprinzip des Art. 31 der 4. Richtlinie entspricht jedoch nicht dem nach deutscher Auffassung. Es handelt sich um einen autonomen, unbestimmten Begriff des Gemeinschaftsrechts, der anhand der Zielsetzung zu konkretisieren ist. Ähnlich wie *Moxter* auch *Schön,* ZGR 2000, S. 706 [710], der die Kapitalerhaltung als gleichberechtigten Zweck ansieht.

185 Ähnlich *Fresl,* Europäisierung, S. 163 (der aber die Abkoppelungsthese bevorzugt, nach der die zutreffenden Unternehmenslage nicht zwangsläufig in der Bilanz darzustellen ist, sondern auch im Anhang wiedergegeben werden kann); *IdW,* WPg 2001, S. 664 [665 (in anderem Zusammenhang). A. A. *Niehus/Thyll,* Konzernabschluß, Rn. 157, die nur die Information des Kapitalmarkts berücksichtigen wollen.

dd) Besteuerung

Das Verhältnis der Rechnungslegungsrichtlinien zur Ermittlung einer Bemessungsgrundlage für die Besteuerung ist widersprüchlich.

Nach den Bewertungsvorschriften der Art. 35 Abs. 1 lit. d) und 39 Abs. 1 lit. e) der 4. Richtlinie dürfen steuerlich motivierte Abschreibungen in den Einzeljahresabschluss einfließen[186]. Durch die steuerlich motivierten Abschreibungen wird von den handelsrechtlich gebotenen Bewertung abgewichen – ansonsten hätte es keiner Sonderregelung bedurft. Dadurch werden stille Reserven gebildet. Die Bildung stiller Reserven aus Steuergründen widerspricht den eigenen Wertungen des Richtliniengebers. Die Art. 35 Abs. 1 lit. c) dd) und 39 Abs. 1 lit. d) der 4. Richtlinie sehen vor, dass stille Reserven durch Zuschreibungen vermieden werden sollen. Die Bildung stiller Reserven läuft im Übrigen der Informationsfunktion der Rechnungslegung zuwider. Damit schafft der Richtliniengeber einen Wertungswiderspruch[187].

Der Wertungswiderspruch erfasst auch die Funktionsweise der Richtlinien. Nationale Steuergesetze könnten Bewertungsvorschriften der Richtlinie über die genannten Vorschriften außer Kraft setzen[188]. Dadurch wird den Mitgliedstaaten als Adressaten der Richtlinien ermöglicht, über deren Geltungsbereich zu bestimmen. Zudem wird der Harmonisierungserfolg durch steuerliche Ausnahmevorschriften gefährdet.

Auf diese Widersprüche ist für die Ermittlung der Ziele der Richtlinie und die daraus folgende Auslegung nicht weiter einzugehen. Aus dem Ausnahmecharakter der genannten Vorschriften ergibt sich allerdings, dass die Ermittlung einer steuerlichen Bemessungsgrundlage kein Ziel der Rechnungslegungsrichtlinien ist. Abweichende Bewertungen aufgrund der Steuergesetze der Mitgliedstaaten, insbesondere wegen des (umgekehrten) Maßgeblichkeitsprinzips (z. B. § 5 Abs. 1 des deutschen Einkommensteuergesetzes), werden in der 4. Richtlinie lediglich hingenommen. Aus Sicht des Richtliniengebers ist die Besteuerung kein Rechnungslegungsziel. Im Bereich des Einkommen- und Körperschaftsteuerrechts hätte die EG ohnehin keine Regelungskompetenz.

Die Besteuerung kann nur über die Ausnahmeregelungen in die Rechnungslegung einfließen. Dazu bedarf es eines nationalen Steuergesetzes als Grundlage. Bei befreienden Konzernabschlüssen spielt die Besteuerung keine Rolle. Daher könnten Abweichungen von den Rechnungslegungsrichtlinien nicht durch eine

---

186 Steuerliche Abschreibungen wirken sich wegen der sogenannten umgekehrten Maßgeblichkeit auf den Einzeljahresabschluss aus: Die steuerlichen Abschreibungsmöglichkeiten können nur wahrgenommen werden, wenn sie übereinstimmend in der Handelsbilanz erfasst werden, § 5 Abs. 1 S. 2 Einkommensteuergesetz.

187 *Schulze-Osterloh,* StuW 1991, S. 284 [294 f.]. *Hennrichs,* Wahlrechte, S. 204 f. spricht von einem „gigantischen Fremdkörper" und belegt dies mit Zahlenbeispielen.

188 *Hennrichs,* Wahlrechte, S. 208; *Schulze-Osterloh,* StuW 1991, S. 284 [295].

Ausnahmeregelung für Besteuerungszwecke gerechtfertigt werden. Insoweit ist auf die Funktion der Rechnungslegung als Ermittlung einer steuerlichen Bemessungsgrundlage im Rahmen des Einklangerfordernisses nicht weiter einzugehen.

ee) Kapitalmarkt

Die Rechnungslegungsrichtlinien dienen auch der Information des Kapitalmarkts[189]. Das ergibt sich daraus, dass die Investoren als Dritte anzusehen sind. Sie stehen als Gesellschafter und Kapitalgeber im laufenden Kontakt zur bilanzierenden Gesellschaft oder beabsichtigen dies in Zukunft. Da sie im Regelfall keinen eigenen Zugang zu Unternehmensinformationen haben, bedürfen sie der Information durch Rechnungslegung. Dabei sind sie besonders auf die Vergleichbarkeit angewiesen[190].

Im System der Rechnungslegungsrichtlinien genießen die Kapitalmarktteilnehmer allerdings – wie die Gläubiger – keine Vorrangstellung. Etwas anderes ergibt sich auch nicht aus der Öffnung der Rechnungslegung kapitalmarktorientierter Konzerne für internationale Regelwerke, die vorrangig der Kapitalmarktinformation dienen. Die IAS-Verordnung gilt nur für kapitalmarktorientierte Konzerne. Die 4. und die 7. Richtlinie gelten dagegen für alle Kapitalgesellschaften, also auch für Gesellschaften, die nicht in einem Konzern organisiert sind, und für Konzerne, die nicht kapitalmarktorientiert sind.

ff) Zusammenfassung

Bei der Auslegung der 4. Richtlinie ist die Informationsfunktion von überragender Bedeutung. Das ergibt sich insbesondere aus den Erwägungsgründen.

Da die Richtlinie zugleich Gesellschafter und Dritte – das sind vor allem Gläubiger, Arbeitnehmer und Kapitalmarktteilnehmer –, also eine recht heterogene Gruppe, schützen soll, sind deren Interessen bei der Auslegung schonend auszugleichen.

Die 4. Richtlinie steht in einem engen Zusammenhang mit der 2. Richtlinie über die Kapitalerhaltung. Da diese Richtlinie aber nicht für alle Gesellschaftsformen gilt, die nach der 4. Richtlinie rechnungslegungspflichtig sind, kann die Kapitalerhaltung nur einen geringeren Einfluss auf die Auslegung haben. Die Auslegung der 4. Richtlinie darf allerdings dem Ziel der Kapitalerhaltung nicht entgegenstehen.

---

189 *Schön,* ZGR 2000, S. 706 [711]. *Niehus/Thyll,* Konzernabschluß, Rn. 157 halten die Information des Kapitalmarkts aus nicht weiter nachvollziehbaren Gründen für den einzigen Zweck der 7. Richtlinie.

190 *Schön,* ZGR 2000, S. 706 [711 f.].

Besteuerungszwecke sind trotz einiger Öffnungsklauseln nicht zu berücksichtigen.

Die Kapitalanleger zählen zu den „Dritten“ und sind innerhalb der Informationsfunktion erfasst. Einen Sonderstatus – wie etwa bei Konzernabschlüssen von Unternehmen, die unter die IAS-Verordnung fallen – genießen sie nicht.

E. Vergleich von GAAP und 7. Richtlinie

Der folgende Vergleich der GAAP mit der 7. Richtlinie basiert auf den zuvor gewonnenen Erkenntnissen, dass die GAAP mit der 7. Richtlinie genauso konvergieren müssen wie das HGB[191] und dass von den GAAP nicht abgewichen werden darf[192]. Die für die Auslegung der Rechnungslegungsrichtlinien geltenden Grundsätze wurden im vorherigen Abschnitt dargestellt[193]. Die GAAP werden von den US-amerikanischen Standardisierungsgremien selbst ausgelegt[194].

Der Gesetzgeber ging bei Einführung des § 292a HGB davon aus, dass die GAAP im Einklang mit der 7. Richtlinie stehen[195]. Diese Annahme ist insoweit bemerkenswert, als dass seinerzeit keine Untersuchung zum Einklang der GAAP vorlag. Es lag lediglich eine Untersuchung zu den IAS vor[196]. Der Gesetzgeber meinte, die Ergebnisse dieser Untersuchung auch auf die GAAP beziehen zu können, da diese dem deutschen Vorsichtsprinzip näher stünden als die britische (!) Rechnungslegungspraxis[197]. Im Schrifttum geäußerte Zweifel am Einklang der GAAP wurden nicht berücksichtigt[198].

Ein weiteres Problem, das der Gesetzgeber nicht berücksichtigt hat, war die Möglichkeit zukünftiger Änderungen der GAAP, aber auch der 7. Richtlinie[199]. § 292a HGB ist 1998 in Kraft getreten und wird Ende 2004 außer Kraft tre-

---

191 Dazu zweiter Teil, C. II.

192 Dazu erster Teil, D. III. 4.

193 Dazu zweiter Teil D.

194 Dies liegt vornehmlich an der Methodik des anglo-amerikanischen Rechts. Ein Beispiel sind die SFIN, die der Auslegung der SFAS dienen.

195 *Regierungsentwurf,* BT-Ds. 13/7141, S. 8. Der Rechtsausschuss hat diese Ansicht offenkundig übernommen, *Beschlussempfehlung,* BT-Ds. 13/9909, S. 12 (S. 17).

196 *Kontaktausschuss,* Konformitätsüberprüfung IAS.

197 *Regierungsentwurf,* BT-Ds. 13/7141, S. 8. Ein „britisches“ Recht gibt es aus historischen Gründen nicht, sondern lediglich ein englisches Recht. Dieses wurde vom Kontaktausschuss jedoch nicht untersucht. Die vom Kontaktausschuss untersuchten IAS entstehen unabhängig vom englischen Recht.

198 *Busse von Colbe,* in: Festschrift Kropff (1997), S. 417 [426]; *Ordelheide,* WPg 1996, S. 545 [548], der die Annahme des Gesetzgebers zu Recht als „ausgesprochen kühn“ bezeichnet.

199 *Busse von Colbe,* in: Festschrift Kropff (1997), S. 417 [425]; *Ordelheide,* WPg 1996, S. 545 [548].

ten[200]. Die Vorschrift ist also über einen Zeitraum von rund 7 Jahren anwendbar. Änderungen der GAAP, auf die der deutsche Gesetzgeber keinen Einfluss hat, waren also keineswegs auszuschließen.

Bei der Untersuchung der GAAP stellt sich das Problem, dass diese sich aus einer unüberschaubaren Vielzahl von Rechnungslegungsstandards und Interpretationen verschiedenster Gremien zusammensetzen[201]. Jeder Standard umfasst in der Regel mehrere Dutzend Seiten. Eine systematische Erfassung aller GAAP[202] hätte den Rahmen dieser Arbeit gesprengt. Sie ist für die Frage, ob Konzernabschlüsse nach GAAP mit der 7. Richtlinie im Einklang stehen, auch nicht erforderlich. Soweit nur ein einziger, wesentlicher Unterschied oder eine ganze Reihe praktisch bedeutender Unterschiede zwischen den GAAP und der 7. Richtlinie bestehen sollten, stünde fest, dass Konzernabschlüsse nach GAAP nicht im Einklang mit der 7. Richtlinie stehen könnten.

Die Prüfungsreihenfolge geht aus von dem Rechtsstand bei Einführung des § 292a HGB im Jahre 1998 (I.) und orientiert sich im weiteren an der chronologischen Abfolge der Änderungen bei den GAAP und den Richtlinien (II.). Dadurch wird erkennbar, welche GAAP jeweils mit den Richtlinien im bzw. nicht im Einklang standen.

I. Einklang der GAAP mit der 7. Richtlinie bei Einführung des § 292a HGB

Bei Einführung des § 292a HGB galt die 7. Richtlinie in einer zuletzt 1995 geänderten Fassung[203]. Das gleiche gilt für die 4. Richtlinie, auf die in Art. 17 und 29 der 7. Richtlinie umfangreich verwiesen wird. Bei den GAAP waren u. a. die SFAS auf dem Stand von SFAS 132[204].

1. Gliederungsschema für die Bilanz

Innerhalb der GAAP gibt es keine ausdrücklichen Regelungen über die Gliederung der Bilanz[205]. Nach der als Teil der GAAP zu beachtenden kaufmännischen

200 Dies ergibt sich aus Art. 5 des KapAEG. Eine Verlängerung bis 2007 erscheint allerdings wegen der Probleme beim Übergang auf die IAS-Verordnung nicht ausgeschlossen.

201 Dies ergibt sich aus SAS 69. Auf die Problematik wurde bereits im ersten Teil der Arbeit unter D. eingegangen. Umso fragwürdiger erscheint prima facie die pauschale Annahme eines Einklangs durch den Gesetzgeber bei Einführung des § 292a HGB.

202 Beispielsweise gibt es eine Reihe spezieller GAAP für die Ölindustrie und die Filmindustrie.

203 Die Änderungen ergaben sich aus dem Beitritt der vormaligen EFTA-Länder. Inhaltlich blieb die 7. Richtlinie unverändert.

204 Hinzu kamen insbesondere die von den Vorgängergremien CAP und APB erlassenen Regelungen (ARB und APB Opinions) sowie zahlreiche Regelungen von Untergremien des FASB und des AICPA sowie der SEC.

Übung[206] werden in der Bilanz die Aktiva nach absteigender Liquidität und die Passiva nach absteigender Fälligkeit gegliedert[207]. Von dieser Gliederungsreihenfolge darf theoretisch abgewichen werden[208]. Es ist allerdings zu bezweifeln, dass eine abweichende Gliederungsreihenfolge von den Adressaten befreiender Konzernabschlüsse akzeptiert wird, wenn dies nicht ausnahmsweise durch eine effizientere Informationsvermittlung gerechtfertigt ist. Die Einhaltung der 7. Richtlinie wäre keine Rechtfertigung für ein Abweichen von der üblichen Gliederungsreihenfolge. Es ist nicht ersichtlich, warum sich die Adressaten befreiender Konzernabschlüsse mit weniger zufrieden geben sollten als US-amerikanische Bilanzadressaten oder ein Abschlussprüfer, der den Regeln des AICPA unterliegt[209]. Eine abweichende Gliederungsreihenfolge erschwert die Vergleichbarkeit der Abschlüsse[210].

Für befreiende Konzernabschlüsse sind – abgesehen davon – nicht nur die GAAP, sondern auch die Vorschriften der SEC zu beachten[211]. Die Gliederung gehört zu den wenigen Sachfragen, die von der SEC selbst geregelt werden. Nach ihrer Regulation S–X, § 210, Article 5-02 gibt es für börsennotierte Gesellschaften eine Mindestgliederung. In dem dort vorgesehenen Schema wird die kaufmännische Übung, Aktiva nach absteigender Liquidität und Passiva nach absteigender Fälligkeit aufzuführen, übernommen und kodifiziert[212]. Die vorgegebene Reihenfolge wird nicht – wie etwa in Art. 4 Abs. 1 S. 1 der 4. Richtlinie – ausdrücklich für verbindlich erklärt[213], sie wird von der Vorschrift allerdings impliziert. Ansonsten wäre die aufwändige Darstellung eines Gliederungsschemas in Article 5–02 nicht verständlich. Die Verbindlichkeit der Reihenfolge ergibt sich auch aus der grundsätzlichen Verpflichtung, Informationen in der effizientesten Weise zu vermitteln (Regulation S–X, § 210, Article 4-01 (a)). Dazu ist die allgemein verbreitete Gliederungsreihenfolge zu wählen. Bei einer ungewöhnlichen Gliederungsreihenfolge wären die Adressaten gezwungen, sich die einzelnen Posten aus der Bilanz herauszusuchen. Dementsprechend hält sich die Praxis an die vorgegebene Reihenfolge[214].

---

205 *Born,* Rechnungslegung International, S. 347.

206 Zum Umfang der GAAP Erster Teil, D.

207 *Wiley,* GAAP, S. 37 zu den Gründen.

208 *Born,* Rechnungslegung International, S. 347; *Kieso/Weygandt,* Intermediate Accounting, S. 207.

209 *Hommelhoff,* in: Ulmer, Band 2, § 292a, Rn. 30 hält eine Anerkennung für nicht ausgeschlossen, nennt dafür aber keine Gründe.

210 Aus diesem Grund legte die EG so viel Wert auf eine dahingehende Harmonisierung, dass die Gliederungsvorschriften einen wesentlichen Teil der Rechnungslegungsrichtlinien bilden.

211 Dazu ausführlich im Ersten Teil unter D.

212 Darstellung bei *Born,* Rechnungslegung International, S. 271.

213 *Brakensiek/Hütten,* BB 1999, S. 1108 [1109].

214 *Brakensiek/Hütten,* BB 1999, S. 1108 [1109]. Die Maßgeblichkeit der SEC-Vorschriften wird von *Claussen/Scherrer,* in: KK-AktG, Band 6/1, § 292a, Rn. 132 vorausgesetzt.

Nach Art. 17 Abs. 1 der 7. Richtlinie i.V.m. dem Gliederungsschema der Art. 4, 9 und 10 der 4. Richtlinie[215] sind Aktiva nach aufsteigender Liquidität und Passiva nach aufsteigender Fälligkeit darzustellen. Die Reihenfolge wird in Art. 4 Abs. 1 S. 1 der 4. Richtlinie ausdrücklich für verbindlich erklärt[216]. Die Vorschriften über die Gliederung sind so detailliert, dass die Mitgliedstaaten keinen Spielraum bei der Umsetzung haben[217].

In den Art. 9 und 10 der 4. Richtlinie gibt es Wahlrechte für die Mitgliedstaaten. Diese betreffen allerdings zum Teil Ansatzfragen und sind daher nicht einschlägig. Die Gliederungsreihenfolge ist nur für eingefordertes Kapital[218], Gewinn und Verluste[219] und für Rechnungsabgrenzungsposten[220] variabel. Dadurch wird die grundsätzliche Gliederungsreihenfolge aber nicht aufgehoben. Die Mitgliedstaatenwahlrechte lassen die Anwendung der nach Regulation S–X erforderlichen Gliederung nicht zu. Die drei Ausnahmefälle lassen sich auch nicht dahingehend verallgemeinern, dass eine Gliederung nach SEC-Vorschriften als richtlinienkonform angesehen werden könnte. Die Gliederungsvorschriften sind das Kernstück der Harmonisierung. Die ausdrückliche Bezeichnung von Ausnahmen von der vorgeschriebenen Gliederungsreihenfolge deutet darauf hin, dass es sich um Sonderfälle handeln soll. Die Ausnahmeregelungen sind daher nicht verallgemeinerungsfähig.

Die Abweichungen bei der Bilanzgliederung lassen sich nicht als unwesentliche Formalie bezeichnen[221]. Sie können nicht unbeachtet bleiben, um – trotz fehlenden Einklangs – befreiende Konzernabschlüsse zu ermöglichen[222]. Es reicht nicht aus, die in den Richtlinien vorgesehenen Bilanzposten in einer beliebigen Reihenfolge darzustellen[223]. Dem stehen der klare Wortlaut des Art. 4 Abs. 1 S. 1 der 4. Richt-

---

215 Die Bilanz kann entweder in Kontoform (Art. 9) oder in Staffelform (Art. 10) aufgestellt werden. Diese Wahlmöglichkeit wirkt sich allerdings nur auf die äußere Form der Darstellung aus, *Kloos,* Transformation, S. 188.

216 *Hommelhoff,* in: Ulmer, Band 2, § 292a, Rn. 29.

217 *Bleckmann,* in: Leffson / Rückle / Großfeld, S. 11 [15]; *Meyer-Arndt,* BB 1993, S. 1623.

218 Art. 9 Aktiva, Umlaufvermögen (D.), Forderungen (II.), 5. *oder* Passiva, Eigenkapital (A.), Gezeichnetes Kapital (I.) bzw. Art. 10, Ausstehende Einlagen (A.) *oder* Eigenkapital (L.), Gezeichnetes Kapital (I.).

219 Art. 9 Aktiva, Verlust (F.) und Passiva, Gewinn (E.) *oder* Passiva, Eigenkapital (A.), Ergebnis (VI.).

220 Art. 9 Aktiva, Umlaufvermögen (D.), Forderungen (II.) 6. und Passiva, Verbindlichkeiten (C.), 9. *oder* Aktiva, Abgrenzungsposten (E.) und Passiva, Abgrenzungsposten (D.) bzw. Art. 10, Umlaufvermögen (D.), Forderungen (II.), 6. und Gesamtbetrag des Vermögens (H.), Verbindlichkeiten > 1 Jahr (I.), 9. oder Rechnungsabgrenzungsposten (E. und K.).

221 Das glaubt allerdings *Krawitz,* Bonner Handbuch, Band 2, § 292a, Rn. 144. Im Ergebnis ebenso: *EG-Kommission,* Mitteilung zu Auslegungsfragen, XV / 7009 / 97, Tz. 61; *Van Hulle,* WPg 1998, S. 138 [142]. Zum Wesentlichkeitsargument schon C. III. 3.

222 Daher unzutreffend *IdW,* WPg 1998, S. 428. Zur ergebnisorientierten Auslegung vertieft C. III. 4.

223 So aber *Wiedmann,* in: Ebenroth / Boujong / Joost, Band 1, § 292a, Rn. 17.

linie und die Bedeutung der Gliederungsvorschriften für die europäische Harmonisierung entgegen.

Diese Ansicht wird vom europäischen Normgeber geteilt. Ansonsten hätte er nicht im Jahre 2003 mit der Modernisierungs-Richtlinie eine entsprechende Öffnungsklausel in Art. 4 Abs. 6 und Art. 10a der 4. Richtlinie aufgenommen[224].

Die in Regulation S–X, § 210, Article 5-02 vorgesehene Gliederungsreihenfolge steht mit der Reihenfolge nach Art. 17 Abs. 1 der 7. Richtlinie i.V. m. Art. 4, 9 und 10 der 4. Richtlinie nicht im Einklang[225]. Dieses Problem erfasst alle Konzernabschlüsse, die unter § 292a HGB aufgestellt werden. Es ist daher praktisch überaus bedeutend.

2. Unterteilung in Anlage- und Umlaufvermögen

Nach ARB 43, Chapter 3, Section A, Paragraph 4 sind die Vermögenswerte (Assets)[226] in Anlage- und Umlaufvermögen (Non-Current Assets und Current Assets) aufzuteilen. Die Zuordnung richtet sich nach der erwarteten Verweildauer eines Vermögenswertes im Unternehmen. Vermögenswerte, die voraussichtlich innerhalb eines Jahres umgeschlagen werden, gehören zum Umlaufvermögen[227]. Die Zugehörigkeit eines Vermögenswertes hängt somit von einer Entscheidung der Gesellschaftsorgane ab, diese ist wegen ihres Zeitkriteriums objektiviert.

Nach Art. 17 Abs. 1 der 7. Richtlinie i.V. m. Art. 15 Abs. 1 der 4. Richtlinie ist für die Unterscheidung zwischen Anlage- und Umlaufvermögen die Zweckbestimmung maßgeblich. Das Anlagevermögen umfasst Vermögensgegenstände, die dauerhaft dem Geschäftsbetrieb dienen sollen (Art. 15 Abs. 2 der 4. Richtlinie). Für die Zuordnung kommt es allein auf eine (subjektive) Zweckbestimmung durch die Geschäftsleitung an.

Die leicht unterschiedlichen Kriterien der GAAP und der Richtlinien führen in bestimmten Fällen zu einem Konflikt beider Regelwerke[228]. Hiervon sind zwei Fälle wegen ihrer praktischen Bedeutung hervorzuheben: Wertpapiere, die mehr

---

224 Auf die Auswirkungen dieser Änderung für den Einklang wird unter E. II. 8. eingegangen.

225 *Brakensiek/Hütten,* BB 1999, S. 1008 [1009]; *Van Hulle,* WPg 1998, S. 138 [142]. A. A. *Adler/Düring/Schmaltz,* Ergänzungsband, § 292a, Rn. 35; *Hoyos/Lechner,* in: Beck'scher Bilanz-Kommentar[4], § 292a, Rn. 23. Der *Deutsche Standardisierungsrat* hat sich mit dem Problem in seinem DRS 1 – trotz der seinerzeit schon vorliegenden Stellungnahmen von *Brakensiek/Hütten* und *van Hulle* – nicht befasst.

226 Definition des Begriffs in SFAC 6.25.

227 *KPMG,* Rechnungslegung, S. 63; *Miller,* GAAP, Tz. 3.04. Hierbei wird ein normaler Geschäftszyklus von einem Jahr unterstellt. Hat das Unternehmen einen längeren Geschäftszyklus als ein Jahr (was vereinzelt vorkommen mag), ist für die Einordnung der längere Zyklus zu beachten.

228 *Deutscher Standardisierungsrat,* DRS 1.193; *Krawitz,* Bonner Handbuch Rechnungslegung, Band 2, § 292a, Rn. 145.

als ein Jahr lang, aber nicht dauerhaft, gehalten werden sollen, und Forderungen, die nach mehr als einem Jahr fällig werden.

Hält eine Gesellschaft Wertpapiere, die erst nach mehr als einem Jahr wieder veräußert werden sollen, müssen diese nach ARB 43, Chapter 3, Section A, Paragraph 4 dem Anlagevermögen zugeordnet werden, da sie mehr als ein Jahr im Unternehmen verbleiben. Nach Art. 15 Abs. 2 Bilanzrichtlinie gehören sie zum Umlaufvermögen, da sie nicht dazu bestimmt sind, dauerhaft dem Geschäftsbetrieb zu dienen[229].

Forderungen, die nicht innerhalb eines Jahres fällig sind, gehören nach ARB 43, Chapter 3, Section A, Paragraph 4 dem Anlagevermögen an, denn sie verbleiben mehr als ein Jahr im Unternehmen. Dagegen erfordert Art. 15 Abs. 2 Bilanzrichtlinie eine Zuordnung zum Umlaufvermögen, da die Forderung nicht dauerhaft im Betrieb verbleiben soll[230].

Soweit eine Gesellschaft keine Geschäftsvorfälle zu verzeichnen hat, in denen die leicht unterschiedliche Definition von Anlage- und Umlaufvermögen relevant wird, kann der Konzernabschluss nach GAAP im Einklang mit der 7. Richtlinie aufgestellt werden[231]. Diese Perspektive ist bei kapitalmarktorientierten Konzernen allerdings wenig realistisch. Wegen der umfangreichen Aktivitäten dieser Gesellschaften lassen sich die genannten Beispielsfälle praktisch nicht vermeiden[232].

Der Unterschied zwischen GAAP und der 7. Richtlinie kann nicht als unwesentlich außer Acht gelassen werden. Die Differenzierung in Anlage- und Umlaufvermögen soll den Bilanzadressaten einen Überblick über die Liquidität der Gesellschaft verschaffen und ist insoweit für diese von besonderer Bedeutung[233]. Der Konfliktfall kann im Übrigen nicht deshalb außer Betracht bleiben, weil § 292a HGB sonst praktisch unanwendbar wäre[234]. Der europäische Normgeber teilt diese Einschätzung. Er hat im Jahre 2003 mit der Modernisierungs-Richtlinie einen neuen Art. 10a in die 4. Richtlinie eingefügt, nach dem die Unterscheidung in kurz- und langfristige Posten zulässig sein soll[235].

---

229 *Deutscher Standardisierungsrat,* DRS 1.192.

230 *Deutscher Standardisierungsrat,* DRS 1.122 (zu IAS 1.57, der mit ARB 43 inhaltlich übereinstimmt).

231 *Reker/Pahl/Löcke,* WPg 1998, S. 527 [530] halten die Vermeidung konfliktträchtiger Sachverhalte anscheinend für eine Alternative.

232 Unklar *Deutscher Standardisierungsrat,* DRS 1.193, der ausgerechnet für diese Fälle keine Lösung anbietet. Dass „in der Regel" keine Probleme entstünden, dürfte als Stellungnahme kaum ausreichen.

233 So auch ARB 43, Chapter 3, Section A, Paragraph 1 – 3 (aus Sicht der GAAP).

234 Allgemein zur ergebnisorientierten Auslegung C. III. 4. A. A. *Adler/Düring/Schmaltz,* Ergänzungsband, § 292a, Rn. 32 (die sich insoweit einer irrtümlich dem Deutschen Standardisierungsrat unterstellten Auffassung anschließen wollen); *Busse von Colbe,* in: MüKo-HGB, Band 4, § 292a, Rn. 25 (unter Aufgabe seiner früheren Ansicht).

235 Auf die Auswirkungen dieser Änderung für den Einklang wird unter E. II. 8. eingegangen.

Die in ARB 43, Chapter 3, Section A, Paragraph 4 vorgesehene Differenzierung von Anlage- und Umlaufvermögen nach dem festgelegten Zeitraum von einem Jahr verstößt in bestimmten Fällen gegen Art. 17 Abs. 1 der 7. Richtlinie i.V. m. Art. 15 Abs. 1 und 2 der 4. Richtlinie. Da sich diese Fälle kaum vermeiden lassen, stehen Konzernabschlüsse nach GAAP regelmäßig nicht im Einklang mit der 7. Richtlinie[236].

3. Gliederungsschema für die Gewinn- und Verlustrechnung

Innerhalb der GAAP existieren nur vereinzelt kodifizierte Regeln über die Gliederung und den Ausweis bestimmter Posten im Income Statement (Gewinn- und Verlustrechnung)[237]. Die meisten Fragen werden der kaufmännischen Praxis und Zweckmäßigkeitserwägungen entsprechend gelöst.

Die SEC gibt in Regulation S – X § 210 Article 5-03 eine Mindestgliederung für das Income Statement vor[238]. Die Regelung sieht unter anderem vor, dass der Zinsaufwand (Interest) vor den Abschreibungen auf Finanzanlagen (Securities) auszuweisen ist[239]. Die Reihenfolge der Darstellung ist verbindlich[240].

Wie schon bei der Bilanz ist in Art. 17 Abs. 1 der 7. Richtlinie i.V. m. Art. 4 und 23 bis 26 der 4. Richtlinie ein bestimmtes Gliederungsschema mit Mindestposten vorgesehen, von dem nur in den Fällen des Art. 4 der 4. Richtlinie abgewichen werden darf. Das von der SEC vorgesehene Schema entspricht dem Umsatzkostenverfahren in Staffelform. Es ist daher nur mit Art. 25 der 4. Richtlinie zu vergleichen. In Art. 25 Nr. 10 und 11 der 4. Richtlinie ist vorgesehen, dass Abschreibungen auf Finanzanlagen vor dem Zinsaufwand aufzuführen sind. Das ist gegenüber den Vorschriften der SEC die umgekehrte Reihenfolge. Nach Art. 4 Abs. 1 S. 1 der 4. Richtlinie ist die Reihenfolge genau einzuhalten.

Der Unterschied zwischen den Gliederungsschemata ist trotz seines geringen Umfangs beachtlich. Von den detaillierten Vorschriften der 7. Richtlinie darf nicht abgewichen werden. Es gilt bei Anwendung der 7. Richtlinie kein bilanzrechtliches „Wesentlichkeitsprinzip", mit dessen Hilfe die Bindungswirkung der Richtlinie relativiert werden könnte. Von den Vorschriften der SEC kann ebenso wenig abgewichen werden, da eine Änderung der Gliederungsreihenfolge wegen der darin liegenden Abweichung von anderen Konzernabschlüssen gegen das Gebot einer effizienten Informationsvermittlung verstieße (Regulation S – X, § 210, Article 4-01).

236 So auch noch *Busse von Colbe,* in: Festschrift Kropff (1997), S. 417 [426].

237 *Dexheimer,* BB 2002, S. 451 [453].

238 *Dexheimer,* BB 2002, S. 451 [453].

239 Überblick über die Gliederung des Income Statement bei *Dexheimer,* BB 2002, S. 451 [453].

240 Zum Parallelproblem der Bilanzgliederung E. I. 1.

Die Gliederung nach Regulation S – X § 210 Article 5-03 steht mit der in Art. 17 Abs. 1 der 7. Richtlinie i.V. m. Art. 25 der 4. Richtlinie vorgesehenen Gliederungsreihenfolge nicht im Einklang[241].

4. Behandlung der Aufgabe oder Veräußerung von Geschäftsfeldern in der Gewinn- und Verlustrechnung

Zu den wenigen Vorschriften eines US-amerikanischen Standardsetzers über das Income Statement gehört APB Opinion No. 30, Section 8, nach der die Ergebnisse aus der Aufgabe oder der Veräußerung (Discontinued Operations) von Unternehmensteilen (Component of an Entity) im Income Statement gesondert auszuweisen sind, soweit sie abgrenzbar sind[242]. Die Norm erfasst sowohl die operativen Ergebnisse des Geschäftsfelds im Jahr der Aufgabe oder Veräußerung als auch die Aufgabegewinne und -verluste.

Das Gliederungsschema des Art. 25 der 4. Richtlinie sieht keinen gesonderten Ausweis der Gewinne und Verluste aus aufgegebenen oder verkauften Geschäftsfeldern vor. Der Begriff des Geschäftsfelds wird in den Richtlinien nicht verwendet. Dort werden nur Mutter- und Tochtergesellschaften abgegrenzt. Vorfälle der genannten Art könnten allenfalls gemäß Art. 4 Abs. 1 S. 2 der 4. Richtlinie innerhalb eines Untergliederungspunktes eines der im Gliederungsschema des Art. 25 der 4. Richtlinie genannten Posten erfasst werden. Andere Möglichkeiten bietet die Richtlinie nicht. Dies entspräche nicht den Anforderungen der GAAP, die einen eigenen Hauptgliederungsposten vorschreiben.

Demnach bliebe als Alternative nur die Bildung eines neuen Postens innerhalb der Gewinn- und Verlustrechnung gemäß Art. 4 Abs. 1 S. 3 der 4. Richtlinie. Voraussetzung dafür wäre allerdings, dass der Inhalt des neuen Postens nicht bereits durch die im Gliederungsschema vorhandenen Posten abgedeckt würde. Die Ergebnisse aus aufgegebenen oder verkauften Geschäftsfeldern sind, soweit sie operativer Art sind, dem Betriebsergebnis, dort jeweils zu den Umsatzerlösen (Art. 25 Nr. 1. der 4. Richtlinie) und den jeweiligen Kosten (Art. 25 Nr. 2. – 5. der 4. Richtlinie), zuzurechnen. Die Veräußerungsgewinne und -verluste sind als Gewinne und Verluste aus Beteiligungen (Art. 25 Nr. 7. der 4. Richtlinie) zu erfassen, soweit ein *Unternehmen im Ganzen* veräußert wird. Die Ergebnisse aus der Aufgabe eines Geschäftsfeldes, das sich nicht in einem Unternehmen erfassen lässt, fallen unter die sonstigen Aufwendungen und Erträge (Art. 25 Nr. 6. der 4. Richtlinie).

Der in APB Opinion No. 30, Section 8 vorgesehene separate Ausweis der Aufgabe oder Veräußerung von Geschäftsfeldern widerspricht den Gliederungsvorschriften des Art. 17 Abs. 1 der 7. Richtlinie i.V. m. Art. 25 der 4. Richtlinie.

---

241 A. A. *Dexheimer,* BB 2002, S. 451 [457]. Zum Umfang der Bindung der Gliederungsvorschriften bereits unter E. I. 1.

242 *Kieso/Weygandt,* Intermediate Accounting, S. 155.

5. Aktivierung der Vorteile aus steuerlichen Verlustvorträgen

Nach SFAS 109.8, 16 ff. sind die Vorteile aus steuerlichen Verlustvorträgen (Deferred Tax Liabilities) zu aktivieren. Dazu sind die einzelnen Verlustvorträge zu erfassen (SFAS 109.17) und zum erwarteten Steuersatz in ein Verhältnis zu bringen (SFAS 109.18). Die Aktivierung der Vorteile ist möglich, weil der Begriff des Vermögenswerts (Asset) relativ weit gefasst ist und jeden in Zukunft nützlichen Zustand erfasst[243].

Die Vorteile aus steuerlichen Verlustvorträgen werden in der 7. Richtlinie nicht geregelt. Art. 29 Abs. 4 der 7. Richtlinie betrifft zwar latente Steuern, erfasst aber nicht die Vorteile aus steuerlichen Verlustvorträgen[244]. Nach Art. 34 Abs. 1 Nr. 11 der 7. Richtlinie kann ein Bilanzposten über den Unterschied zwischen dem Steueraufwand der Berichtsperiode und den in für die Berichtsperiode gezahlten oder zu zahlenden Steuern angesetzt werden, wenn die Differenz für die zukünftige Besteuerung von Bedeutung ist. Dieser Posten erfasst ebenfalls nicht die Vorteile aus steuerlichen Verlustvorträgen[245].

Daher ist für die Frage der Aktivierbarkeit der Vorteile aus steuerlichen Verlustvorträgen auf die allgemeinen Gliederungs- und Bewertungsvorschriften der 4. Richtlinie zurückzugreifen, auf die in Art, 17 und 29 der 7. Richtlinie verwiesen wird. Dabei stellt sich vornehmlich die Frage, ob es sich bei Vorteilen aus steuerlichen Verlustvorträgen um einen Vermögensgegenstand handelt. Sie können zwar einzeln bewertet, aber nicht einzeln, sondern nur mit dem Unternehmen zusammen veräußert werden. Die fehlende Einzelverwertbarkeit könnte der Eigenschaft als Vermögensgegenstand entgegenstehen.

Wann Vermögensgegenstand aktiviert werden darf, könnte sich aus Art. 15 der 4. Richtlinie ergeben. Art. 15 Abs. 1 der 4. Richtlinie geht davon aus, dass *Vermögenswerte* aktiviert werden können. Wann von einem Vermögenswert auszugehen ist, wird nicht geregelt. Ein Hinweis könnte sich jedoch daraus ergeben, dass der Begriff *Vermögenswert* verwendet wird. Daraus könnte womöglich hergeleitet werden, dass sich die Regelung an den englischen Rechtsbegriff *asset* anlehnt und daher weiter gefasst ist als das traditionelle engere deutsche Verständnis vom Begriff *Vermögensgegenstand*[246]. Dem steht allerdings entgegen, dass in Art. 15 Abs. 2 der 4. Richtlinie der Begriff *Vermögensgegenstand* verwendet wird, ohne dass aus der Verwendung des anderen Begriffs eine bewusste Differenzierung ableiten lässt. Es ist also nicht ersichtlich, dass der Richtliniengeber den englischen Rechtsbegriff übernehmen wollte. Abgesehen davon sind gemeinschaftsrechtliche

---

243 *Eitzen/Helms,* BB 2002, S. 823 [824]. Zur Definition des Begriffs *asset:* SFAC 6.25.

244 *Deutscher Standardisierungsrat,* DRS 1.128.

245 *IdW,* WPg 1998, 183 [186]. Zust. wohl *Deutscher Standardisierungsrat,* DRS 1.128, der die von ihm angenommene Zulässigkeit der Aktivierung nicht auf Art. 34 der 7. Richtlinie, sondern auf Art. 15 der 4. Richtlinie stützt.

246 *Deutscher Standardisierungsrat,* DRS 1.128.

Rechtsakte wie die Rechnungslegungsrichtlinien autonom, also losgelöst vom Recht der Mitgliedstaaten, auszulegen[247]. Aus Art. 15 der 4. Richtlinie ergeben sich somit keine Hinweise darauf, ob ein Vermögensgegenstand einzeln verwertbar sein muss.

Aus der fehlenden Regelung in Art. 15 der 4. Richtlinie kann allerdings noch nicht vorschnell der Schluss gezogen werden, dass die Definition des Begriffs Vermögensgegenstand nach Ansicht des Richtliniengebers offen bleiben sollte. Aus dem Gebot der effektiven Umsetzung der Richtlinie folgt, dass die anderen Vorschriften der Richtlinie zur Auslegung heranzuziehen sind.

Anhaltspunkte könnten sich aus folgenden Vorschriften der 4. Richtlinie ergeben: Art. 31 Abs. 1 lit. e) der 4. Richtlinie schreibt den Grundsatz der Einzelbewertung vor. Zudem darf der selbstgeschaffene Firmenwert nach Art. 9 bzw. 10 der 4. Richtlinie nicht aktiviert werden[248]. Die Bilanz dient im Übrigen nicht primär der gesellschaftsrechtlichen Kapitalerhaltung, sondern darf ihr nur nicht entgegenstehen[249].

Aus dem Grundsatz der Einzelbewertung und dem Verbot, originären Good Will zu aktivieren, ergibt sich, dass jeder Vermögensgegenstand einzeln bewertbar sein muss. Dagegen ist eine einzelne Verwertbarkeit nach den Vorschriften der 4. Richtlinie nicht zwingend erforderlich. Sie wäre nur dann eine Voraussetzung für die Annahme eines Vermögensgegenstands, wenn die Vermögensgegenstände als Ausfluss der gesellschaftsrechtlichen Kapitalerhaltung primär als Schuldendeckungspotenzial dienen sollen. Das ist bei den Rechnungslegungsrichtlinien jedoch nicht der Fall, da sie vorrangig der Informationsvermittlung dienen sollen. Daher geht die Richtlinie grundsätzlich von einem weiten Verständnis des Vermögensgegenstands aus. Sie lässt aber auch ein engeres Verständnis ausdrücklich zu. Die Offenheit der Richtlinie für unterschiedliche Verständnisse des Begriffs Vermögensgegenstands (oder auch Vermögenswert) ergibt sich aus den Gliederungswahlrechten über den Gründungsaufwand[250] und die Rechnungsabgrenzungsposten[251]. Sie belegen, dass die Richtlinie für die unterschiedlichen Auffassungen der Mitgliedstaaten – ausnahmsweise – offen bleiben sollte[252]. In einigen Mitgliedstaaten werden nicht einzeln verwertbare Güter nicht als Vermögensgegenstände, sondern als

---

247 Dazu bereits D. I. 1.

248 Das ergibt sich im Umkehrschluss aus Art. 9 Aktiva, Anlagevermögen (C.), Immaterielle Anlagewerte (I.), Punkt 3. bzw. Art. 10 Anlagevermögen (C.), Immaterielle Anlagewerte (I.), Punkt 3. der 4. Richtlinie.

249 Darin unterscheidet sie sich vom deutschen Recht. Zur Lage nach deutschem Recht *Schulze-Osterloh,* in: Baumbach / Hueck, § 42, Rn. 70. Zur Bedeutung der Kapitalerhaltung auch D. II. 3. c) cc).

250 Art. 9 B. oder C. I. 1. bzw. Art. 10 B. oder C. I. 1. der 4. Richtlinie.

251 Art. 9 D. II. 6. oder E. bzw. Art. 10 D. II. 6. oder E. der 4. Richtlinie.

252 *Kloos,* Transformation, S. 205. Ähnlich, aber nicht ganz treffend, *Deutscher Standardisierungsrat,* DRS 1.128.

„Bilanzierungshilfe" angesehen, soweit sie ausnahmsweise aktiviert werden dürfen. Dem liegt ein enges Verständnis des Begriffs Vermögensgegenstand zu Grunde. Wenn die 4. Richtlinie zulässt, dass sich dieses Verständnis in der Gliederung niederschlägt, bedeutet das eine Öffnung auch für das enge Verständnis[253].

Da die 4. Richtlinie eine einzelne Verwertbarkeit von Vermögensgegenständen nicht zwingend vorschreibt, steht SFAS 109 mit ihr im Einklang[254].

6. Langfristige Auftragsfertigung

a) GAAP

Nach ARB No. 45, Section 3 bestehen für die Bilanzierung einer langfristigen Auftragsfertigung zwei Möglichkeiten.

Die bilanzierende Gesellschaft kann einen Teilgewinn nach laufendem Fortschritt der Arbeiten realisieren (Percentage-of-Completion Method, ARB No. 45, Section 4). Hierfür sind die bereits angefallenen Kosten in ein Verhältnis zu den (nach aktueller Schätzung) erwarteten Gesamtkosten zu setzen (ARB No. 45, Section 4 (a)). Die Gesellschaft kann sich aber auch an anderen Indikatoren für den Fortschritt der Arbeiten orientieren (Section 4 (b)).

Die bilanzierende Gesellschaft kann auch den Gesamtgewinn erst nach Abschluss aller Arbeiten realisieren (Completed-Contract Method, ARB No. 45, Section 9).

Zwischen beiden Methoden besteht kein Wahlrecht[255]. Nach ARB No. 45, Section 15, ist die Percentage-of-Completion Method bevorzugt anzuwenden[256]. Die Completed-Contract Method ist nur anzuwenden, wenn sich nicht vorhersagen lässt, welcher Teil der Arbeiten bereits abgeschlossen wurde oder welche Kosten noch entstehen werden. Über die angewandte Methode ist im Anhang zu berichten.

Das Statement of Position No. 81-1.23 des AICPA präzisiert ARB 45. Neben der Berechenbarkeit des Arbeitsfortschritts und der Kosten ist erforderlich, dass der zu Grunde liegende Vertrag eindeutige Regelungen über Abnahme und Vergütung enthält und beide Vertragsparteien ihre Verpflichtungen erfüllen können.

---

253 *Kloos,* Transformation, S. 209 ff. Das hatte zur Folge, dass Deutschland nicht das weite Verständnis des Begriffs übernehmen musste. Das wird bei *Deutscher Standardisierungsrat,* DRS 1.128 nicht hinreichend klar.

254 I. E. ebenso *Deutscher Standardisierungsrat,* DRS 1.129; *Kloos,* Transformation, S. 288 ff. (beide gehen von einem Wahlrecht aus). A. A. *IdW,* WPg 1998, S. 183 [186]; *dies.,* WPg 1999, S. 662 [666].

255 *Miller,* GAAP, Tz. 30.07.

256 So auch *Kieso/Weygandt,* Intermediate Accounting, S. 975. *Born,* Rechnungslegung International, S. 362, geht dagegen von einer bloßen Empfehlung aus.

b) 7. Richtlinie

Weder die 7. Richtlinie noch die Vorschriften der 4. Richtlinie, auf die Art. 17 und 29 der 7. Richtlinie Bezug nehmen, regeln die Frage der Bilanzierung langfristiger Auftragsfertigung ausdrücklich[257].

Bei der langfristigen Auftragsfertigung geht es um die Aktivierung eines Gewinns über die bereits erstellten fertigen und unfertigen Erzeugnisse hinaus. Die im Rahmen der langfristigen Auftragsfertigung erstellten Erzeugnisse können grundsätzlich nur zu den Anschaffungs- oder Herstellungskosten aktiviert werden (Art. 29 der 7. Richtlinie i.V. m. Art. 32 der 4. Richtlinie). Im Rahmen der langfristigen Auftragsfertigung stellt sich die Frage, ob darüber hinaus auch schon ein Teil der zukünftigen Forderung gegenüber dem Auftraggeber aktiviert werden darf, so dass es zum Ausweis eines Teilgewinns aus dem schwebenden Geschäft kommt.

Unzutreffend ist die Annahme, dass die Richtlinien die Frage offen ließen[258]. Soweit eine Aktivierung offen bleiben soll, wird dies in der Richtlinie ausdrücklich vorgeschrieben, so etwa in Art. 4 i.V. m. Art. 9 und 10 der 4. Richtlinie über die Aktivierbarkeit von Forschungs- und Entwicklungskosten.

Für die Lösung dieser Ansatzfrage kann auf die Gliederungs- und die Bewertungsvorschriften entsprechend zurückgegriffen werden[259].

Aus Art. 17 Abs. 1 der 7. Richtlinie i.V. m. Art. 4 und 9 sowie 10 der 4. Richtlinie ergibt sich, dass fertige und unfertige Erzeugnisse aktiviert werden dürfen[260]. Sie sind nach Art. 29 der 7. Richtlinie i.V. m. Art. 39 Abs. 1 lit. a) der 4. Richtlinie mit den Anschaffungs- oder Herstellungskosten zu bewerten. Aus Art. 4 i.V. m. 9 und 10 der 4. Richtlinie ergibt sich ferner, dass Forderungen aus Lieferungen und Leistungen angesetzt werden dürfen. Aus Art. 17 Abs. 1 der 7. Richtlinie i.V. m. den Art. 23 bis 26 der 4. Richtlinie ergibt sich, dass in der Gewinn- und Verlustrechnung nur Nettoumsatzerlöse ausgewiesen werden dürfen. Nach Art. 28 der 4. Richtlinie sind Nettoumsatzerlöse die Erlöse aus dem Verkauf von Erzeugnissen und den erbrachten Dienstleistungen.

Aus den Gliederungsvorschriften ergibt sich somit, dass es grundsätzlich nicht vorgesehen ist, Teilgewinne aus langfristiger Auftragsfertigung zu aktivieren. Die Gliederungsschemata sehen keinen Posten „Teilforderungen aus langfristiger Auftragsfertigung" vor. Die Definition der Nettoumsatzerlöse in Art. 28 der 4. Richtlinie impliziert den Abschluss der Arbeiten. Zumindest sieht sie nicht den Ansatz von Teilgewinnen aus schwebenden Geschäften vor. Der Ansatz von schwebenden

---

257 *Castan,* Rechnungslegung, S. 50.

258 *IdW,* WPg 1998, S. 183 [185 f.]. A. A. *Deutscher Standardisierungsrat,* DRS 1.156; *EG-Kommission,* Mitteilung zu Auslegungsfragen, XV / 7009 / 97, Tz. 35; *Kontaktausschuss,* Konformitätsüberprüfung IAS, Tz. 34.

259 Ähnlich *Castan,* Rechnungslegung, S. 50, der das Realisationsprinzip direkt anwendet.

260 Art. 9 Aktiva, Umlaufvermögen (D.), Vorräte (I.), 2. und 3.; Art. 10 Umlaufvermögen (D.), Vorräte (I.), 2. und 3.

Geschäften steht überdies grundsätzlich dem Klarheitsgebot des Art. 16 Abs. 2 der 7. Richtlinie entgegen, da es zu einer Bilanzverlängerung kommt. Allerdings können die Gliederungsvorschriften nur als Indiz gegen die Zulässigkeit der Aktivierung von Gewinnen aus langfristiger Auftragsfertigung angesehen werden. Diese wird durch die Gliederungsvorschriften nicht ausdrücklich ausgeschlossen.

Aus Art. 29 der 7. Richtlinie i.V. m. Art. 31 der 4. Richtlinie ergibt sich, dass bei der Bewertung das Vorsichtsprinzip, als sein Unterprinzip das Realisationsprinzip, und der Grundsatz der periodengerechten Erfolgsabgrenzung zu beachten sind.

Aus den Bewertungsvorschriften der 4. Richtlinie ergibt sich, dass es für die Gewinnrealisierung grundsätzlich eines Umsatzaktes bedarf. Dieser liegt bei schwebenden Geschäften noch nicht vor. Zum Umsatzakt kommt es erst bei Gefahrübergang bzw. Übergang des rechtlichen oder wirtschaftlichen Eigentums[261].

Das Realisationsprinzip schließt nicht aus, zukünftige Forderungen zu aktivieren[262]. Dies ist zulässig, wenn ihre Entstehung sicher ist. Für die sichere Entstehung können einheitliche Kriterien gebildet werden. Die Entstehung einer künftigen Forderung ist sicher, wenn sie nur noch von einem Verhalten der bilanzierenden Gesellschaft, und nicht vom Verhalten eines Dritten, abhängt[263].

Daher können auch bei einer langfristigen Auftragsfertigung Voraussetzungen vorliegen, die mit einem Umsatzakt gleichwertig sind.

Die Frage ist daher, ob für eine Aktivierung ausreicht, wenn die Voraussetzungen des ARB 45 und des SoP 81-1 vorliegen, also der bereits erbrachte Teil der Leistungen und die voraussichtlichen Gesamtkosten einschätzbar sind, verbindliche Leistungspflichten bestehen, die voraussichtlich erfüllt werden können, und keine Kostensteigerungen zu erwarten sind[264].

Unter den genannten Umständen ist das Entgelt für die zu erbringende Leistung vom Markt in einer (rechts-)verbindlichen Form bestätigt worden. Die bilanzierende Gesellschaft muss nur noch ihren Verpflichtungen nachkommen. Damit scheint der Einfluss Dritter ausgeschlossen.

Die Kriterien gewährleisten indessen nicht die sichere Entstehung einer zukünftigen Forderung (Vergütungsanspruch) aus der langfristigen Auftragsfertigung. Die

261 Das sieht anscheinend auch *EG-Kommission,* Mitteilung zu Auslegungsfragen, XV/7009/97, Tz. 35 so, da die dort dargestellte Lösung mit dem Wort „Realisationsprinzip" in Klammern kommentiert wird.

262 *EuGHE* 1996, I – S. 3145 [3154] (zur phasengleichen Vereinnahmung von Dividendenerträgen).

263 *EuGHE* 1996, I – S. 3145 [3154 f.].

264 Die gleichen Anforderungen stellen *EG-Kommission,* Mitteilung zu Auslegungsfragen, XV/7009/97, Tz. 36; *Kontaktausschuss,* Konformitätsüberprüfung IAS, Tz. 34. Zust. *Deutscher Standardisierungsrat,* DRS 1.156. Sie verlangen, dass der Gesamtgewinn aus dem Vertrag bekannt ist, der abgeschlossene Teil der Arbeiten genau berechnet werden kann und die Arbeiten hinreichend weit vorangeschritten sind.

Leistung wird bei einer langfristigen Auftragsfertigung regelmäßig nicht unabhängig von Dritten erbracht. Der Auftragsnehmer ist auf Lieferanten und Subunternehmer angewiesen. Auf deren Verhalten hat die bilanzierende Gesellschaft keinen Einfluss. Doch selbst, wenn man dies unberücksichtigt ließe, wäre immer noch ungewiss, ob die zukünftig anfallenden Kosten richtig eingeschätzt wurden[265]. Insbesondere ergibt sich das Risiko von Kostensteigerungen, aber auch das Risiko einer Funktionsunfähigkeit des Gesamtwerks. Soweit das von den eigenen Planungen abhängt, könnte zwar darauf verwiesen werden, dass die Planung in der Hand des bilanzierenden Unternehmens ist. Doch überzeugen kann das angesichts der technischen Komplexität von Produkten der langfristigen Auftragsfertigung nicht. Jedenfalls unbeeinflussbar ist die Preisentwicklung bei Rohstoffen, außer wenn alle erforderlichen Rohstoffe bereits beschafft sind, was nahezu nie der Fall ist. Überdies ist die Einschätzung der zukünftigen Kostenentwicklung ausschließlich subjektiv und nicht nachprüfbar.

Die langfristige Fertigung ist kein Anwendungsgebiet für Art. 16 Abs. 5 der 7. Richtlinie[266]. Der Inhalt der Generalklausel ergibt sich aus den Bewertungsvorschriften der 7. Richtlinie. Die daraus folgende Auslegung steht den Zwecken der Richtlinien nicht entgegen. Abgesehen davon kann bei einem häufig auftretenden Phänomen wie der langfristigen Fertigung nicht von einem „Ausnahmefall" die Rede sein[267].

Die Percentage-of-Completion Method entspräche dem Realisationsprinzip nur, wenn die zukünftige Kostenentwicklung sicher abgeschätzt werden könnte. Diese Bedingung ist in ARB 45 nicht vorgesehen. Unter dieser Bedingung wäre die Percentage-of-Completion Method auch nicht praktikabel.

Die Anforderungen der Richtlinien an die Gewissheit der zukünftigen Kostenentwicklung können nicht auf ARB 45, Section 15, übertragen werden. Nach dieser Vorschrift ist die Percentage-of-Completion Method schon anzuwenden, wenn die Kostenentwicklung einschätzbar ist.

c) Ergebnis

Die Percentage-of-Completion Method nach ARB 45, Section 15 und 4 steht mit Art. 29. der 7. Richtlinie i.V.m. Art. 31 Abs. 1 lit. c) aa) der 4. Richtlinie analog nicht im Einklang[268].

---

265 Das Problem wird auch ARB No. 45, Section 8 erkannt.

266 A. A. *Zieger,* Gewinnrealisierung, S. 349 (für die 4. Richtlinie).

267 So auch *Zieger,* Gewinnrealisierung, S. 348, der aber eine Abweichung vom deutschen Recht (§ 252 HGB) durch die Generalnorm zulassen möchte. Unklar bleibt, warum er sich nicht mit Art. 31 der 4. Richtlinie befasst.

268 *Busse von Colbe,* in: Festschrift Kropff (1997), S. 417 [426]; *ders.,* Festschrift Weber (1999), S. 463 [471]; *IdW,* WPg 1998, S. 183 [185 f.]; *dies.,* WPg 1999, S. 662 [667]; *Kra-*

7. Bewertung von Wertpapieren und Derivaten

Nach SFAS 115 ist für bestimmte Arten von Wertpapieren eine Bewertung zum beizulegenden Zeitwert (Fair Value) vorgesehen. SFAS 115.2–6 unterscheidet zwischen Wertpapieren, die bis zu ihrer Fälligkeit gehalten (held-to-maturity), solchen die verkauft werden sollen, also zum Handelsbestand gehören (Trading Securities) und Wertpapieren, die dafür vorgesehen sind, jederzeit verkauft werden zu können (available-for-sale), wobei die letztere Kategorie einen Auffangtatbestand darstellt.

Die Wertpapiere, die zum Handelsbestand gehören (Trading Securities) sind nach SFAS 115.12–13 mit dem Fair Value zu bewerten, wobei die Wertdifferenzen erfolgswirksam zu erfassen sind. Die Fair-Value-Bewertung gilt auch für die available-for-sale-Wertpapiere, wobei die Wertdifferenzen jedoch nicht erfolgswirksam erfasst werden. Für sie ist eine Gewinnrücklage zu bilden. Bis zur Fälligkeit gehaltene Wertpaiere sind dagegen mit den Anschaffungs- und Herstellungskosten anzusetzen (SFAS 115.7), es kommt lediglich eine Abschreibung auf einen dauerhaft niedrigeren beizulegenden Zeitwert in Betracht (SFAS 115.16).

Nach SFAS 107.5–6, 11 sind derivative Finanzinstrumente zum Marktwert (Market Value) zu bewerten. Dieser entspricht weitestgehend dem Fair Value. Ein Finanzinstrument ist derivativ, wenn sich sein Wert von einem anderen, zugrundeliegenden Finanzinstrument (Underlying) ableitet. Als Finanzinstrument sind Bargeldbestände, verbriefte Anteile und Verträge über Finanzinstrumente anzusehen (SFAS 105.6, 107.3).

Nach Art. 29 Abs. 1 der 7. Richtlinie i.V. m. Art. 32, 35 Abs. 1 lit. a) und 39 Abs. 1 lit. a) der 4. Richtlinie gilt für die Bewertung von Vermögensgegenständen grundsätzlich das Anschaffungskostenprinzip[269]. Demnach sind Wertpapiere und derivative Finanzinstrumente mit den Anschaffungskosten zu bewerten. Aus einer möglicherweise abweichenden Rechnungslegungspraxis bzw. Gesetzgebung in anderen Mitgliedstaaten kann nicht der Schluss gezogen werden, dass eine Bewertung mit dem beizulegenden Zeitwert zulässig wäre[270].

Daher stehen SFAS 115 (Wertpapiere) und SFAS 107 (Derivate) nicht mit Art. 29 Abs. 1 der 7. Richtlinie i.V. m. Art. 32, 35 Abs. 1 lit. a) und 39 Abs. 1 lit. a) der 4. Richtlinie im Einklang[271].

---

witz, in: Bonner Handbuch Rechnungslegung, Band 2, § 292a, Rn. 153.14 ff. A. A. *Castan,* Rechnungslegung, S. 53; *Deutscher Standardisierungsrat,* DRS 1.156; *EG-Kommission,* Mitteilung zu Auslegungsfragen, XV/7009/97, Tz. 36 (ohne Bezug auf GAAP); *Kontaktausschuss,* Konformitätsüberprüfung IAS, Tz. 34 (für die IAS).

269 *Deutscher Standardisierungsrat,* DRS 1.147.

270 Dazu bereits ausführlich unter D. I. 5. A. A. *Deutscher Standardisierungsrat,* DRS 1.147, 148, 153 und *Helmschrott,* DStR 2000, S. 941 [945] mit Hinweis auf die anscheinend fehlerhafte Umsetzung der Richtlinien in Frankreich, dem Vereinigten Königreich, den Niederlanden und Dänemark.

8. Fremdwährungsumrechnung

a) GAAP

Die Umrechnung von Fremdwährungsposten wird in SFAS 52 geregelt. Nach SFAS 52.15 sind sämtliche Forderungen und Verbindlichkeiten zum Stichtagskurs anzusetzen. Kursgewinne oder -verluste sind erfolgswirksam im Net Income[272] zu berücksichtigen. Stichtagskurs ist der Kurs, zu dem der betroffene Bilanzposten am Bilanzstichtag hätte umgetauscht werden können (SFAS 52.27(a)). Daher wird der Anschaffungswert eines Bilanzpostens[273] stets am ersten auf den erstmaligen Ansatz folgenden Bilanzstichtag an den aktuellen Wert angepasst. Dieser Vorgang wiederholt sich an jedem folgenden Stichtag[274]. Somit bedarf es für die Realisierung eines Währungsgewinns keines Umsatzaktes am Markt. Die einzige Ausnahme hiervon bildet die (allenfalls bei exotischen Währungen denkbare) fehlende Liquidität des Devisenmarkts (SFAS 52.26).

b) 7. Richtlinie

Anders als die GAAP behandelt die 7. Richtlinie die Frage der Fremdwährungsumrechnung nicht in einer eigenen Vorschrift. Über ihren Art. 29 verweist sie für Bewertungsfragen auf die Art. 31 bis 42[275] und 60 der 4. Richtlinie. Dort existieren ebenfalls keine Sondervorschriften.

aa) Kein „implizites" Wahlrecht

Aus einer fehlenden Einzelregelung kann noch nicht auf ein „implizites" Wahlrecht für die Mitgliedstaaten geschlossen werden[276]. Anderenfalls würde aus jedem Interpretationsspielraum einer Norm ein Wahlrecht für die Rechtsanwender folgen. Das europäische Recht ist – darin unterscheidet es sich vom anglo-ame-

---

271 *Berger/Lütticke,* in: Beck'scher Bilanz-Kommentar[5], § 292a, Rn. 24; *Busse von Colbe,* in: MüKo-HGB, Band 4, § 292a, Rn. 24. Krit. *Adler/Düring/Schmaltz,* Ergänzungsband, § 292a, Rn. 34. A. A. *Deutscher Standardisierungsrat,* DRS 1.151, 154.

272 Dies entspricht der Gewinn- und Verlustrechnung.

273 Der Wert, mit dem der Posten erstmalig in der Bilanz angesetzt wurde.

274 *Born,* Rechnungslegung International, S. 347; *KPMG,* Rechnungslegung, S. 31; *Schildbach,* US-GAAP, S. 126. Dass der Stichtagskurs zufällig mit dem historischen Kurs übereinstimmt, ändert nichts an der Neubewertung.

275 Die Art. 42a bis 42f der 4. Richtlinie sind erst später (2001 bzw. 2003) eingeführt worden.

276 *Hennrichs,* Wahlrechte, S. 94 ff., insb. 99. A. A. *Kontaktausschuss,* Konformitätsüberprüfung IAS, Tz. 37; *EG-Kommission,* Mitteilung zu Auslegungsfragen, XV/7009/97, Tz. 40. Zustimmend *Deutscher Standardisierungsrat,* DRS 1.144; *Fresl,* Europäisierung, S. 213; *Niehus,* in: Kleindiek/Oehler, S. 13 [18]. Dazu bereits unter D. IV. 3.

rikanischen Recht – auslegungsfähig. Die dafür heranzuziehenden Methoden wurden bereits dargestellt[277].

Auch aus Art. 34 Abs. 1 Nr. 1 S. 2 der 7. Richtlinie kann kein Wahlrecht hergeleitet werden[278]. Dies allerdings nicht allein deshalb – wie zunächst vermutet werden könnte –, weil es sich um eine Vorschrift über den Anhang handelt. In den Rechnungslegungsrichtlinien finden sich Bewertungswahlrechte auch innerhalb der Gliederungsvorschriften[279], obwohl dies systematisch nicht einleuchtend ist. Das ist etwa bei Art. 9 Aktiva C. III. 7. der 4. Richtlinie der Fall: es handelt sich um eine Gliederungsvorschrift, die ein Wahlrecht für die Aktivierung eigener Aktien oder Anteile enthält, ohne dass eine korrespondierende Vorschrift, wie im Fall der Art. 9 Aktiva C. 1. und 37 Abs. 1 4. Richtlinie über Forschungs- und Entwicklungskosten, innerhalb der Bewertungsregeln existiert.

Die Regelung eines Bewertungswahlrechts innerhalb der Vorschriften über den Anhang wäre allerdings ein Ausnahmefall. In den anderen Vorschriften finden sich nur Wahlrechte, die sich auf den Anhang selbst beziehen. Die Regelung eines Bewertungswahlrechts innerhalb dieser Vorschriften wäre systematisch fernliegender als innerhalb der Gliederungsvorschriften. Die Gliederungsvorschriften sind zwar keine Ansatzvorschriften, doch musste sich der Richtliniengeber in ihnen zwangsläufig mit der Frage auseinandersetzen, was überhaupt angesetzt werden darf. Die Regelung von Ansatz- und Bewertungswahlrechten innerhalb der Gliederungsvorschriften ist daher vielleicht nicht unbedingt systematisch zutreffend, aber logisch nachvollziehbar. Insoweit ist die Annahme eines Bewertungswahlrechts innerhalb der Vorschriften über den Anhang besonders rechtfertigungsbedürftig. Da hierfür besondere Anhaltpunkte fehlen, kann nicht von einem Wahlrecht ausgegangen werden.

Auch die Systematik des Art. 34 7. Richtlinie spricht gegen die Annahme eines Wahlrechts. In Nr. 1 S. 1 der Vorschrift werden die Unternehmen verpflichtet, die angewandten Bewertungsmethoden anzugeben. Aus dieser Vorschrift können keine Bewertungswahlrechte hergeleitet werden. Ansonsten würde diese Vorschrift alle zwingenden Bewertungsvorschriften der Richtlinien wieder aufheben, was ersichtlich nicht gewollt sein kann. Soweit man überhaupt unterstellt, dass in Nr. 1 S. 2 der Vorschrift die Fremdwährungsumrechnung als Bewertungsmethode gemeint ist (und nicht die Angabe eines Wechselkurses wie in Art. 50a der 4. Richtlinie), ergibt sich aus der Vorschrift ebenso wenig ein Wahlrecht. Es gibt keinen Anlass anzunehmen, dass dieselbe Vorschrift in ihrem S. 1 kein Wahlrecht formuliert und in S. 2 eines einräumt.

---

277 Dazu D. I.

278 So aber *Deutscher Standardisierungsrat,* DRS 1.142, wo unzutreffend auf Art. 43 der 4. Richtlinie Bezug genommen wird, der von der Verweisung des Art. 29 der 7. Richtlinie nicht erfasst ist. Im Ergebnis wirkt sich das allerdings nicht aus, da Art. 34 der 7. Richtlinie mit Art. 43 der 4. Richtlinie übereinstimmt.

279 Die Gliederungs- und Bewertungsvorschriften finden sich überwiegend in der 4. Richtlinie.

bb) Auslegung anhand der Bewertungsvorschriften der 4. Richtlinie

Die zutreffende Bewertung von Fremdwährungspositionen ergibt sich aus den Bewertungsvorschriften. Gegebenenfalls ist die Generalnorm heranzuziehen[280].

In der 4. Richtlinie gibt es mehrere allgemeine Bewertungsregelungen, die zur Lösung des Problems herangezogen werden können. Das sind Art. 31 Abs. 1 lit. c) (Vorsichtsprinzip), Art. 31 Abs. 1 lit. c) aa) (Realisationsprinzip), Art. 31 Abs. 1 lit. c) bb) (Imparitätsprinzip), Art. 31 Abs. 1 lit. d) (Grundsatz der periodengerechten Erfolgsabgrenzung) und Art. 32 (Höchstbewertung mit den Anschaffungs- oder Herstellungskosten)[281]. Daneben sind die Regeln zur Bewertung von Vermögensgegenständen des Anlagevermögens (Art. 35 4. Richtlinie) und des Umlaufvermögens (Art. 39 4. Richtlinie) zu beachten.

(1) Bewertung zum Stichtagskurs

Unter Berufung auf den Grundsatz der periodengerechten Erfolgsabgrenzung (Art. 31 Abs. 1 lit. d) der 4. Richtlinie) könnte vertreten werden, dass eine Bewertung von Fremdwährungsposten mit dem Stichtagskurs vorzugswürdig sei. Darin liege auch kein Verstoß gegen das Realisationsprinzip, da die positiven Umrechnungsdifferenzen auf einem liquiden Markt jederzeit realisiert werden könnten.

Diese Auffassung könnte sich darauf berufen, dass für eine vollständige Information über die Lage der Gesellschaft nicht nur Verluste, sondern auch Gewinne alsbald auszuweisen wären. Eine Differenzierung nach Umsatzakt sei bei liquiden Märkten willkürlich, da die betroffene Gesellschaft den Gewinn jederzeit selbst realisieren könnte. Überdies basiere jede Bewertung von Fremdwährungsposten in der Berichtswährung auf der Währungsumrechnung. Daher könnten Wechselkursänderungen nicht außer Betracht bleiben. Es sei daher nicht gerechtfertigt, Fremdwährungsgewinne und -verluste unterschiedlich zu behandeln[282].

Diese Argumente überzeugen allerdings nicht. Ihnen liegt die Prämisse zu Grunde, dass das Anschaffungswertprinzip und das Realisationsprinzip mit dem Grundsatz der periodengerechten Erfolgsabgrenzung abgewogen werden müssten. Es ist zwar zutreffend, dass die allgemeinen Bewertungsregeln, darunter auch das Realisationsprinzip, untereinander schonend ausgeglichen werden müssen[283]. Doch gilt das nicht, wenn eine speziellere Vorschrift eine ausdrückliche Regelung trifft. Die

---

280 *Großfeld,* in: Leffson / Rückle / Großfeld, S. 192 [203]; *Hennrichs,* Wahlrechte, S. 134 f.

281 *Beratendes Forum für Rechnungslegung,* Fremdwährungsposten, XV / 304 / 91, Tz. 14, 15; *IdW,* WPg 1998, S. 183 [184]. *Kontaktausschuss,* Konformitätsüberprüfung IAS, Tz. 37 geht nicht auf Art. 32 der 4. Richtlinie ein, ohne dass daraus der Schluss gezogen werden kann, dass der Kontaktausschuss die Vorschrift für nicht anwendbar hält.

282 Argumente dargestellt in *Beratendes Forum für Rechnungslegung,* Fremdwährungsposten, XV / 304 / 91, Tz. 17; letztlich wird die Frage dort offengelassen.

283 Das entspricht der praktischen Konkordanz im deutschen Verfassungsrecht.

Art. 32, 35 und 39 der 4. Richtlinie ordnen an, dass Vermögensgegenstände mit den Anschaffungs- oder Herstellungskosten zu bewerten sind. Eine Realisierbarkeit auf einem liquiden Markt ist bereits semantisch nicht als Realisation anzusehen.

Der Grundsatz der periodengerechten Erfolgsabgrenzung wurde vom Richtliniengeber sowohl bei der Formulierung des Realisationsprinzips wie auch beim Anschaffungswertprinzip mit dem Vorsichtsprinzip bereits abgewogen. In beiden Fällen hat sich der Richtliniengeber zu Gunsten des Vorsichtsprinzips entschieden. Als Zugeständnis wurde eine Neubewertung nach Art. 33 der 4. Richtlinie zugelassen.

Folgte man dem Stichtagsprinzip und der dahinter stehenden Abwägung von Vorsichtsprinzip und Grundsatz der periodengerechten Erfolgsabgrenzung, ergäben sich zudem gravierende Konsequenzen für das gesamte Bilanzrecht. Wer eine Gewinnrealisierung bei Fremdwährungsposten wegen deren Marktliquidität zulässt, müsste dies konsequenterweise auf alle marktgängigen Aktiva erweitern. Das beträfe z. B. auch Vorräte. Doch dieser Fall soll nach Art. 33 Abs. 1 lit. a) der 4. Richtlinie eine Ausnahmefall sein.

Dass Fremdwährungsposten monetäre Posten sind, steht dem nicht entgegen. Alle Bilanzposten werden monetär bewertet. Fremdwährungsposten sind wie Sachen zu behandeln, da es nur eine Berichtswährung geben kann.

Die Fremdwährungsumrechnung kann nicht als Ausnahmefall im Sinne des Art. 31 Abs. 2 der 4. Richtlinie oder der Generalklausel angesehen werden[284]. Abweichungen nach der Generalklausel sind außer in Ausnahmefällen, ein solcher liegt nicht vor, nur bei Vorliegen bestimmter zusätzlicher Bedingungen zulässig, wenn sonst kein zutreffendes Bild der Unternehmenslage gewährt werden kann[285]. Bei der Fremdwährungsumrechnung wäre – je nach Methode – in jedem Fall ein Bewertungsgrundsatz des Art. 31 der 4. Richtlinie verletzt, da Vorsichtsprinzip und Grundsatz der periodengerechten Erfolgsabgrenzung nicht in einen schonenden Ausgleich gebracht werden könnten.

Selbst wenn die Realisierbarkeit am Markt ausreichen würde, stünde SFAS 52 nicht mit den Richtlinien im Einklang, da SFAS 52 für *alle* monetären Posten gilt, also jegliche Forderungen und Verbindlichkeiten. Forderungen und insbesondere Verbindlichkeiten aus Lieferungen und Leistungen, die auf eine fremde Währung lauten, können nicht jederzeit realisiert werden.

---

284 Darstellung in *Beratendes Forum für Rechnungslegung,* Fremdwährungsposten, XV / 304 / 91, Tz. 15.

285 *EuGHE,* 1996, I – S. 3145 [3154]. A. A. *Generalanwalt Tesauro, EuGHE* 1996, I – S. 3135 ff.

(2) Bewertung zum historischen Kurs

Aus den allgemeinen Bewertungsregeln ergibt sich, dass Fremdwährungsposten mit den historischen Kursen anzusetzen sind. Positive Umrechnungsdifferenzen dürfen erst bei einem Umsatzakt als Gewinn ausgewiesen werden.

Die für die Fremdwährungsumrechnung einschlägigen Vorschriften der 4. Richtlinie hängen von der Eigenschaft der betroffenen Bilanzposten ab. Fremdwährungsposten gibt es in Form von Aktiva des Anlage- oder Umlaufvermögens oder in Form von Verbindlichkeiten.

Die Bewertung von Aktiva des Anlage- und Umlaufvermögens ist in Art. 35 Abs. 1 lit. a) und in Art. 39 Abs. 1 lit. a) der 4. Richtlinie geregelt. Beide Vorschriften gehen (wie Art. 32 der 4. Richtlinie) von einer Bewertung zu den Anschaffungs- oder Herstellungskosten aus.

Die Bewertung von Verbindlichkeiten wird von keiner eigenen Vorschrift geregelt. Auf sie sind die für Aktiva geltenden Grundsätze entsprechend anwendbar. Ansonsten würden für Aktiva spezielle Vorschriften und für Passiva nur allgemeine Regeln gelten. Es gibt keinen sachlichen Unterschied zwischen dem Ansteigen des Wechselkurses von Aktiva und dem Sinken eines Wechselkurses von Passiva. In beiden Fällen entsteht eine für das bilanzierende Unternehmen positive Umrechnungsdifferenz.

Aus dem Anschaffungswertprinzip folgt der Ansatz neu hinzukommender Fremdwährungsaktiva zum Wechselkurs beim erstmaligen Ansatz (historischer Kurs). Die Bewertung zum historischen Kurs ist bis zu einem Umsatzakt beizubehalten.

Das ergibt sich aus dem von der 4. Richtlinie in Art. 32 zu Grunde gelegten und in Art. 35 und 39 wiederholten Anschaffungskostenprinzip und wird durch das Realisationsprinzip des Art. 31 Abs. 1 lit. c) aa) der 4. Richtlinie gestützt[286].

Nach dem Realisationsprinzip dürfen nur die am Stichtag realisierten Gewinne ausgewiesen werden. Das ergibt sich aus dem übereinstimmenden Wortlaut aller sprachlichen Fassungen. Soweit die englische Fassung den Begriff „profit made" verwendet, ergibt sich keine Einschränkung. Der Ausdruck könnte ebenso gut mit „profit realized" übersetzt werden. Im Englischen gibt es keinen Unterschied. Doch selbst wenn in dem Ausdruck eine Einschränkung zu sehen wäre, wiche die Formulierung vom Wortlaut der anderen Fassungen ab[287] und wäre daher als unzutreffende Übersetzung unbeachtlich[288].

---

286 Ebenso *IdW,* WPg 1998, S. 183 [185]; *Krawitz,* in: Bonner Handbuch, Band 2, § 292a, Rn. 137 (der unzutreffend einen Ausgleich dieses Mankos im Anhang für möglich hält, Rn. 138); *Moxter,* in: Festschrift Beisse (1997), S. 347 [356 f.].

287 Deutsche Fassung: „Nur die am Stichtag *realisierten* Gewinne werden ausgewiesen"; englische Fassung: „only profits *made* at the balance sheet date may be included"; französische Fassung: „seul les bénéfices *réalisés* à la date de clôture du bilan peuvent y être inscrits"; italienische Fassung: „possono essere indicati esclusivamente gli utili *realizzati* alla

Mit dieser Erkenntnis allein ist nicht viel gewonnen. Auch der Begriff „realisiert“ bedarf einer Auslegung[289]. Diese ergibt sich vorrangig nicht aus den allgemeinen Bewertungsregeln des Art. 31 der 4. Richtlinie, sondern aus den spezielleren Bewertungsvorschriften der Richtlinie. Speziellere Normen verdrängen – auch in der 4. Richtlinie – die allgemeineren Vorschriften. Die einzige Ausnahme hiervon bildet die Generalnorm, bei der dies ausdrücklich geregelt wird.

Aus Art. 32 der 4. Richtlinie ergibt sich die besondere Bedeutung des Umsatzaktes für die Bewertung. Zum Erwerb eines Vermögensgegenstands ist ein Umsatzakt erforderlich. Der bei diesem gezahlte Preis ist für die Bewertung maßgeblich.

Die Neubewertung eines Vermögensgegenstands, der in der Gesellschaft verbleibt, ist ein Ausnahmefall. Nur in den Fällen des Art. 33 der 4. Richtlinie darf ein Vermögensgegenstand auch ohne Umsatzakt mit einem höheren Wert als dem Anschaffungswert angesetzt werden: Nach Art. 33 Abs. 1 lit. a) der 4. Richtlinie dürfen Sachanlagen mit zeitlich begrenzter Nutzungsdauer und Vorräte mit dem Wiederbeschaffungswert neu bewertet werden. Nach lit. b) der Vorschrift darf eine Neubewertung zur Berücksichtigung der Inflation vorgenommen werden. Und nach lit. c) können Sach- und Finanzanlagen neu bewertet werden. Eine Neubewertung bleibt allerdings erfolgsneutral, da die Wertdifferenz nach Art. 33 Abs. 2 lit. a) der 4. Richtlinie in eine Neubewertungsrücklage einzustellen ist.

c) Ergebnis

SFAS 52 verstößt gegen Art. 29 der 7. Richtlinie i.V.m. den Art. 31 Abs. 1 lit. c) aa), 32, 35 Abs. 1 lit. a) und 39 Abs. 1 lit. a) der 4. Richtlinie[290].

---

data di chiusura del bilancio“; niederländische Fassung: „winsten mogen slechts worden opgenomen voor zover zij op de balansdatum *gerealiseerd* zijn“ [Hervorhebung d. Verf.], alle abrufbar unter URL http://europa.eu.int/comm/internal_market/accounting/officialdocs_de.htms. Die später hinzugekommenen spanischen und portugiesischen Fassungen verwenden ebenfalls den Ausdruck „realisiert“. Die dänischen, finnischen, gälischen, griechischen und schwedischen Fassungen wurden nicht untersucht.

288 Zum Vorgehen bei einem abweichenden Wortlaut in den Sprachfassungen (die alle gleich verbindlich sind): D. I. 1.

289 *Fresl,* Europäisierung, S. 210; *Generalanwalt Tesauro, EuGHE* 1996, I – S. 3135 [3143].

290 *IdW,* WPg 1998, S. 183 [184 f.]. A. A. (nicht ausdrücklich zu GAAP) *Beratendes Forum für Rechnungslegung,* Fremdwährungsposten, XV/304/91, Tz. 14, 15 und *Kontaktausschuss,* Konformitätsüberprüfung IAS, Tz. 37. Auch *Krawitz,* in: Bonner Handbuch, Band 2, § 292a, Rn. 137.

9. Wertaufholung im Anlagevermögen

Nach SFAS 121.11 dürfen außerplanmäßige Abschreibungen auf Gegenstände des Anlagevermögens (Impairment) nicht durch spätere Zuschreibungen kompensiert werden.

Art. 29 der 7. Richtlinie i.V.m. Art. 35 Abs. 1 lit. c) dd) der 4. Richtlinie gebietet, vorherige Abschreibungen auf einen niedrigeren beizulegenden Wert (nach Art. 35 Abs. 1 lit. c) aa) und bb)) durch Zuschreibungen wieder aufzuholen, wenn der Grund für die Abschreibung wegfällt. Das gilt nach Art. 35 Abs. 1 lit. d) der 4. Richtlinie nur dann nicht, wenn die Abschreibung steuerlich motiviert war. Aus dieser Vorschrift kann nicht geschlossen werden, dass Zuschreibungen unterbleiben können, wenn durch sie steuerliche Nachteile entstehen[291]. In allen Fällen, in denen zu Unrecht eine voraussichtlich dauernde Wertminderung von Anlagevermögen angenommen wird, kommt es zum Konflikt mit dem Zuschreibungsverbot nach SFAS 121.11.

SFAS 121.11 steht nicht mit Art. 29 der 7. Richtlinie i.V. m. Art. 35 Abs. 1 lit. c) dd) der 4. Richtlinie im Einklang[292].

10. Bewertung von Pensionsrückstellungen

Nach SFAS 87.46 sind bei der Bewertung von Pensionsverpflichtungen neben der Zinsentwicklung auch zukünftige Karriereentwicklungen (Seniority, Promotion) und die Entwicklung der Produktivität (Productivity) zu berücksichtigen.

Nach Art. 29 der 7. Richtlinie i.V.m. Art. 42 der 4. Richtlinie sind Rückstellungen mit dem notwendigen Betrag zu bewerten. Überdies ergibt sich aus Art. 31 Abs. 1 lit. d) der 4. Richtlinie der Grundsatz der periodengerechten Erfolgsabgrenzung.

Eine Berücksichtigung zukünftiger Karriereentwicklungen könnte gegen den Grundsatz der periodengerechten Erfolgsabgrenzung verstoßen. In der Berichtsperiode werden Aufwendungen berücksichtigt, denen erst zukünftige höhere Erträge (aufgrund des Karrierefortschritts) zugeordnet werden können[293].

Bei der Auslegung des Art. 42 der 4. Richtlinie ist allerdings nicht nur der Grundsatz der periodengerechten Erfolgsabgrenzung heranzuziehen. Sie richtet sich auch nach dem Grundsatz der Vorsicht, nach dem alle absehbaren Verpflichtungen Eingang in die Bilanz finden müssen. Abgesehen davon tritt das Problem

---

291 So aber *Deutscher Standardisierungsrat,* DRS 1.137 ohne nachvollziehbare Begründung.

292 *Deutscher Standardisierungsrat,* DRS 1.140. Zust. *IdW,* WPg 1999, S. 662 [667]; *Wiedmann,* Bilanzrecht, § 292a, Rn. 14.

293 Das könnte sich aus *IdW,* WPg 1998, S. 183 [187], ergeben. Dort wird IAS 19 (Stand 1998) kommentiert, der leichte Unterschiede zu SFAS 87 aufweist.

der Berücksichtigung zukünftiger Karriereentwicklungen bei den GAAP nicht in der Schärfe auf wie bei IAS 19.83 und 84[294]. Nach SFAS 87.46 fließt neben anderen Faktoren auch die Entwicklung der Produktivität in die Berechnung der Pensionsverpflichtungen ein. Hierbei kommt es zu einer Berücksichtigung der höheren Produktivität durch Karrierefortschritte.

Die Bewertung von Pensionsrückstellungen nach SFAS 87 steht daher im Einklang mit Art. 29 der 7. Richtlinie i.V. m. Art. 42 und 31 der 4. Richtlinie[295].

11. Rückstellungen für Restrukturierungen

Nach dem bis Ende 2002 gültigen EITF 93-4[296] dürfen Rückstellungen für Restrukturierungen und für Abfindungen nur dann gebildet werden, wenn ein Restrukturierungsplan aufgestellt und publiziert wird.

Art. 17 Abs. 1 der 7. Richtlinie i.V. m. Art. 20 Abs. 1 der 4. Richtlinie schreibt vor, dass als Rückstellungen Verbindlichkeiten auszuweisen sind, die sicher entstehen werden, deren Höhe oder Eintrittszeitpunkt aber noch ungewiss ist. Nach Art. 31 Abs. 1 lit. c) bb) der 4. Richtlinie sind vorhersehbare Verluste in der Berichtsperiode zu berücksichtigen, in der sie entstanden sind. Restrukturierungs- und Abfindungsverbindlichkeiten sind also sofort, nachdem sie erkannt wurden, in einer Rückstellung zu berücksichtigen[297].

EITF 93-4 steht daher nicht im Einklang mit der 7. Richtlinie[298].

12. Bewertung von sonstigen Rückstellungen

Nach SFAS 5.8 (a) sind Rückstellungen anzusetzen, wenn es aufgrund vorliegender Tatsachen wahrscheinlich ist, dass ein Vermögenswert abgeschrieben werden muss oder eine Verbindlichkeit entstehen wird. Die Höhe des Verlusts ist nach vernünftiger Beurteilung zu schätzen (SFAS 5.8 (b)). Nach SFIN 14.3 ist von (nach vernünftiger Beurteilung) mehreren möglichen Werten der wahrscheinlichste Wert („better estimate than any other amount within the range“[299]) zu wählen. Lässt sich kein wahrscheinlichster Wert ermitteln, ist der geringste aller wahrscheinlichen Werte anzusetzen („the minimum amount in the range shall be

---

294 Auf diese Vorschrift bzw. ihre Vorgängervorschrift bezog sich *IdW,* WPg 1998, S. 183 [187].

295 *Deutscher Standardisierungsrat,* DRS 1.166. Krit. *IdW,* WPg 1999, S. 662 [667].

296 Zur Nachfolgeregelung SFAS 146 unter E. II. 7.

297 *Deutscher Standardisierungsrat,* DRS 1.173.

298 *Deutscher Standardisierungsrat,* DRS 1.173.

299 Ungenau zitiert bei *Deutscher Standardisierungsrat,* DRS 1.175 (dort: „*best* estimate“).

accrued")[300]. Das Frame Work des FASB kann nicht für eine bestimmte Auslegung herangezogen werden[301]. SFAS 5.8 und SFIN 14.3 sind eindeutig. Das Frame Work dient innerhalb der GAAP nicht der Auslegung von Standards[302].

Nach Art. 29 der 7. Richtlinie i.V. m. Art. 42 der 4. Richtlinie sind Rückstellungen mit dem notwendigen Betrag anzusetzen. Das entspricht dem allgemeinen Bewertungsgrundsatz, alle voraussehbaren Risiken und zu vermutende Risiken zu berücksichtigen (Art. 31 Abs. 1 lit. c) bb) der 4. Richtlinie)[303]. Dieser Grundsatz ist eine Ausprägung des Vorsichtsprinzips (Art. 31 Abs. 1 lit. c) der 4. Richtlinie)[304]. Unter mehreren möglichen Werten ist nicht der höchste, sondern der wahrscheinlichste Wert anzusetzen[305]. Art. 42 der 4. Richtlinie gebietet, Rückstellungen nur mit dem notwendigen Betrag zu bewerten. Das Vorsichtsprinzip gilt nach Art. 31 der 4. Richtlinie nicht absolut. Wenn sich die Wahrscheinlichkeit mehrerer möglicher Ereignisse allerdings nicht quantifizieren lässt, ist der höchste Wert anzusetzen. Das gebietet der Grundsatz der Vorsicht.

Soweit nach vernünftiger Beurteilung mehrere Bewertungen für eine Rückstellung in Betracht kommen, stehen GAAP und Richtlinien im Gegensatz. Nach SFIN 14.3 ist der niedrigste, nach Art. 31 Abs. 1 lit. c) der 4. Richtlinie der höchste Wert anzusetzen.

SFAS 5.8 und SFIN 14.3 stehen mit Art. 29 der 7. Richtlinie i.V. m. Art. 31 Abs. 1 lit. c) der 4. Richtlinie nicht im Einklang[306].

13. Negativer Konsolidierungsunterschied

Nach der bis Mitte 2001 geltenden APB Opinion 16, Section 91[307] ist ein negativer Konsolidierungsunterschied[308] wertmindernd auf das Anlagevermögen zu

---

300 *Born,* Rechnungslegung International, S. 377; *KPMG,* Rechnungslegung, S. 102. Nicht beachtet von *Deutscher Standardisierungsrat,* DRS 1.175.

301 *Deutscher Standardisierungsrat,* DRS 1.176 will SFAC 2.91 bei der Anwendung von SFAS 5 heranziehen.

302 Das ergibt sich aus SAS 69. Dazu die Übersicht bei *Born,* Rechnungslegung International, S. 258 f. Auf die Stellung der SFAC wurde bereits im ersten Teil unter D. I. 1. eingegangen.

303 *EG-Kommission,* Mitteilung zu Auslegungsfragen, XV / 7009 / 97, Tz. 18.

304 So auch *IdW,* WPg 1998, S. 183 [187].

305 A. A. *IdW,* WPg 1998, S. 183 [187].

306 *IdW,* WPg 1998, S. 183 [187]. A. A. *Deutscher Standardisierungsrat,* DRS 1.177. Beide Fundstellen befassen sich allerdings nur mit der (unproblematischen) Frage der höchsten Wahrscheinlichkeit und behandeln das eigentliche Problem der Bewertung bei nicht quantifizierbaren Wahrscheinlichkeiten nicht.

307 Zur Nachfolgeregelung SFAS 141 unter E. II. 2.

308 Das ist der Betrag, um den der Kaufpreis des erworbenen Unternehmens unter den Buchwerten der Aktiva liegt. Regelmäßig liegt der Kaufpreis über den Buchwerten. Dieser

verteilen. Sofern danach ein negativer Betrag verbleibt, ist er als transitorischer Passivposten (Deffered Credit) anzusetzen und planmäßig gewinnerhöhend über die voraussichtliche Verbleibdauer, maximal aber vierzig Jahre, zu verteilen; gegebenenfalls ist der verbleibende Unterschiedsbetrag als außerordentlicher Ertrag zu verbuchen.

Die 7. Richtlinie sieht weder in Art. 19 noch in Art. 31 vor, dass ein negativer Konsolidierungsunterschied auf das Anlagevermögen zu verteilen ist. Vielmehr ist ein gesonderter Posten zu bilden[309].

Nach Art. 31 der 7. Richtlinie darf ein negativer Konsolidierungsunterschied nur dann aufgelöst werden, wenn er einer erwarteten ungünstigen Entwicklung künftiger Ergebnisse oder erwarteten Aufwendungen entspricht und sich diese Erwartung erfüllt (Art. 31 lit. a)) oder wenn der Unterschiedsbetrag einem realisierten Gewinn entspricht (Art. 31 lit. b)).

Die Verteilung des negativen Konsolidierungsunterschieds auf das Anlagevermögen steht nicht im Einklang mit der 7. Richtlinie.

Der Auflösung des negativen Konsolidierungsunterschieds nach Art. 31 der 7. Richtlinie liegt ein anderes Modell als der APB Opinion 16, Section 91 zu Grunde. Nach der Richtlinie kann der Posten nur äquivalent zur tatsächlichen Entwicklung aufgelöst werden. Nach APB Opinion 16, Section 91 ist er planmäßig, also unabhängig von tatsächlichen Entwicklungen aufzulösen. Das führt zwangsläufig zu unterschiedlichen Ergebnissen. Die nach APB Opinion 16, Section 91 erforderliche planmäßige Abschreibung kann nicht an die Entwicklung der tatsächlichen Verhältnisse angepasst werden, anderenfalls wäre sie nicht planmäßig[310]. Andererseits darf die Beurteilung der Entwicklung der tatsächlichen Verhältnisse sich nicht allein an planmäßigen Abschreibungssätzen orientieren (um etwa einen Einklang herzustellen).

APB Opinion 16, Section 91 steht deshalb mit Art. 19 und 31 der 7. Richtlinie nicht im Einklang[311].

---

positive Konsolidierungsunterschied wird Good Will genannt. Zum Good Will später unter E. II. 5. und E. II. 8. h).

309 *Schmitz,* in: Albach / Klein, S. 149 [167].

310 Das übersieht *Kontaktausschuss,* Konformitätsüberprüfung IAS, Ziffer 13 bei der Auslegung des IAS 22 (Stand 1996), der ebenfalls das Wort „systematically" verwendet. Dem Kontaktausschuss zustimmend *IdW,* WPg 1998, S. 183 [188].

311 *Deutscher Standardisierungsrat,* DRS 1.186 (für die Verteilung auf das Anlagevermögen); *Wiedmann,* Bilanzrecht, § 292a, Rn. 14. Abgeschwächt *IdW,* WPg 1998, S. 183 [188]; *Kontaktausschuss,* Konformitätsüberprüfung IAS, Ziffer 13.

14. Exkurs: Konsolidierung von Tochterunternehmen

Die Vorschriften der GAAP über den Konsolidierungskreis müssen nicht mit der 7. Richtlinie im Einklang stehen[312]. Das ergibt sich aus § 292a Abs. 2 Nr. 1 HGB, nach dem die Tochterunternehmen unbeschadet der §§ 295, 296 HGB zu konsolidieren sind. Hinsichtlich des Konsolidierungskreises ist also das HGB direkt anzuwenden. Bei der Auslegung der §§ 295, 296 HGB sind die Vorschriften der 7. Richtlinie lediglich über die Umsetzungspflicht des deutschen Gesetzgebers nach Art. 249 Abs. 3 EG beachtlich[313].

Nach SFAS 94.13 sind *alle* Tochtergesellschaften im Mehrheitsbesitz (Ownership of a Majority Voting Interest – sogenanntes Control-Konzept) zu konsolidieren. Die frühere Ausnahme von Tochtergesellschaften mit abweichender Tätigkeit wird von SFAS 94.9 ausdrücklich aufgehoben.

Nach § 295 Abs. 1 HGB dürfen Tochtergesellschaften nicht konsolidiert werden, wenn ihre Tätigkeit so stark von der des restlichen Konzerns abweicht, dass die Konsolidierung ein unzutreffendes Bild der Vermögens-, Finanz- und Ertragslage darstellen würde. Die Vorschrift ist eng auszulegen. Die Nichteinbeziehung kann die Aussagefähigkeit stärker beeinflussen als die Konsolidierung[314]. Nur Gesellschaften, deren Tätigkeit stark von der Konzerntätigkeit abweicht, sind auszunehmen. Das gilt nicht für Hilfsaktivitäten (z. B. Finanzierungsbank) und Mischkonzerne. In Betracht kommen daher lediglich Extremfälle wie rechtlich selbstständige Unterstützungskassen oder Tochtergesellschaften im Insolvenzverfahren[315].

Weder § 295 HGB noch dessen Auslegung verstoßen gegen Art. 14 Abs. 1 der 7. Richtlinie. Auch dort ist die Ausnahme von Tochtergesellschaften aus dem Konsolidierungskreis nur in Ausnahmefällen vorgesehen, wie sich aus dem Verweis auf die Generalnorm ergibt[316].

SFAS 94.9 und 13 verstoßen daher gegen § 295 Abs. 1 HGB. Die Abweichung wird allerdings nur in wenigen Ausnahmefällen relevant.

---

312 *Deutscher Standardisierungsrat,* DRS 1.4. Nicht erkannt von *IdW,* WPg 1998, S. 183 [187].

313 Wegen der sachlichen Nähe zu den anderen Einklangfragen soll die Frage an dieser systematisch nicht ganz zutreffenden Stelle untersucht werden.

314 *Adler/Düring/Schmaltz,* Band 3, § 295, Rn. 5; *Förschle/Deubert,* in: Beck'scher Bilanz-Kommentar[5], § 295, Rn. 8; *Sahner/Sauermann,* in: Küting/Weber, § 295, Rn. 6.

315 *Adler/Düring/Schmaltz,* Band 3, § 295, Rn. 11 f.; *Förschle/Deubert,* in: in: Beck'scher Bilanz-Kommentar[5], § 295, Rn. 13 ff.; *Sahner/Sauermann,* in: Küting/Weber, § 295, Rn. 14.

316 *EG-Kommission,* Mitteilung zu Auslegungsfragen, XV/7009/97, Tz. 57; *Kontaktausschuss,* Konformitätsüberprüfung IAS, Tz. 14.

15. Zusammenfassung

Bei Einführung des § 292a HGB standen die GAAP in 11 Fällen nicht im Einklang mit der 7. Richtlinie. Dabei handelt es sich um folgende Fälle:

- die Gliederungsreihenfolge der Bilanz;
- die Unterteilung in Anlage- und Umlaufvermögen;
- die Gliederungsreihenfolge der Gewinn- und Verlustrechnung;
- die Behandlung von Ergebnissen aus aufgegebenen oder veräußerten Geschäftsfeldern;
- die langfristige Auftragsfertigung;
- die Bewertung von Wertpapieren und Derivaten;
- die Fremdwährungsumrechnung;
- die Wertaufholung beim Anlagevermögen;
- Rückstellungen für Restrukturierungen;
- die Bewertung sonstiger Rückstellungen;
- die Behandlung eines negativen Unterschiedsbetrags aus der Konsolidierung.

Der Konsolidierungskreis, der sich nach den §§ 295, 296 HGB und nicht nach der 7. Richtlinie richtet, stellt allenfalls in Ausnahmefällen ein Problem dar.

II. Spätere Änderungen

Nach Einführung des § 292a HGB ist es zu zahlreichen Änderungen der GAAP und der Rechnungslegungsrichtlinien gekommen. Die Auswirkungen der Änderungen auf den Einklang wird im Folgenden, geordnet nach dem Zeitpunkt der Wirksamkeit der Änderungen, dargestellt.

1. SFAS 133 (16. Juni 2000[317])

Durch SFAS 133 wurden die Regelungen über die Bewertung von Derivaten neugefasst[318]. Inhaltlich ergaben sich daraus allerdings keine Änderungen. Auch nach SFAS 133.17 sind derivative Finanzinstrumente mit dem beizulegenden Zeitwert anzusetzen. Daher verstößt auch SFAS 133 gegen Art. 29 Abs. 1 der 7. Richtlinie i.V. m. Art. 32, 35 Abs. 1 lit. a) und 39 Abs. 1 lit. a) der 4. Richtlinie[319].

---

317 Das In-Kraft-Treten war ursprünglich bereits für 1999 vorgesehen. Wegen einiger Nachbesserungen und der Bedürfnisse der Praxis wurde das Inkrafttreten um ein Jahr verschoben durch SFAS 137.

318 Zur Richtlinienwidrigkeit der Vorgängerregelungen E. I. 7.

319 *Busse von Colbe,* in: MüKo-HGB, Band 4, § 292a, Rn. 24.

2. SFAS 141 (1. Juli 2001)

Durch SFAS 141.44–45 wurden die Regelungen der APB Opinion 16.91 über die Behandlung eines negativen Unterschiedsbetrags aus der Konsolidierung ersetzt und präziser gefasst[320]. Inhaltliche Änderungen gab es dabei nicht. Nach wie vor ist der Unterschiedsbetrag als transitorischer Passivposten gewinnerhöhend planmäßig abzuschreiben. Daher steht auch SFAS 141.44–45 nicht im Einklang mit der 7. Richtlinie.

3. Fair-Value-Richtlinie (16. November 2001[321])

Die Fair-Value-Richtlinie sollte einen Teil der Unterschiede zwischen den Rechnungslegungsrichtlinien und den IAS durch eine Anpassung der Richtlinien an die IAS beseitigen[322]. Dazu wurde im Prinzip die Regelung des IAS 39 über die Bilanzierung von Finanzinstrumenten übernommen und leicht modifiziert. Die Änderung könnte sich – reflexartig – auch auf den Einklang der GAAP mit den Richtlinien ausgewirkt haben.

a) Wertpapiere und Derivate

Die für die Bewertung von Wertpapieren und derivativen Finanzinstrumenten geltenden GAAP (SFAS 115 und SFAS 133) wurden bereits dargestellt[323]. Nach ihnen ist eine Fair-Value-Bewertung für Wertpapiere, die als Teil eines Handelsbestands gehalten werden, und für Derivate zulässig.

Nach dem neu eingeführten Art. 42a Abs. 1 der 4. Richtlinie ist die Fair-Value-Bewertung für Finanzinstrumente zulässig.

Was unter einem *Finanzinstrument* zu verstehen ist, wird in der Richtlinie nicht definiert. Rückschlüsse ergeben sich indessen aus den Ausnahme- und Abgrenzungsregelungen des neu eingeführten Art. 42a der 4. Richtlinie: In Abs. 2 werden *Warenkontrakte* genannt, in Abs. 3 lit. a) *Verbindlichkeiten, die als Teil des Handelsbestands „gehalten" werden.* In Abs. 4 lit. b) werden *vergebene Darlehen und Forderungen, die jeweils für Handelszwecke gehalten werden,* genannt. Nach Art. 42a Abs. 4 lit. a) der 4. Richtlinie gilt die Fair-Value-Bewertung nicht für nicht

---

320 Zur Richtlinienwidrigkeit der Vorgängerregelung E. I. 13.

321 Gemäß Art. 254 Abs. 1 Satz 2 EG 20 Tage nach Veröffentlichung im Amtsblatt. Die mit dem Inkrafttreten nicht zu verwechselnde Frist für die Umsetzung lief am 31. Dezember 2003 ab. Deutschland hat die Richtlinie bislang nicht umgesetzt. Im Dezember 2003 wurde immerhin der Referentenentwurf eines Bilanzrechtsreformgesetzes vorgelegt.

322 Neunter Erwägungsgrund der Fair-Value-Richtlinie. So auch *van Hulle,* WPg 2003, S. 968 [975].

323 E. I. 7. und E. II. 1.

derivative Finanzinstrumente, die bis zur Fälligkeit gehalten werden. Bemerkenswert ist die weit gefasste Ausnahmeregelung, die sich hinter Art. 42a Abs. 4 lit. c) der 4. Richtlinie verbirgt[324].

Weitere Hinweise auf den Begriff des Finanzinstruments finden sich in den Erwägungsgründen der Fair-Value-Richtlinie: Im sechsten Erwägungsgrund werden Aktien und Schuldverschreibungen als klassische primäre Finanzinstrumente bezeichnet und Termingeschäfte, Optionen und Swaps als derivative Finanzinstrumente. Im zehnten Erwägungsgrund wird erläutert, dass die Fair-Value-Richtlinie die Anwendung der IAS über die Bilanzierung von Finanzinstrumenten ermöglichen soll. Nach IAS 39.8 sind Finanzinstrumente Verträge, die bei einem Unternehmen zu einem finanziellen Vermögenswert und bei dem anderen zu einer finanziellen Verbindlichkeit oder einem Eigenkapital-Instrument führen. Die Definition wurde nicht in die Richtlinie übernommen, da die Maßgeblichkeit eines Vertrags der bilanzierenden Unternehmen möglicherweise auf Unbehagen stieß[325].

Schließlich ergibt sich aus der Begründung zum Richtlinienentwurf der Kommission, dass Sachgüter des Anlagevermögens, wie Grundstücke, Gebäude, technische Anlagen und Maschinen, nicht erfasst werden sollten[326].

Demnach erfasst Art. 42a der 4. Richtlinie die in SFAS 115 und 133 genannten Wertpapiere und Derivate. Diese Regelungen stehen daher seit dem Inkrafttreten der Fair-Value-Richtlinie im Einklang mit der 7. Richtlinie.

b) Fremdwährungsumrechnung

Durch die Ermöglichung einer Bewertung von Finanzinstrumenten zum beizulegenden Zeitwert könnte auch die Richtlinienwidrigkeit des SFAS 52 über die Fremdwährungsumrechnung entfallen sein[327]. Voraussetzung dafür wäre, dass alle Fremdwährungsposten im Sinne des SFAS 52 unter den Begriff der Finanzinstrumente und nicht unter die Ausnahmeregelungen des Art. 42a der 4. Richtlinie fallen.

Fremdwährungsposten dürften grundsätzlich als Finanzinstrumente anzusehen sein, da es sich um Bargeldbestände, Geldforderungen und –verbindlichkeiten handelt. Da jedoch originäre („nicht derivative") Finanzinstrumente, die bis zur Fälligkeit gehalten werden sollen und Verbindlichkeiten, die nicht als Teil eines Handelsbestands gehalten werden, von der Anwendung der Fair-Value-Bewertung ausgenommen sind (Art. 42a Abs. 3 lit. a) und Abs. 4 lit. a) der 4. Richtlinie), werden Forderungen und Verbindlichkeiten aus Lieferungen und Leistungen, und damit

324 Demnach werden „andere Finanzinstrumente, die solch spezifische Merkmale ausweisen, dass sie nach gängiger Auffassung bilanzmäßig in anderer Form als andere Finanzinstrumente erfasst werden sollten", von der Anwendung der Fair-Value-Bewertung ausgenommen.

325 *Ernst,* WPg 2001, S. 245 [246].

326 *EG-Kommission,* Vorschlag Fair-Value-Richtlinie, KOM (2000) 80 endgültig, Tz. 5.

327 Zum fehlenden Einklang E. I. 8.

ein nicht unwesentlicher Teil der Fremdwährungsposten, nicht erfasst. Eine Forderung aus Lieferungen und Leistungen ist kein derivatives, sondern ein originäres Finanzinstrument. Derartige Forderungen werden in aller Regel (die Ausnahmen sind Factoring und Forfaitierung) bis zur Fälligkeit gehalten. Verbindlichkeiten aus Lieferungen und Leistungen gehören nicht zu den Handelsbeständen.

Da SFAS 52 *sämtliche* monetären Posten der Bilanz erfasst, Art. 42a der 4. Richtlinie nur einen Teil davon, verstößt SFAS 52 auch nach der Fair-Value-Richtlinie gegen Art. 29 der 7. Richtlinie i.V. m. den Art. 31 Abs. 1 lit. c) aa), 32, 35 Abs. 1 lit. a) und 39 Abs. 1 lit. a) der 4. Richtlinie, wenngleich weniger Fälle betroffen sind.

c) Zusammenfassung

Durch die Änderungen der Fair-Value-Richtlinie steht die Bewertung von Wertpapieren und Derivaten nach GAAP im Einklang mit der 7. Richtlinie. Die Richtlinienwidrigkeit der Fremdwährungsumrechnung nach GAAP wurde hingegen größtenteils nicht beseitigt.

4. SFAS 144 (16. Dezember 2001)

SFAS 144.15 hat SFAS 121.11 über die Wertaufholung im Anlagevermögen ersetzt[328], ohne dass sich daraus inhaltliche Änderungen ergeben haben. Auch SFAS 144.15 verstößt gegen Art. 29 der 7. Richtlinie i.V. m. Art. 35 Abs. 1 lit. c) dd) der 4. Richtlinie.

5. SFAS 142 (1. Januar 2002)

Nach dem im Jahr 2001 eingeführten SFAS 142.18 wird dem Geschäfts- oder Firmenwert (Good Will), das ist der positive Unterschiedsbetrag zwischen dem Kaufpreis für ein Unternehmen und dem Buchwert seiner Aktiva, eine unbegrenzte Nutzungsdauer unterstellt. Daher ist er nicht – wie Vermögenswerte mit begrenzter Nutzungsdauer – über die voraussichtliche Nutzungsdauer planmäßig abzuschreiben[329]. Dieser Regelungsansatz war innerhalb der GAAP neu und hat zu einigen Kontroversen geführt.

Die Einstufung als Vermögenswert mit unbegrenzter Nutzungsdauer unterscheidet sich vom Fall der begrenzten Nutzungsdauer von unbekannter Länge. In solchen Fällen ist die Nutzungsdauer zu schätzen und daraufhin planmäßig abzuschreiben (dazu SFAS 142.12).

Die Werthaltigkeit des Good Will ist nach SFAS 142.26 jährlich zu überprüfen (Impairment Test). Er ist abzuschreiben, wenn der beizulegende Zeitwert (Fair

328 Zum fehlenden Einklang der Vorgängerregelung E. I. 9.

329 *KPMG,* Rechnungslegung, S. 73.

Value) unter den Buchwert sinkt (SFAS 142.19)[330]. Fair Value ist der Wert, zu dem ein Vermögenswert zwischen zwei Marktteilnehmern gehandelt werden würde (SFAS 142.23).

Nach Art. 29, 30 Abs. 1, 33 Abs. 5 der 7. Richtlinie i.V.m. Art. 37 Abs. 2 S. 1 und 34 Abs. 1 lit. a) der 4. Richtlinie ist der Geschäfts- oder Firmenwert innerhalb von fünf Jahren abzuschreiben. Die Mitgliedstaaten können nach Art. 37 Abs. 2 S. 2 der 4. Richtlinie zulassen, dass er über eine längere Frist abgeschrieben wird, wenn die erhöhte Nutzungsdauer im Anhang begründet wird. Auch bei einer längeren Nutzungsdauer als fünf Jahre geht die Richtlinie von einer zeitlichen Begrenzung aus[331]. Der klare Wortlaut der Richtlinie lässt sich nicht mit Hilfe einer dynamischen Auslegung der Richtlinie relativieren[332]. Richtlinien können nicht dynamisch ausgelegt werden[333].

Die GAAP und die Rechnungslegungsrichtlinien verfolgen einen abweichenden Ansatz. Während die 4. Richtlinie von einer begrenzten Nutzungsdauer des Good Will ausgeht, unterstellt SFAS 142 eine unbegrenzte Nutzungsdauer. Die US-amerikanische Regelung unterbindet folgerichtig eine planmäßige Abschreibung. Diese sieht die Richtlinie dagegen verbindlich vor.

Der Unterschied zwischen zeitlich unbegrenzter und begrenzter Nutzungsdauer kann nicht durch eine Gleichsetzung von unbegrenzter Nutzungsdauer und begrenzter Nutzungsdauer von unbekannter Länge eingeebnet werden[334]. Auch im SFAS 142 wird zwischen beiden unterschieden[335]. Die Annahme einer begrenzten Nutzungsdauer, sei sie auch vierzig Jahre[336], führt zur planmäßigen Abschreibung über die Nutzungsdauer. Bei einer unbegrenzten Nutzungsdauer sind Abschreibungen nur bei tatsächlich eingetretenen Wertverlusten vorzunehmen. Der regelmäßige Impairment Test kann nicht mit einer planmäßigen Abschreibung gleichgesetzt werden[337]. Er darf im Rahmen des § 292a HGB auch nicht als Ersatz für eine planmäßige Abschreibung herangezogen werden.

---

330 Zur anzuwendenden Abschreibungsmethode *Davis,* DB 2002, S. 697 [699 ff.].

331 *Altenburger,* WPg 2002, S. 806 [807].

332 *Altenburger,* WPg 2002, S. 806 [808]; *Kleindiek,* BB 2001, S. 2572 [2575]. A. A. *Deutscher Standardisierungsrat,* DRS 1a.8. Die Annahme eines geänderten Verständnisses der Nutzungsdauer von Good Will ist überdies falsch. Ein solches Verständnis kann allenfalls dem FASB unterstellt werden. Welchen Einfluss die Ansicht eines US-amerikanischen Standardsetzers auf die Auslegung von EG-Richtlinien haben soll, erschließt sich nicht.

333 *Kleindiek,* BB 2001, S. 2572 [2574]. So auch schon unter D. II. 2.

334 *Siegel,* Stellungnahme zu E-DRS 1a, Rn. 1 (unterstützt von 36 Hochschullehrern). A. A. *Deutscher Standardisierungsrat,* DRS 1a.5, der immerhin erkennt, dass es einen „logischen Unterschied" gibt.

335 *Deutscher Standardisierungsrat,* DRS 1a.6 geht möglicherweise unzutreffend von einer Gleichbehandlung aus, da SFAS 142.13 nicht beachtet wird.

336 Dieses Beispiel bringt *Deutscher Standardisierungsrat,* DRS 1a.5.

337 *Altenburger,* WPg 2002, S. 806 [808].

Der Einklang kann nicht über die Generalnorm des Art. 16 Abs. 3 i.V.m. dessen Abs. 5 der 7. Richtlinie hergestellt werden[338]. Der Inhalt der Generalnorm ergibt sich einerseits aus dem Zweck der Rechnungslegung und andererseits aus den Einzelvorschriften der Richtlinie:

Der Schutz der Gesellschafter und der Gläubiger spricht gegen die Prämisse einer unbegrenzten Nutzungsdauer beim Good Will und einen Impairment Test. Beides ließe schleichend die Aktivierung des originären Good Will zu, da dieser zwangsläufig in die Bewertung im Rahmen des Impairment Test einfließt[339]. Dazu kommt es, weil die Ermittlung des Fair Value auf der Bewertung des gesamten Unternehmens (bzw. der jeweiligen Reporting Unit, SFAS 142.30) beruht. In den Unternehmenswert fließt nicht nur der erworbene Good Will, sondern auch der selbst geschaffene – zu einem Teil – ein[340]. Soweit der Unternehmenswert den Wert der Aktiva abzüglich der Verbindlichkeiten übersteigt, lässt sich nicht ermitteln, wie sich der Good Will (auf derivativen oder originären) verteilt.

Abgesehen davon ist die Abschreibung von Good Will eine der wenigen Bewertungsfragen, die in den Richtlinie explizit geregelt sind[341]. Es wäre daher nicht nachvollziehbar, hier einen Raum für die Anwendung des Art. 16 Abs. 5 der 7. Richtlinie zu sehen. Ebenso wenig können zahlenmäßig nur geringe Unterschiede als unwesentlich abgetan werden[342].

Da nicht die GAAP, sondern nur der befreiende Konzernabschluss mit den Richtlinien im Einklang stehen muss, könnte – wie bereits angedeutet – erwogen werden, den Good Will im befreienden Konzernabschluss wie nach den Vorschriften der 4. Richtlinie abzuschreiben und die Abschreibungen als Ergebnis des nach SFAS 142.26 erforderlichen Impairment Tests darzustellen[343].

Diese Vorgehensweise verstieße gegen SFAS 142.19. Ob eine Abschreibung vorgenommen wird, hängt vom Verhältnis des Fair Value zum Buchwert ab. Die bilanzierende Gesellschaft darf die Bewertung des Fair Value nicht manipulieren, nur um den Einklang mit der 7. Richtlinie zu wahren.

SFAS 142 steht mit Art. 30 Abs. 1, 33 Abs. 5 der 7. Richtlinie i.V. m. den Art. 37 Abs. 2, 34 Abs. 1 lit. a) der 4. Richtlinie nicht im Einklang[344].

---

338 Das setzt *Deutscher Standardisierungsrat,* DRS 1a.7 voraus, wenn eine unbegrenzte Nutzungsdauer trotz des klar entgegenstehenden Wortlauts von Art. 37 i.V. m. Art. 34 der 4. Richtlinie für zulässig gehalten wird.

339 *Kleindiek,* BB 2001, S. 2572 [2576]; *Krawitz,* in: Bonner Handbuch, Band 2, § 292a, Rn. 153.8; *Siegel,* Stellungnahme zu E-DRS 1a, Rn. 3 (unterstützt von 36 Hochschullehrern); *ders.,* DB 2002, S. 749.

340 *Davis,* DB 2002, S. 697 [699 ff.].

341 Darauf weist auch *Altenburger,* WPg 2002, S. 806 [807] hin.

342 C. III. 3. A. A. *Berger/Lütticke,* in: Beck'scher Bilanz-Kommentar[5], § 292a, Rn. 25; *Busse von Colbe,* DB 2001, 877 [879].

343 Dieser Ansatz wurde anscheinend in der Praxis erwogen.

6. IAS-Verordnung (14. September 2002[345])

Nach Art. 4 der IAS-Verordnung haben Gesellschaften, deren Wertpapiere in einem Mitgliedstaat zum Handel in einem geregelten Markt zugelassen sind („kapitalmarktorientierte" Gesellschaften), ab dem 1. Januar 2005 diejenigen IAS anzuwenden, deren Übernahme die Kommission im Verfahren nach Art. 6 der IAS-Verordnung beschlossen hat. Damit werden die betroffenen Unternehmen von der Anwendung der 7. Richtlinie ausgenommen. Die IAS-Verordnung gilt direkt und vorrangig vor dem jeweiligen nationalen Recht (Art. 249 Abs. 2 EG).

Ferner gewährt die IAS-Verordnung in Art. 5 den Mitgliedstaaten ein Wahlrecht, die übernommenen IAS auch für den Einzeljahresabschluss von kapitalmarktorientierten Gesellschaften sowie den Konzernabschluss und / oder den Jahresabschluss von allen anderen Gesellschaften vorzuschreiben oder zuzulassen. Damit können die Mitgliedstaaten die von der EG übernommenen IAS für alle Gesellschaften und jede Art von Abschluss vorschreiben.

Von der Einführung der IAS dürften als Reflexwirkung auch die GAAP profitieren, da sie den IAS nahe stehen und die IAS zunehmend an die GAAP angepasst werden, um eine Anerkennung durch die SEC zu erreichen. Als Folge würde eine Reihe von Einklangproblemen entfallen. Allerdings existieren immer noch einige Unterschiede zwischen den IAS und den GAAP, ein Beispiel dafür ist (noch) die Abschreibung des Geschäftswerts[346].

Die von der EG übernommenen IAS gelten allerdings erst ab dem 1. Januar 2005. Anders als bei Richtlinien stellt dieses Datum keine Umsetzungsfrist dar. Die IAS gelten somit noch nicht innerhalb der EG. Bis Ende 2004 ist auch für kapitalmarktorientierte Gesellschaften die 7. Richtlinie anzuwenden. Daher hat die IAS-Verordnung keinen Einfluss auf den Einklang von GAAP und 7. Richtlinie. Diese Ansicht wird vom Richtliniengeber geteilt, da er ansonsten nicht mehr im Jahr 2003 die Modernisierungs-Richtlinie verabschiedet hätte[347].

---

344 *Altenburger,* WPg 2002, S. 806 f.; *Arbeitsgruppe „Normierung der Rechnungslegung“,* BB 2002, S. 880 [881]; *Busse von Colbe,* DB 2001, S. 877 [879]; *Kleindiek,* BB 2001, S. 2572 [2577]; *Krawitz,* DStR 2001, S. 145 [147]; *ders.,* in: Bonner Handbuch, Band 2, § 292a, Rn. 153.9; *Pellens/Sellhorn,* KoR 2002, S. 113; *Schmalenbach-Gesellschaft,* Stellungnahme zu E-DRS 1a, Tz. 7; *Siegel,* Stellungnahme zu E-DRS 1a; *ders.,* DB 2002, S. 749 [751]. A. A. *Deutscher Standardisierungsrat,* DRS 1a.9. Das Bundesministerium der Justiz hat den Standard trotz des einhelligen Widerspruchs und des offenkundig fehlenden Einklangs veröffentlicht (Bundesanzeiger Nr. 65 vom 6. April 2002, S. 7190).

345 Zeitpunkt des Inkrafttretens gemäß Art. 11 IAS-Verordnung. Die übernommenen IAS sind nach Art. 4 der IAS-Verordnung ab dem 1. Januar 2005, ausnahmsweise ab dem 1. Januar 2007 (Art. 9 IAS-Verordnung), anzuwenden.

346 Eine Anpassung der IAS an SFAS 142 ist absehbar.

347 Dazu sogleich unter E. II. 8.

7. SFAS 146 (1. Januar 2003)

Mit dem neu eingeführten SFAS 146.3 – 4 wurde EITF 94-3 über die Bildung von Rückstellungen für Restrukturierungen ersetzt[348]. Die neue Vorschrift sieht nicht mehr vor, dass vor Ansatz der Rückstellungen ein Restrukturierungsplan aufgestellt und veröffentlicht werden muss. Der neue SFAS 146.3 – 4 steht somit im Einklang mit 7. Richtlinie.

8. Modernisierungs-Richtlinie (17. Juli 2003[349])

Die Modernisierungs-Richtlinie dient nach ihrem fünften bis achten Erwägungsgrund der Anpassung der Richtlinien an die IAS, insbesondere hinsichtlich der Gliederungsvorschriften und der Fair-Value-Bewertung. Da neben den IAS-konformen Neuregelungen die bisherigen Regelungen in Kraft blieben, ist die inhaltliche Systematik der Richtlinien, vor allem die der 4. Richtlinie, aufgebrochen worden. Nach Art. 32 der 4. Richtlinie gilt das Anschaffungskostenprinzip und nach ihrem neuen Art. 42e die Fair-Value-Bewertung, soweit die Mitliedstaaten das Wahlrecht in Anspruch nehmen. Damit wird die Angleichung der europäischen Rechnungslegung auf den Stand der frühen Siebziger Jahre zurückgeworfen. Man könnte insoweit von einem negativen Harmonisierungserfolg sprechen[350].

Wie schon bei den anderen Änderungen des europäischen Bilanzrechts (Fair-Value-Richtlinie und IAS-Verordnung) könnten sich die Änderungen durch die Modernisierungs-Richtlinie auch auf den Einklang der GAAP auswirken.

a) Gliederungsschema für die Bilanz

Die Bilanzgliederungsvorschriften der GAAP, insbesondere Regulation S – X, § 210, Article 5-02, wurden bereits dargestellt[351].

Die Modernisierungs-Richtlinie hat hinsichtlich der Bilanzgliederung zwei Änderungen gebracht: Mit dem neuen Art. 4 Abs. 6 der 4. Richtlinie wurde der angloamerikanische Grundsatz *Substance over Form* in die Gliederungsvorschriften übernommen. Nach dem neuen Art. 10a der 4. Richtlinie können Bilanzposten abweichend von den Schemata der Art. 9 und 10 der 4. Richtlinie nach den Kriterien „langfristig“ und „kurzfristig“ gegliedert werden.

---

348 Zum fehlenden Einklang von EITF 94-3 E. I. 11.

349 In-Kraft-Treten gemäß Art. 6 der Modernisierungs-Richtlinie.

350 Bezeichnenderweise stützt sich die Richtlinie auf die Ermächtigungsnorm des Art. 44 Abs. 1 EG und nicht auf Art. 44 Abs. 2 lit. g) EG, der eine Koordinierung, also eine Rechtsangleichung, vorsieht. Krit. auch *Niehus,* DB 2002, S. 1385 [1389].

351 E. I. 1.

Durch die Übernahme des Grundsatzes Substance over Form soll es ermöglicht werden, Bilanzposten an einer Stelle innerhalb der Bilanz auszuweisen, die nicht ihrer juristischen Form, sondern ihrem wirtschaftlichen Gehalt entspricht[352]. Aus deutscher Sicht ergeben sich aus der Neuregelung keine Besonderheiten[353]. In Deutschland ist seit jeher die teleologische Auslegung bekannt, nach der eine Norm ihrem Zweck entsprechend auszulegen ist. Daraus folgt der Grundsatz der wirtschaftlichen Betrachtungsweise. Die in Regulation S–X aufgeführten einzelnen Bilanzposten entsprechen weitestgehend denen der Art. 9 und 10 der 4. Richtlinie, problematisch war bisher nur die Reihenfolge und Untergliederung der Posten, die sowohl nach Art. 4 der 4. Richtlinie wie auch nach Regulation S–X, § 210, Article 4-01 (a) strikt vorgegeben war.

Diese Probleme sind durch den neuen Art. 10a der 4. Richtlinie beseitigt worden. Nach dieser Vorschrift kann die anglo-amerikanische Gliederungsreihenfolge, die nach langfristigen und kurzfristigen Posten unterscheidet, übernommen werden, soweit der vermittelte Informationsgehalt *gleichwertig* ist. Dies impliziert eine völlige Abkehr von den Gliederungsschemata der Art. 9 und 10 der 4. Richtlinie. Die anglo-amerikanische Gliederungsreihenfolge bedingt nicht nur eine abweichende Reihenfolge in der Darstellung, sondern auch eine Abweichung beim Inhalt der einzelnen Posten. So wird in SFAS 115 zwischen kurz- und langfristig gehaltenen Wertpapieren unterschieden. Die Verbindlichkeiten werden ebenfalls in kurz- und langfristige unterschieden. Die Art. 9 und 10 der 4. Richtlinie dienen nur noch als Maßstab für die Gleichwertigkeit der Informationsvermittlung.

Die in Regulation S –X, § 210, Art. 5-02 vorgegebene Gliederungsreihenfolge der Bilanzposten steht daher mit Art. 17 Abs. 1 der 7. Richtlinie i.V. m. Art. 4, 9, 10 und 10a der 4. Richtlinie nunmehr im Einklang.

b) Unterteilung in Anlage- und Umlaufvermögen

Die in ARB 43, Chapter 3, Section A, Paragraph 4 vorgesehene Aufteilung der Vermögenswerte (Assets) in Anlage- und Umlaufvermögen (Non-Current Assets und Current Assets) geschieht nach anderen Kriterien als die Unterscheidung in Anlage- und Umlaufvermögen in Art. 15 der 4. Richtlinie[354].

Durch die im neuen Art. 10a der 4. Richtlinie zugelassene Möglichkeit der Unterscheidung zwischen langfristigen und kurzfristigen Posten bei der *Gliederung* ist zugleich die Differenzierung von Anlage- und Umlaufvermögen nach den

352 *EG-Kommission,* Vorschlag Modernisierungs-Richtlinie, KOM (2002) 259/2 endgültig, Tz. 3.1. Krit. *IDW,* WPg 2002, S. 983 [988], die eine gleichrangige Erwähnung neben der Generalnorm befürwortet hätten.

353 Ähnlich *Bieker/Schmidt,* KoR 2002, S. 206 [210]: „formale Klarstellung“.

354 Dazu E. I. 2.

Grundsätzen der IAS – und damit auch der insoweit gleichlautenden GAAP – zulässig[355].

ARB 43 steht deshalb im Einklang mit Art. 17 Abs. 1 der 7. Richtlinie i.V.m. Art. 10a der 4. Richtlinie.

c) Gliederungsschema für die Gewinn- und Verlustrechnung

Regulation S–X § 210 Article 5-03 stand bislang nicht im Einklang mit den Vorschriften der 4. Richtlinie über die Gliederung der Gewinn- und Verlustrechnung[356].

Nach dem neuen Art. 22 Abs. 2 der 4. Richtlinie kann anstelle einer Gewinn- und Verlustrechnung nach den Gliederungsschemata der Art. 23–26 der 4. Richtlinie eine „Ergebnisrechnung" aufgestellt werden, wenn der vermittelte Informationsgehalt gleichwertig ist. Der Begriff der Ergebnisrechnung ist weit zu verstehen, da zukünftige Entwicklungen im Bereich der IAS antizipiert werden sollten[357]. Durch die weite Fassung ist die Gewinn- und Verlustrechnung nach der 4. Richtlinie auch für die Regelungen anderer Normgeber als dem IASB geöffnet worden[358]. Die bisher vorgegebene strikte Reihenfolge der Posten der Gewinn- und Verlustrechnung gilt nicht mehr. Durch die Neuregelung ist jede Gliederungsreihenfolge zulässig, die gleichwertige Informationen vermittelt.

Das Income Statement nach Regulation S–X § 210 Article 5-03 vermittelt die gleichen Informationen wie eine Gewinn- und Verlustrechnung nach den Art. 23–26 der 4. Richtlinie. Es basiert auf sehr ähnlichen Schritten wie die Reglung in Art. 25 der 4. Richtlinie. Die bisherigen Abweichungen waren nur gering.

Die Reihenfolge der Gliederungsposten des Income Statements steht mit Art. 17 Abs. 1 der 7. Richtlinie i.V.m. Art. 22 der 4. Richtlinie nunmehr im Einklang.

d) Behandlung der Aufgabe oder Veräußerung von Geschäftsfeldern in der Gewinn- und Verlustrechnung

Wegen der verhältnismäßig weiten Öffnung der Regeln über die Gewinn- und Verlustrechnung im neuen Art. 22 Abs. 2 der 4. Richtlinie für „Ergebnisrechnungen" steht auch der gesonderte Ausweis der Gewinne und Verluste aus der Aufgabe oder der Veräußerung von Geschäftsfeldern – im Gegensatz zu früher[359] – im Einklang mit den Rechnungslegungsrichtlinien.

---

355 *Bieker/Schmidt,* KoR 2002, S. 206 [210].

356 Dazu E. I. 3.

357 *EG-Kommission,* Vorschlag Modernisierungs-Richtlinie, KOM (2002) 259/2 endgültig, Tz. 3.1.; *Bieker/Schmidt,* KoR 2002, S. 206 [210 f.]

358 *Bieker/Schmidt,* KoR 2002, S. 206 [211].

359 E. I. 4.

e) Langfristige Auftragsfertigung

Die Percentage-of-Completion Method nach ARB 45, Section 15 und 4 stand mit Art. 29 der 7. Richtlinie i.V. m. Art. 31 Abs. 1 lit. c) aa) der 4. Richtlinie analog nicht im Einklang[360].

Die Modernisierungs-Richtlinie hat die betroffenen Vorschriften der Richtlinie unverändert gelassen. Neu eingeführt wurden allerdings die Art. 42e und 42 f. der 4. Richtlinie, nach dem die Fair-Value-Bewertung auf alle Vermögensgegenstände erstreckt werden darf.

Nach den Grundsätzen der Fair-Value-Bewertung darf ein Gewinn ausgewiesen werden, wenn er auf einem liquiden Markt jederzeit realisierbar ist. Diese Bewertungsvorschrift wirkt sich – wie auch die anderen Bewertungsvorschriften – unmittelbar auf den Ansatz von Vermögensgegenständen aus. Das Fair-Value-Konzept folgt einer dynamischen Bilanzauffassung, nach der ein periodengerechter Erfolgausweis anzustreben ist. Dem entspricht es, Gewinne auszuweisen, die zwar noch nicht sicher, aber vorhersehbar sind.

Die Aktivierung einer Forderung aus langfristiger Auftragsfertigung ist nach den Grundsätzen der Fair-Value-Bewertung zulässig, wenn die in ARB 45 und SoP 81 genannten Bedingungen (Berechenbarkeit des Arbeitsfortschritts und der Kosten, eindeutige Regelungen über Abnahme und Vergütung, beide Vertragsparteien können ihren Pflichten nachkommen) erfüllt sind.

Dem steht auch nicht die Systematik der 4. Richtlinie entgegen, nach der Art. 42e allenfalls gleichrangig mit dem Grundsatz der Bewertung zum Anschaffungswert (Art. 32 der 4. Richtlinie) ist, aber nicht wie das Realisationsprinzip auf der Ebene der „allgemeinen Bewertungsgrundsätze" des Art. 31 der 4. Richtlinie. Der Inhalt und das Verhältnis der allgemeinen Bewertungsprinzipien leitet sich ebenso von den einzelnen Bewertungsvorschriften ab, wie sich deren Auslegung aus den allgemeinen Grundsätzen ergibt. Aus den Art. 42a bis 42 f. der 4. Richtlinie ergibt sich ein umfassender Paradigmenwechsel der 4. Richtlinie, der von der Generalnorm gedeckt ist.

Die parallele Geltung der beiden Vorschriften – und damit einer statischen und dynamischen Bilanzauffassung – ist zwar nicht konsistent und zudem in ihrer Auswirkung nicht kalkulierbar, da Art. 42e der 4. Richtlinie den Mitgliedstaaten ein umfassendes Wahlrecht gewährt. Trotz dieser Mängel ist die Vorschrift geltendes Recht und führt dazu, dass es den Mitgliedstaaten offen steht, die Aktivierung von Forderungen aus einer langfristigen Auftragsfertigung zuzulassen[361].

---

360 E. I. 6.

361 Damit steht zugleich fest, dass die Einzel- und Konzernabschlüsse in den einzelnen Mitgliedstaaten nicht mehr miteinander vergleichbar sind. Insoweit restauriert die Modernisierungs-Richtlinie den vor Einführung der Rechnungslegungsrichtlinien bestehenden Zustand.

ARB 45 steht somit im Einklang mit Art. 29 der 7. Richtlinie i.V. m. Art. 42e und 42 f. der 4. Richtlinie.

f) Fremdwährungsumrechnung

SFAS 52 stand bis zur Einführung der Fair-Value-Bewertung nicht im Einklang mit der 7. Richtlinie[362]. Dieses Problem entfällt durch die Modernisierungs-Richtlinie.

Nach dem neu eingeführten Art. 42e der 4. Richtlinie ist eine umfassende Geltung der Fair-Value-Bewertung ermöglicht worden, die sich nach Art. 42 f. der 4. Richtlinie erfolgswirksam auswirkt. Demnach ist ein Umsatzakt für eine erfolgswirksame Neubewertung nicht erforderlich. Die Bewertung orientiert sich jeweils am aktuellen Marktwert, um einen möglichst periodengerechten Erfolgsausweis zu ermöglichen, und entspricht insoweit einer dynamischen Bilanzauffassung. Der Marktwert von Fremdwährungsaktiva und -passiva ergibt sich aus dem jeweiligen Kurs der Fremdwährung. Für eine Bewertung mit dem beizulegenden Marktwert ist also der Stichtagskurs zugrunde zu legen. Auf eine Realisierung oder eine Realisierbarkeit an liquiden Märkten kommt es nicht an. Nur soweit größere Probleme bestehen, den Stichtagskurs zu ermitteln, ist nach Art. 42b Abs. 1 der 4. Richtlinie, der als spezielle Bewertungsvorschrift auch im Bereich des Art. 42e der 4. Richtlinie gilt, eine Bewertung mit den Anschaffungskosten vorzunehmen. Da dies auch nach SFAS 52.26 gilt, ergeben sich keine Einklangprobleme.

Die Fremdwährungsumrechnung nach SFAS 52 steht mit Art. 29 Abs. 1 der 7. Richtlinie i.V. m. Art. 42e und 42 f. der 4. Richtlinie im Einklang.

g) Wertaufholung im Anlagevermögen

Durch die Modernisierungs-Richtlinie wird Art. 35 Abs. 1 lit. c) dd) der 4. Richtlinie nicht beeinträchtigt. Diese Vorschrift gebietet es, vorherige Abschreibungen auf einen niedrigeren beizulegenden Wert (nach Art. 35 Abs. 1 lit. c) aa) und bb)) durch Zuschreibungen wieder aufzuholen, wenn der Grund für die Abschreibung wegfällt. Nach SFAS 144.15 hat dies zu unterbleiben[363]. Die Wertaufholung im Anlagevermögen steht in keinem Zusammenhang mit der Fair-Value-Bewertung, so dass sich auch aus Art. 42e der 4. Richtlinie nichts anderes ergibt.

SFAS 144.15 steht daher nach wie vor nicht im Einklang mit Art. 29 Abs. 1 der 7. Richtlinie i.V. m. Art. 35 Abs. 1 lit. c) dd) der 4. Richtlinie.

---

362 E. I. 8. sowie E. II. 3. b).

363 Zum fehlenden Einklang bereits E. I. 9 und E. II. 4.

h) Abschreibung des Geschäfts- oder Firmenwerts

Durch SFAS 142 ist eine Abschreibungsregelung für den Geschäftswert eingeführt worden, die nicht mit den Art. 30 Abs. 1, 33 Abs. 5 der 7. Richtlinie i.V.m. den Art. 37 Abs. 2, 34 Abs. 1 lit. a) der 4. Richtlinie im Einklang steht[364].

Die betroffenen Vorschriften der 7. und der 4. Richtlinie wurden durch die Modernisierungs-Richtlinie nicht verändert. Eine andere Betrachtung ergibt sich auch nicht aus der Einführung der Fair-Value-Bewertung.

SFAS 142 steht daher nach wie vor nicht mit der 7. Richtlinie im Einklang[365].

i) Bewertung von sonstigen Rückstellungen

SFAS 5.8 (b) und SFIN 14.3 über die Bewertung von Rückstellungen standen nicht im Einklang mit dem Vorsichtsprinzip[366].

Die Modernisierungs-Richtlinie hat einige Änderungen in den Vorschriften der 4. Richtlinie über Rückstellungen gebracht. Nach den neuen Art. 20 Abs. 1 und 31 Abs. 1 lit. c) dd), Abs. 1a der 4. Richtlinie sind nicht mehr Verluste und Verbindlichkeiten, sondern nur noch Schulden zu berücksichtigen. Damit sind nur noch Verbindlichkeitsrückstellungen zwingend zu bilden[367]. Die bisher mit erfassten Verlustrückstellungen können allerdings weiterhin berücksichtigt werden, wenn die Mitgliedstaaten dies wünschen[368]. Nicht geändert wurden jedoch die Vorschriften über die Bewertung von Rückstellungen. Das insoweit einschlägige Vorsichtsprinzip wurde durch die Modernisierungs-Richtlinie nicht modifiziert. Aus der Einführung der Fair-Value-Bewertung ergibt sich nichts anderes.

Daher stehen SFAS 5.8 (b) und SFIN 14.3 nach wie vor nicht im Einklang mit Art. 29 der 7. Richtlinie i.V.m. Art. 31 Abs. 1 lit. c) der 4. Richtlinie.

j) Negativer Konsolidierungsunterschied

Da Art. 31 der 7. Richtlinie nicht geändert wurde und auch nicht durch die Modernisierungs-Richtlinie eingeführten Änderungen betroffen wird, bleibt die Methode der planmäßigen Abschreibung gemäß SFAS 141.44–45 richtlinienwidrig[369].

---

364 Dazu E. II. 5.

365 *Busse von Colbe,* BB 2002, S. 1530 [1535].

366 E. I. 12.

367 *Bieker/Schmidt,* KoR 2002, S. 206 [211]; *Busse von Colbe,* BB 2002, S. 1530 [1533].

368 *Busse von Colbe,* BB 2002, S. 1530 [1533]. Krit. zu den neuen Regelungen *IDW,* WPg 2002, S. 983 [988]; *Niehus,* DB 2002, S. 1385 [1387].

369 Dazu E. I. 13. und E. II. 2.

k) Exkurs: Konsolidierung von Tochterunternehmen

Die Konsolidierung von Tochterunternehmen ist keine Frage des Einklangs, sondern betrifft eine in § 292a Abs. 2 Nr. 1 HGB normierte Befreiungsvoraussetzung für Konzernabschlüsse nach GAAP[370]. Durch die Modernisierungs-Richtlinie ist zwar Art. 14 der 7. Richtlinie entfallen, der eine Ausnahme von Tochterunternehmen mit abweichenden Tätigkeitsfeld vom Konsolidierungskreis vorsieht. Bislang ist § 295 Abs. 1 HGB, der den alten Art. 14 der 7. Richtlinie umsetzen soll und auf den in § 292a Abs. 2 Nr. 1 HGB verwiesen wird, aber noch nicht aufgehoben worden. Dies ist bisher lediglich beabsichtigt[371]. Soweit es überhaupt zu Problemen beim Konsolidierungskreis kommt, bestehen diese also weiterhin – bis zu einer Umsetzung der Modernisierungs-Richtlinie durch den deutschen Gesetzgeber. Dieser ist nach Art. 5 der Modernisierungs-Richtlinie verpflichtet, diese bis zum 1. Januar 2005 umzusetzen.

9. Zusammenfassung

Nach dem die GAAP bei Einführung des § 292a HGB im Jahre 1998 in elf Fällen nicht mit der 7. Richtlinie im Einklang standen, kam es bis heute zu folgenden Änderungen in der Frage des Einklangs:

a) Fair-Value-Richtlinie

Durch die Änderungen der 4. Richtlinie im Rahmen der Fair-Value-Richtlinie (Art. 42a, 42b der 4.Richtlinie) steht SFAS 115 und 133 über die Zeitwertbilanzierung von Wertpapieren und derivativen Finanzinstrumenten nunmehr im Einklang mit Art. 29 Abs. 1 der 7. Richtlinie. Damit verbleiben allerdings noch zehn Fälle, in denen kein Einklang gegeben ist.

b) SFAS 142

Durch die Einführung des Impairment Tests bei der Abschreibung des Geschäfts- oder Firmenwerts mit SFAS 142 kommt es zu einem neuen Fall, in dem die GAAP nicht mit der 7. Richtlinie im Einklang stehen. Damit ist wiederum in elf Fällen kein Einklang gegeben.

---

370 Dazu bereits unter E. I. 14.

371 Nach der Begründung zum RefE BilReG, S. 2 vom Dezember 2003 soll ein entsprechender Vorschlag im für Sommer 2004 angekündigten Entwurf für ein Bilanzrechtsmodernisierungsgesetz folgen.

c) SFAS 146

Durch die Neuregelung der Vorschriften über die Rückstellungen für Restrukturierungen in SFAS 146 fällt ein Fall, in dem kein Einklang bestand, weg, so dass nunmehr zehn Fälle fehlenden Einklangs verbleiben.

d) Modernisierungs-Richtlinie

Die Modernisierungs-Richtlinie brachte die meisten Änderungen hinsichtlich des Einklangs von GAAP und 7. Richtlinie.

Durch die Änderung der Vorschriften der 4. Richtlinie über die Gliederung von Bilanz und Gewinn- und Verlustrechnung fallen gleich vier Fälle fehlenden Einklangs fort.

Durch die Einführung der Fair-Value-Bewertung für alle Vermögensgegenstände entfallen zwei weitere Einklangprobleme: die langfristige Auftragsfertigung und die Fremdwährungsumrechnung.

Allerdings gibt es immer noch vier Fälle, in denen kein Einklang gegeben ist. Dies sind:

- die Wertaufholung im Anlagevermögen;
- die Abschreibung des Geschäfts- oder Firmenwerts;
- die Bewertung sonstiger Rückstellungen;
- die Behandlung des negativen Konsolidierungsunterschieds.

Auch das Problem der Konsolidierung von Tochterunternehmen mit abweichender Tätigkeit (§ 292a Abs. 2 Nr. 1 i.V.m. § 295 Abs. 1 HGB) ist verblieben, da die Modernisierungs-Richtlinie insoweit noch nicht ins deutsche Recht umgesetzt wurde.

Von den genannten Einklangproblemen ist die Abschreibung des Geschäfts- oder Firmenwerts eines, das praktisch besonders relevant ist, da es nahezu jeden Konzernabschluss kapitalmarktorientierter Konzerne betrifft. Es ist davon auszugehen, dass die Richtlinie spätestens dann an die Regelung der GAAP angepasst wird, wenn das IASB die GAAP-Regelung übernommen hat. Bisher liegt allerdings noch kein entsprechender Änderungsvorschlag der Kommission vor, und es erscheint fraglich, ob es bis zum (bisher vorgesehenen) Auslaufen des § 292a HGB am 31. Dezember 2004 dazu noch kommt.

e) Konsequenzen

Die GAAP standen seit Einführung der befreienden Konzernabschlüsse mit § 292a HGB zu keinem Zeitpunkt vollständig im Einklang mit der 7. Richtlinie.

Bis zur Modernisierungs-Richtlinie von 2003 gab es stets zehn oder mehr Fälle fehlenden Einklangs. Selbst nach den Änderungen der Rechnungslegungsrichtlinien durch die Modernisierungs-Richtlinie verbleiben vier Fälle, in denen die GAAP nicht im Einklang stehen, davon ein Fall, die Abschreibung des Geschäfts- oder Firmenwerts, der praktisch besonders relevant ist.

Die Annahme des Gesetzgebers, dass die GAAP mit der 7. Richtlinie im Einklang stünden, entsprach somit nicht der Realität – mit den entsprechenden Konsequenzen für die Anwendbarkeit des § 292a HGB[372].

F. Vorgehen in Konfliktfällen

Die Konzerngesellschaften haben die GAAP in vollem Umfang anzuwenden. Gleichzeitig sind sie in gleicher Weise wie der deutsche Gesetzgeber an die Richtlinien gebunden.

Wenn diese beiden Regelwerke für den gleichen Sachverhalt einander widersprechende Rechtsfolgen für die Bilanzierung anordnen, stellt sich die Frage, was sich daraus für Folgen ergeben.

I. Ausgleich eines Verstoßes gegen die 7. Richtlinie im Anhang

In dem Fall, dass der Konzernabschluss nach GAAP einzelne Vorschriften der Richtlinien nicht einhält, könnte erwogen werden, die Abweichung von der 7. Richtlinie in der Bilanz und der Gewinnrechnung zu ignorieren, sie aber im Anhang zum Konzernabschluss zu erläutern[373].

Diese Lösung fände eine Grundlage in Art. 16 Abs. 1 der 7. Richtlinie, nach der die Bilanz, die Gewinnrechnung und der Anhang eine Einheit bilden. Wenn eine Einheit bestünde, könnten die Vorschriften der 7. Richtlinie auch im Anhang eingehalten werden.

Die Auslegung könnte sich auf die gleiche Behandlung von Abweichungen zum deutschen Recht in § 292a Abs. 2 Nr. 4 lit. b) HGB stützen. Dort ist vorgesehen, dass alle Abweichungen des befreienden Konzernabschlusses von den Bilanzierungs-, Bewertungs- und Konsolidierungsmethoden des deutschen Recht im Anhang zu erläutern sind.

---

372 Dazu sogleich unter F.

373 *Adler/Düring/Schmaltz,* Ergänzungsband, § 292a, Rn. 29; *Berger/Lütticke,* in: Beck'scher Bilanz-Kommentar[5], § 292a, Rn. 21; *Hoyos/Lechner,* in: Beck'scher Bilanz-Kommentar[4], § 292a, Rn. 24; *Marsch-Barner,* in: GK-HGB, § 292a, Rn. 6; *W. Schruff,* in: WP-Handbuch, Band 1, Abschnitt N, Rn. 29. *Krawitz,* in: Bonner Handbuch, Band 2, § 292a, Rn. 136 nur für unwesentliche Abweichungen.

Eine Einhaltung der 7. Richtlinie berücksichtigte indessen nicht die Verbindlichkeit der Einzelvorschriften der Richtlinien. Diese ergibt sich aus Art. 16 Abs. 5 der 7. Richtlinie. Nach dieser Norm ist eine Abweichung von Einzelvorschriften unter Erläuterung im Anhang möglich. Das gilt aber nur in Ausnahmefällen, um eine zutreffende Darstellung der Finanz-, Vermögens- und Ertragslage zu ermöglichen. Die Substitution von Konzernabschlüssen nach der Rechtsordnung eines Mitgliedstaates zu Gunsten kapitalmarktorientierter Regelwerke hat mit einer zutreffenden Darstellung der Vermögens-, Finanz- und Ertragslage im Sinne der 7. Richtlinie nichts zu tun[374].

Abgesehen davon spricht die parallele Regelung in § 292a Abs. 2 Nr. 4 lit. b) HGB eher gegen als für eine Einhaltung der Richtlinie nur im Anhang. Wenn der deutsche Gesetzgeber dieses Vorgehen in Fällen eines fehlenden Einklangs gewollt haben würde, hätte er die gleiche Regelung in Nr. 2 der Vorschrift getroffen.

II. Ausgleich eines Verstoßes gegen die GAAP im Anhang

Denkbar könnte es sein, im Konfliktfall die 7. Richtlinie zu befolgen und darüber in den notes (Anhang) zu berichten[375]. Doch das verstieße einerseits gegen die GAAP und andererseits gegen die aus § 292a Abs. 2 Nr. 2 lit. a) HGB folgende Pflicht, die international anerkannten Rechnungslegungsgrundsätze, hier die GAAP, zu befolgen.

III. Unanwendbarkeit des § 292a HGB

In den Fällen eines Konflikts zwischen GAAP und der 7. Richtlinie ist § 292a HGB nicht anwendbar.

Weder die GAAP noch die Vorschriften der 7. Richtlinie dürfen bei dem dual aufzustellenden Konzernabschluss missachtet werden. Im Fall eines Widerspruches kann eines der Regelwerke nicht angewandt werden. Damit können die Bedingungen des § 292a HGB nicht erfüllt werden. Entweder ist der befreiende Abschluss nicht nach international anerkannten Rechnungslegungsgrundsätzen aufgestellt (§ 292a Abs. 2 Nr. 2 lit. a) HGB) oder er steht nicht im Einklang mit der 7. Richtlinie (§ 292a Abs. 2 Nr. 2 lit. b) HGB)[376].

---

374 *Hommelhoff,* in: Ulmer, Band 2, § 292a, Rn. 31. A. A. *Adler/Düring/Schmaltz,* Ergänzungsband, § 292a, Rn. 29; *Deutscher Standardisierungsrat,* DRS 1.18; *Krawitz,* in: Bonner Handbuch Rechnungslegung (20 El.), Band 2, § 292a, Rn. 113; *Strobel,* DB 1999, S. 1127 [1130].

375 *Busse von Colbe,* in: Festschrift Weber (1999), S. 463 [470].

376 *Hommelhoff,* in: Ulmer, Band 2, § 292a, Rn. 32.

Dem mag entgegengehalten werden, dass es nicht sein könne, dass der Gesetzgeber Normen schaffe, die praktisch unanwendbar seien[377]. Das ist jedoch die Konsequenz einer dualen Bindung des befreienden Konzernabschlusses an zwei unterschiedliche Regelwerke. Sie resultiert aus der Bindung des deutschen Gesetzgebers an das europäische Recht und aus dem Akzeptanzverhalten an den internationalen Kapitalmärkten. Dem Gesetzgeber ist in diesem Zusammenhang – neben der formalen Verletzung der Umsetzungspflicht – vorzuwerfen, dass er durch § 292a HGB falsche Erwartungen geweckt hat.

G. Ergebnisse des zweiten Teils

Die Umsetzung der 7. Richtlinie in Form einer direkten Verpflichtung der Rechtsanwender auf die Richtlinie mit Hilfe des Einklangerfordernisses des § 292a Abs. 2 Nr. 2 lit. b) HGB verstößt gegen die Umsetzungspflicht für Richtlinien aus Art. 249 Abs. 3 EG in formeller Hinsicht. Die 7. Richtlinie wird für einen Teil der Rechtsanwender nicht mehr in verbindlicher Form umgesetzt, da es den Rechtsanwendern überlassen bleibt, ob sie die Richtlinie einhalten. Die reaktive Kontrolle durch Abschlussprüfer oder Registergerichte genügt nicht den Anforderungen an eine staatliche Durchsetzung der Richtlinienziele.

Aus dem Begriff *Einklang* ergibt sich inhaltlich keine beschränkte Verbindlichkeit der Ziele der 7. Richtlinie. Deren Verbindlichkeit richtet sich nach ihren Einzelvorschriften. Versuchen, die Verbindlichkeit der europarechtlichen Vorgaben im Sinne eines pragmatischen Verständnisses des § 292a HGB aufzuweichen, ist eine Absage zu erteilen.

Die 7. Richtlinie ist anhand der rechtswissenschaftlich anerkannten und vom Europäischen Gerichtshof praktizierten Auslegungsmethoden auszulegen. Eine Orientierung allein oder vorrangig an der Umsetzungspraxis der Mitgliedstaaten ist ebenso unzulässig wie eine dynamische Interpretation der 7. Richtlinie.

Die Verweisungen der 7. Richtlinie auf Vorschriften der 4. Richtlinie gelten uneingeschränkt und sind nicht als Verweisungsanalogien zu verstehen. Auch die Generalnorm des Art. 16 Abs. 3 der 7. Richtlinie führt zu keiner abweichenden Auslegung der Vorschriften der 4. Richtlinie. Die bei der Auslegung maßgeblichen Rechnungslegungsziele ergeben sich vor allem aus den Erwägungsgründen. Vorrangig ist demnach die Information der Gesellschafter und Dritter, darunter der Gläubiger und Kapitalmarktteilnehmer. Da die 4. Richtlinie in einem – wenn auch beschränkten – systematischen Zusammenhang mit der 2. Richtlinie über die Kapitalerhaltung steht, darf ihre Auslegung nicht dem Ziel der aktienrechtlichen Kapitalerhaltung widersprechen. Besteuerungszwecke werden nicht berücksichtigt, da in den Richtlinien – anders als im deutschen Recht – nicht das System der Ein-

377 *Havermann,* WPg 2000, S. 121 [124].

heitsbilanz vorausgesetzt wird. Durch die Generalnorm des Art. 2 Abs. 3 der 4. Richtlinie wird zwischen den Zielen der Rechnungslegung und den Einzelvorschriften vermittelt. Mit ihr ist keine besondere Bilanzauffassung (etwa die englische) berücksichtigt worden.

Die GAAP haben seit 1998 bis zur Modernisierungs-Richtlinie stets in zehn oder mehr Fällen gegen die 7. Richtlinie verstoßen. Die Unterschiede können nicht durch Angaben im Anhang oder ähnliche Maßnahmen kompensiert werden. Das ist einerseits der Bindung an die jeweiligen Regelwerke geschuldet. Andererseits hat der Gesetzgeber in § 292a HGB keine Lösungen für solche Fälle vorgesehen, da er leichtfertig von einem Einklang der GAAP mit der 7. Richtlinie ausging.

Nach der Modernisierungs-Richtlinie sind vier Divergenz-Fälle verblieben, darunter die praktisch bedeutende Abschreibung des Geschäfts- oder Firmenwerts.

Daher kann nach wie vor nicht davon ausgegangen werden, dass Konzernabschlüsse nach GAAP im Einklang mit der 7. Richtlinie stehen.

Zusammenfassung der Thesen

Bei den international anerkannten Rechnungslegungsgrundsätzen handelt es sich um einen unbestimmten Rechtsbegriff, der auslegungsfähig ist. Die GAAP sind international anerkannte Rechnungslegungsgrundsätze. Unter GAAP sind alle Regeln zu verstehen, die US-amerikanische Wirtschaftsprüfer bei der Abschlussprüfung zu beachten haben und die von der Börsenaufsichtsbehörde SEC anerkannt oder selbst vorgeschrieben werden. Die GAAP dürfen grundsätzlich nicht mit anderen Regelwerken vermischt werden.

Die Bezugnahme des § 292a Abs. 2 Nr. 2 lit. a) HGB auf die international anerkannten Rechnungslegungsgrundsätze, und damit indirekt auf die GAAP, ist nicht verfassungswidrig. Die Vorschrift ist keine dynamische Verweisung. Sie ist auch kein kollisionsrechtlicher Rechtswahltatbestand, sondern ein gesetzlich geregelter Fall der Substitution. Die Vorschrift steht mit dem Demokratieprinzip, dem Gewaltenteilungsgrundsatz, den Aussagen der Wesentlichkeitstheorie und dem Gebot der ordnungsgemäßen Normverkündung im Einklang.

Das Einklangerfordernis des § 292a Abs. 2 Nr. 2 lit. b) HGB verstößt gegen die aus Art. 249 Abs. 3 EG resultierende formelle Umsetzungspflicht für Richtlinien, da die Umsetzung der 7. Richtlinie nicht gesetzlich geregelt, sondern direkt den Rechtsanwendern überlassen wird. Dieser Verstoß führt nicht zur Unwirksamkeit der Vorschrift, kann aber von der EG-Kommission in einem Vertragverletzungsverfahren angegriffen werden. Angesichts des Auslaufens des § 292a HGB am Jahresende 2004 ist mit einem solchen Verfahren nicht zu rechnen.

Der Begriff *Einklang* schränkt die inhaltliche Verbindlichkeit der 7. Richtlinie nicht ein. Die Rechtsanwender sind im Rahmen des § 292a HGB genauso an sie gebunden wie der Gesetzgeber selbst. Der Gesetzgeber hat seine eigene Umsetzungspflicht mit § 292a HGB auf die Rechtsanwender übertragen. Die Bindungswirkung lässt sich nicht einschränken, auch wenn damit die Funktionsfähigkeit des § 292a HGB in Frage gestellt wird.

Die GAAP standen seit Inkrafttreten des § 292a HGB in verschiedenen Punkten nicht mit der 7. Richtlinie im Einklang. Die Unterschiede sind bis zum heutigen Tage so zahlreich bzw. wesentlich, dass sie nicht kompensiert werden oder unbeachtet bleiben können. Das führt zur Unanwendbarkeit der GAAP für befreiende Konzernabschlüsse nach § 292a HGB, da die Tatbestandsvoraussetzung des § 292a Abs. 2 Nr. 2 lit. b HGB nicht erfüllt werden kann.

Konsequenzen und Ausblick

Die Befreiungsregelung des § 292a HGB kann für Konzernabschlüsse nach GAAP nicht in Anspruch genommen werden, da – entgegen der Vermutung des Gesetzgebers – die GAAP nicht mit der 7. Richtlinie im Einklang stehen.

Soweit Unternehmen Konzernabschlüsse nach GAAP einreichen oder bereits eingereicht haben, bleibt diesen Abschlüssen die befreiende Wirkung versagt. Als Folge müssen die Unternehmen, auch für die Vergangenheit, Konzernabschlüsse nach den Vorschriften des HGB nachzureichen.

Der nach § 292a Abs. 2 Nr. 5 HGB bestellte Abschlussprüfer hat sein Testat über die Erfüllung der Befreiungsvoraussetzungen zu versagen, wenn ihm ein Abschluss nach GAAP präsentiert wird.

Die Versagung des Testats hindert die Unternehmen nicht, Konzernabschlüsse nach GAAP beim Handelsregister einzureichen. Hiergegen schreiten die Handelregister nicht von Amts wegen, sondern gemäß § 325 bzw. § 325a HGB nur auf Antrag ein. Den Antrag kann jeder stellen. Die wirksame Durchsetzung der Verpflichtung, einen Konzernabschluss nach HGB nachzureichen, hängt somit vom Verhalten einzelner ab. Eine einheitliche Rechtsanwendung ist nicht gewährleistet. Überdies werden Räume für einen Missbrauch der Antragsbefugnis eröffnet[1].

De lege ferenda könnte erwogen werden, die bereits eingereichten Konzernabschlüsse durch ein „Reparaturgesetz“ nachträglich anzuerkennen, auch wenn sie nicht im Einklang mit der 7. Richtlinie stehen. Damit würde der Gesetzgeber an sich gegen seine Umsetzungspflicht für die 7. Richtlinie aus Art. 249 Abs. 3 EG verstoßen und ein Vertragsverletzungsverfahren durch die EG-Kommission riskieren. Es scheint aber nicht ausgeschlossen, dass sich der deutsche Gesetzgeber mit der EG-Kommission auf eine ausnahmsweise Anerkennung verständigen könnte[2], um das Vertrauen der Rechtsanwender in die praktische Anwendbarkeit des § 292a

---

1 Es wäre denkbar, dass sich Aktionäre Sondervorteile versprechen lassen, um im Gegenzug auf einen Antrag zu verzichten. All dies sind die Folgen einer fehlerhaften Umsetzung der Publizitätsrichtlinie mit den §§ 325, 325a HGB i.d.F. des KapCoRiLiG. Die fehlerhafte Umsetzung ist Deutschland bereits vor dem KapCoRiLiG zweimal vom EuGH bescheinigt worden, *EuGHE* 1997, I – S. 6858 und *EuGHE* 1998, I – S. 5485. Daraus hat der Gesetzgeber aber anscheinend nichts gelernt.

2 Dies erscheint möglich, weil die EG-Kommission die Befreiungsvorschriften in Deutschland und anderen Mitgliedstaaten zur Kenntnis genommen hat und diese offenkundig billigt, *EG-Kommission,* Vorschlag Fair-Value-Richtlinie, KOM (2000) 80 endgültig, Tz. 2.

HGB zu schützen[3]. Sollte eine Einigung nicht zustande kommen und der deutsche Gesetzgeber dennoch ein Reparaturgesetz erlassen, wäre dies – trotz des Richtlinienverstoßes – nicht unwirksam.

Die weitere Tätigkeit des Deutschen Rechnungslegungs Standards Committee e. V. auf dem Gebiet der Rechnungslegung ist kritisch zu hinterfragen, da dessen Standardisierungsrat sich in DRS 1 und DRS 1a nach Bekundungen des Gremiumsvorsitzenden anscheinend bewusst über die anzuwendende Methodik zur Auslegung deutscher Gesetze und europäischer Richtlinien hinweggesetzt hat[4]. Dieses Vorgehen ist zwar insoweit verständlich, als dass der Gesetzgeber mit § 292a HGB eine Norm geschaffen hat, die praktisch unanwendbar ist und das DRSC dazu berufen ist, Hinweise für die Praxis zu geben. Richtigerweise hätte das DRSC jedoch den Gesetzgeber so früh wie möglich darauf hinweisen müssen, dass § 292a HGB praktisch unanwendbar ist, um den entstandenen Schaden zu minimieren und eine anwendbare Regelung zu ermöglichen. Zumindest sollte erwogen werden, Vertreter der Rechtswissenschaft im DRSC zu beteiligen.

Da § 292a HGB spätestens Ende des Jahres 2004 auslaufen wird, wirkt sich der fehlende Einklang der GAAP mit der 7. Richtlinie in Zukunft bei den meisten Unternehmen nicht mehr aus. Eine in Zukunft denkbare Ausnahme sind jedoch die Unternehmen, deren Wertpapiere an einem ausländischen Kapitalmarkt notiert sind und die bereits in der Vergangenheit Konzernabschlüsse nach GAAP vorgelegt haben. Für sie besteht nach Art. 56 S. 1 Nr. 2, 57 Abs. 5 S. 2 E-EGHGB i.d.F. des Referentenentwurfs eines Bilanzrechtsreformgesetzes vom Dezember 2003 weiterhin die Möglichkeit Konzernabschlüsse nach GAAP aufzustellen. Als Nachfolgeregelung des § 292a HGB würde Art. 56 S. 1 Nr. 2, 57 Abs. 5 S. 2 E-EGHGB unter dem gleichen Mangel leiden. Der Referentenentwurf darf also in diesem Punkt nicht umgesetzt werden. Für die Unternehmen entsteht dadurch kein Schaden. Sie konnten sich nach der bisherigen Rechtslage nicht darauf verlassen, die GAAP über 2004 hinaus anwenden zu können. Dies ergibt sich aus Art. 5 des KapAEG, der ein Auslaufen des § 292a HGB für Ende 2004 vorsieht und aus der IAS-VO, nach der ab 1. Januar 2005 alle Konzernabschlüsse nach IAS aufzustellen sind. Art. 9 der IAS-VO sieht lediglich ein Mitgliedstaatenwahlrecht vor, auf dessen Ausübung durch den deutschen Gesetzgeber sich die Rechtsanwender nicht verlassen durften.

---

3 Das Vertrauen wurde nicht nur durch die leichtfertigen Hypothesen des deutschen Gesetzgebers zum Einklang von GAAP und 7. Richtlinie, sondern auch durch die zu einem Teil methodisch und inhaltlich fehlerhafte Untersuchung des Kontaktausschusses zu den IAS (*Kontaktausschuss,* Konformitätsüberprüfung IAS) gesetzt.

4 *Havermann,* ZGR 2000, S. 693 [701].

Literaturverzeichnis

Adler/Düring/Schmaltz: Rechnungslegung und Prüfung der Unternehmen – Kommentar zum HGB, AktG, GmbHG, PublG nach den Vorschriften des Bilanzrichtlinien-Gesetzes, Band 3, 6. Auflage, Stuttgart 1996 und Ergänzungsband zur 6. Auflage, Stuttgart 2001.

Altenburger, Otto A.: Erlaubt die Bilanzrichtlinie einen Verzicht auf die planmäßige Abschreibung des Goodwill?, in: Die Wirtschaftsprüfung (WPg) 2002, S. 806–809.

American Institute of Certified Public Accountants, Inc. (AICPA): Codification of Statements on Auditing Standards (Including Statements on Standards for Attestation Engagements), New York 2000.

Backherms, Johannes: Unzulässige Verweisung auf DIN-Normen, in: Zeitschrift für Rechtspolitik (ZRP) 1978, S. 261–262.

Baden, Eberhard: Dynamische Verweisungen und Verweisungen auf Nichtnormen, in: Neue Juristische Wochenschrift (NJW) 1979, S. 623–627.

Badura, Peter: Staatsrecht – Systematische Erläuterung des Grundgesetzes für die Bundesrepublik Deutschland, 3. Auflage, München 2003.

Baetge, Jörg/*Kirsch,* Hans-Jürgen/*Thiele,* Stefan: Konzernbilanzen, 6. Auflage, Düsseldorf 2002.

– Bilanzrecht – Handelsrecht mit Steuerrecht und den Regelungen des IASB, Band 2, Bonn u. a., Stand: 2. Ergänzungslieferung, Juli 2003 (zitiert: Bearbeiter, in: Baetge/Kirsch/Thiele).

Ballwieser, Wolfgang: HGB-Konzernabschlußbefreiung und privates Rechnungslegungsgremium, in: Festschrift für Claus-Peter Weber, Stuttgart 1999, S. 433–449.

Bar, Christian von: Internationales Privatrecht, Erster Band – Allgemeine Lehren, München 1987 (zitiert: von Bar, IPR, Band 1[1]).

Bar, Christian von/*Mankowski,* Peter: Internationales Privatrecht, Erster Band – Allgemeine Lehren, 2. Auflage, München 2003 (zitiert: von Bar/Mankowski, IPR, Band 1[2]).

Baumbach, Adolf/*Hueck,* Alfred: GmbH-Gesetz, 17. Auflage, München 2000 (zitiert: Bearbeiter, in: Baumbach/Hueck).

Beck'scher Bilanz-Kommentar: Handels- und Steuerrecht – §§ 238 bis 339 HGB, 4. Auflage, München 1999 (zitiert: Bearbeiter, in: Beck'scher Bilanz-Kommentar[4]).

– Handels- und Steuerrecht – §§ 238 bis 339 HGB, 5. Auflage, München 2003 (zitiert: Bearbeiter, in: Beck'scher Bilanz-Kommentar[5]).

Bieker, Marcus/*Schmidt,* Lars: Der Vorschlag der Europäischen Kommission zur Änderung der Bilanzrichtlinien, in: Zeitschrift für kapitalmarktorientierte Rechnungslegung (KoR) 2002, S. 206–219.

Biener, Herbert: Fortentwicklung des Bilanzrechts aus deutscher Sicht, in: Schruff, Lothar (Hrsg.), Bilanzrecht unter dem Einfluß internationaler Reformzwänge – Bericht über die Göttinger Bilanztage „10 Jahre BiRiLiG: Bilanzrecht vor neuen Reformzwängen" am 7. und 8. Dezember 1995, Düsseldorf 1996, S. 61–83.

– Das neue HGB-Bilanzrecht, Bundesanzeiger 2000, Beilage Nr. 128a.

Biener, Herbert/*Berneke,* Wilhelm (Hrsg.): Bilanzrichtlinien-Gesetz – Textausgabe des Bilanzrichtlinien-Gesetzes vom 19. 12. 1985 (BGBl. I S. 2355) mit Bericht des Rechtsausschusses des Deutschen Bundestags, Regierungsentwürfe mit Begründung, EG-Richtlinien mit Begründung, Entstehung und Erläuterung des Gesetzes, Düsseldorf 1986.

Biener, Herbert/*Schatzmann,* Jürgen: Konzern-Rechnungslegung – 7. EG-Richtlinie (Konzernbilanzrichtlinie), Düsseldorf 1983.

Born, Karl: Rechnungslegung International – Einzel- und Konzernabschlüsse nach IAS, US-GAAP, HGB und EG-Richtlinien, 3. Auflage, Stuttgart 2002.

Brakensiek, Sonja/*Hütten,* Christoph: Gliederung von Bilanz und GuV in einem befreienden Konzernabschluß, Betriebs-Berater (BB) 1999, S. 1108–1109.

Brugger, Winfried: Rechtsprobleme der Verweisung im Hinblick auf Publikation, Demokratie und Rechtsstaat, in: Verwaltungsarchiv (VerwArch) Band 78 (1987), S. 1–44.

Buchheim, Regine/*Gröner,* Susanne: Anwendungsbereich der IAS-Verordnung an der Schnittstelle zu deutschem und zu EU-Bilanzrecht, in: Betriebs-Berater (BB) 2003, S. 953–955.

Budde, Wolfgang Dieter: Konzernrechnungslegung nach IAS und US-GAAP und ihre Rückwirkungen auf den handelsrechtlichen Einzelabschluß, in: Festschrift für Heinrich Beisse, Düsseldorf 1997, S. 105–121.

Budde, Wolfgang Dieter/*Steuber,* Elgin: Rechnungslegung nach HGB und der verfassungsrechtliche Grundsatz der Gleichbehandlung, in: Festschrift für Jörg Baetge, Düsseldorf 1997, S. 3–35.

– Verfassungsrechtliche Voraussetzungen zur Transformation internationaler Rechnungslegungsgrundsätze, in: Deutsches Steuerrecht (DStR) 1998, S. 504–508.

Bundesministerium der Justiz/Bundesministerium der Finanzen: Maßnahmenkatalog der Bundesregierung zur Stärkung der Unternehmensintegrität und des Anlegerschutzes, Pressemitteilung Nr. 10/2003 vom 25. Februar 2003, URL: http://www.bmj.bund.de/ger/themen/wirtschaft_und_recht/100000668/?sid=eboe2808c40639aa0798161ded1b1740.

Bundesregierung: (Referenten-)Entwurf eines Gesetzes zur Verbesserung der Wettbewerbsfähigkeit deutscher Konzerne an internationalen Kapitalmärkten und zur erleichterten Aufnahme von Gesellschafterdarlehen (Kapitalaufnahmeerleichterungsgesetz), Zeitschrift für Wirtschaftsrecht (ZIP) 1996, S. 2000–2003 (zitiert: Referentenentwurf).

– Entwurf eines Gesetzes zur Verbesserung der Wettbewerbsfähigkeit deutscher Konzerne an internationalen Kapitalmärkten und zur Erleichterung der Aufnahme von Gesellschafterdarlehen (Kapitalaufnahmeerleichterungsgesetz – KapAEG), Bundestags-Drucksache (BT-Ds.) 13/7141 (zitiert: Regierungsentwurf).

– Referentenentwurf eines Gesetzes zur Einführung internationaler Rechnungslegungsstandards und zur Sicherung der Qualität der Abschlussprüfung (Bilanzrechtsreformgesetz – BilReG), URL: www.bmj.bund.de/images/11723.pdf.

Bundestag / Rechtsausschuß: Beschlußempfehlung und Bericht zu dem Gesetzentwurf der Bundesregierung – Drucksache 13 / 7141, Bundestags-Drucksache (BT-Ds.) 13 / 9909 (zitiert: Beschlussempfehlung) – *Anmerkung:* Es existieren zwei Versionen dieses Dokuments, die sich im Layout, nicht aber inhaltlich unterscheiden. Bei der ohne Klammern zitierten Version handelt es sich um eine zweispaltige Version, die in Klammern zitierte ist eine einspaltige Version.

Burger, Anton / *Ulbrich,* Philipp: IAS-Verordnung und § 292a HGB – Probleme beim Übergang, in: Der Betrieb (DB) 2003, S. 2397 – 2399.

Busse von Colbe, Walther: Internationalisierung der deutschen Konzernrechnungslegung als Kür oder Pflicht? – zum Regierungsentwurf eines KapAEG, in: Festschrift für Bruno Kropff, Düsseldorf 1997, S. 417 – 429.

– Internationalisierung der Konzernrechnungslegung börsennotierter Mutterunternehmen durch das KapAEG und das KonTraG, in: Festschrift für Claus-Peter Weber, Stuttgart 1999, S. 463 – 479.

– Ist eine Bilanzierung des Firmenwerts nach dem Nonamortization-Impairment-Ansatz des SFAS-Entwurfs von 2001 mit § 292a HGB vereinbar?, in: Der Betrieb (DB) 2001, S. 877 – 879.

– Vorschlag der EG-Kommission zur Anpassung der Bilanzrichtlinien an die IAS – Abschied von der Harmonisierung?, in: Betriebs-Berater (BB) 2002, S. 1530 – 1536.

Calliess, Christian / *Ruffert,* Matthias (Hrsg.): Kommentar des Vertrages über die Europäische Union und des Vertrages zur Gründung der Europäischen Gemeinschaft – EUV / EGV, 2. Auflage, Neuwied 2002 (zitiert: Bearbeiter, in: Calliess / Ruffert).

Castan, Edgar: Rechnungslegung in der Europäischen Gemeinschaft – Besonderheiten des Jahresabschlusses in den 12 EG-Staaten, München 1993.

Claussen, Carsten Peter: Bank- und Börsenrecht – für Studium und Praxis, 3. Auflage, München 2003.

– Ein Versuch der Standortbestimmung des neuen Rechnungslegungsrechts, in: Festschrift für Peter Ulmer, Berlin 2003, S. 801 – 815.

Clemens, Thomas: Die Verweisung einer Rechtsnorm auf andere Vorschriften – insbesondere ihre Verfassungsmäßigkeit, in: Archiv des öffentlichen Rechts (AöR) Band 111 (1986), S. 63 – 125.

Davis, Maria K.: US-GAAP: Rechnungslegung für immaterielle Vermögensgegenstände nach Verabschiedung der FASB Standards 141 und 142, in: Der Betrieb (DB) 2002, S. 697 – 701.

Dexheimer, Sigrid: Gewinngliederungsgrundsätze im internationalen Vergleich: HGB, US-GAAP und IAS, in: Betriebs-Berater (BB) 2002, S. 451 – 457.

Dreier, Horst (Hrsg.): Grundgesetz – Kommentar, Band 2 – Art. 20 – 82, Tübingen, 1998 (zitiert: Bearbeiter, in: Dreier).

Ebenroth, Carsten Thomas / *Boujong,* Karlheinz / *Joost,* Detlev: Handelsgesetzbuch, Band 1 (§§ 1 – 342a), München 2001 (zitiert: Bearbeiter, in: Ebenroth / Boujong / Joost).

Ebert, Elke: Private Normsetzung für die Rechnungslegung – Möglichkeiten und Grenzen, Sternenfels 2002.

Eitzen, Bernd von/*Helms,* Svenia: Aktive latente Steuern auf steuerliche Verlustvorträge nach US-GAAP – Anwendungsbesonderheiten für deutsche Unternehmen, in: Betriebs-Berater (BB) 2002, S. 823–828.

Ernst, Christoph: Die Reform der Konzernrechnungslegung nach IAS und US-GAAP, in: Hommelhoff, Peter/Röhricht, Volker (Hrsg.), RWS-Forum 10 – Gesellschaftsrecht 1997, Köln 1998, S. 323–328.

– Überblick über die Änderungen des Handelsgesetzbuches zu Rechnungslegung und Abschlußprüfung, in: Dörner, Dietrich/Menold, Dieter/Pfitzer, Norbert, Reform des Aktienrechts, der Rechnungslegung und Prüfung – KonTraG – KapAEG – EuroEG – StückAG, Stuttgart 1999, S. 321–387.

– EU-Verordnungsentwurf zur Anwendung von IAS: Europäisches Bilanzrecht vor weitreichenden Änderungen, in: Betriebs-Berater (BB) 2001, S. 823–825.

– Zeitwertbilanzierung für Finanzinstrumente nach 4. EU-Richtlinie und HGB – Zu erwartende Änderungen für alle Kaufleute, in: Die Wirtschaftsprüfung (WPg) 2001, S. 245–253.

Euler, Roland: Steuerbilanzielle Konsequenzen der internationalisierten Rechnungslegung, in: Steuer und Wirtschaft (StuW) 1998, S. 15–24.

Europäische Kommission: Mitteilung auf dem Gebiet der Rechnungslegung: Eine neue Strategie im Hinblick auf die internationale Harmonisierung, KOM (1995) 508 endgültig.

– Mitteilung der Kommission zu Auslegungsfragen im Hinblick auf bestimmte Artikel der Vierten und der Siebenten Richtlinie des Rates auf dem Gebiet der Rechnungslegung (XV/7009/97), ABl. C 16 v. 20. Januar 1998, S. 5–12.

– Stellungnahme zu E-DRS 1 (C5/UL D (99) 155), URL: http://www.standardsetter/drsc/docs/comments/001/eu.htmls.

– Vorschlag für eine Richtlinie des Europäischen Parlaments und des Rates zur Änderung der Richtlinien 78/660/EWG und 83/349/EWG im Hinblick auf die im Jahresabschluß bzw. im konsolidierten Abschluß von Gesellschaften bestimmter Rechtsformen zulässigen Wertansätze, KOM (2000) 80 endgültig.

– Mitteilung der Kommission an den Rat und das Europäische Parlament – Rechnungslegungsstrategie der EU: Zukünftiges Vorgehen, KOM (2000) 359 endgültig.

– Vorschlag für eine Richtlinie des Europäischen Parlaments und des Rates zur Änderung der Richtlinien 78/660/EWG, 83/349/EWG und 91/647/EWG über den Jahresabschluss und den konsolidierten Abschluss von Gesellschaften bestimmter Rechtsformen sowie Versicherungsunternehmen, KOM (2002) 259/2 endgültig.

Europäische Kommission/Beratendes Forum für Rechnungslegung: Umrechnung von Fremdwährungsposten (XV/304/91), URL: http://www.europa.eu.int/comm/internal_market/accounting/docs/markt-1991–0304/304_de.pdf.

– Vorsicht und Matching (XV/7002/95), URL: http://www.europa.eu.int/comm/internal_market/accounting/docs/markt-1995–7002/7002_de.pdf.

Europäische Kommission/Kontaktausschuß für Richtlinien der Rechnungslegung: Eine Überprüfung der Konformität der Internationalen Rechnungslegungsgrundsätze (IAS) mit den europäischen Richtlinien der Rechnungslegung, Luxemburg 1998 (zitiert: Kontaktausschuss, Konformitätsüberprüfung IAS).

Eyles, Uwe: Das Niederlassungsrecht der Kapitalgesellschaften in der Europäischen Gemeinschaft – Die Überlagerung des deutschen Gesellschaftsrechts und Unternehmenssteuerrechts durch Europäisches Gemeinschaftsrecht, Baden-Baden 1990.

Feldmüller, Christian: Die Rechtsstellung fremder Staaten und sonstiger juristischer Personen des öffentlichen Rechts im deutschen Verwaltungsprozessrecht, Berlin 1999.

Franken, Lars: Gläubigerschutz durch eine Rechnungslegung nach US-GAAP – Eine ökonomische Analyse, Frankfurt am Main u. a. 2001.

Fresl, Karlo D.: Die Europäisierung des deutschen Bilanzrechts, Wiesbaden, 2000.

Gelhausen, Wolf/*Mujkanovic,* Robin: Der Entwurf eines Kapitalaufnahmeerleichterungsgesetzes – Bedeutung für die Rechnungslegung, Prüfung und Offenlegung, in: Die Aktiengesellschaft (AG) 1997, S. 337–345.

Gemeinschaftskommentar zum Handelsgesetzbuch: Herausgegeben von Jürgen Ensthaler, 6. Auflage, Neuwied 1999 (zitiert: Bearbeiter, in: GK-HGB).

Gidlewitz, Hans-Jörg: Internationale Harmonisierung der Konzernrechnungslegung – unter besonderer Berücksichtigung der Vereinbarkeit der Bestimmungen des IASC und des HGB, Frankfurt am Main u. a. 1996.

Grabitz, Eberhard/*Hilf,* Meinhard (Hrsg.): Das Recht der Europäischen Union, Band 1 und 2, München, Stand: 21. Ergänzungslieferung, April 2003 (zitiert: Bearbeiter, in: Grabitz/Hilf).

Groeben, Hans von der/*Thiesing,* Jochen/*Ehlermann,* Claus-Dieter (Hrsg.): Kommentar zum EU-/EG-Vertrag, Band 4, 5. Auflage, Baden-Baden 1997 (zitiert: Bearbeiter, in: Groeben/Thiesing/Ehlermann).

Grund, Matthias: Zum Entwurf eines Gesetzes zur Kapitalaufnahmeerleichterung – Flucht oder Pflicht des Gesetzgebers?, in: Zeitschrift für Wirtschaftsrecht (ZIP) 1996, S. 1969–1977.

Grundmann, Stefan: Deutscher Anlegerschutz in internationalen Sachverhalten – Vom internationalen Schuld- und Gesellschaftsrecht zum internationalen Marktrecht, in: Rabels Zeitschrift für ausländisches und internationales Privatrecht (RabelsZ) Band 54 (1990). S. 283–322.

Habersack, Matthias: Europäisches Gesellschaftsrecht – Einführung für Studium und Praxis, 2. Auflage, München 2003.

Haller, Axel: Wesentliche Ziele und Merkmale US-amerikanischer Rechnungslegung, in: Ballwieser, Wolfgang, US-amerikanische Rechnungslegung – Grundlagen und Vergleiche mit dem deutschen Recht, 4. Auflage, Stuttgart 2000, S. 1–27.

Havermann, Hans: Konzernrechnungslegung – quo vadis?, in: Die Wirtschaftsprüfung (WPg) 2000, S. 121–127.

– Private Regelsetzung aus der Sicht des Handelsbilanzrechts, in: Zeitschrift für Unternehmens- und Gesellschaftsrecht (ZGR) 2000, S. 693–701.

Heintzen, Markus: Zur Verfassungsmäßigkeit von § 292a Abs. 2 Nr. 2 a) HGB, in: Betriebs-Berater (BB) 1999, S. 1050–1054.

– Verfassungsrechtliche Anforderungen an das Rechnungslegungsrecht für börsennotierte Unternehmen, in: Zeitschrift für kapitalmarktorientierte Rechnungslegung (KoR) 2001, S. 150–154.

– EU-Verordnungsentwurf zur Anwendung von IAS: Kein Verstoß gegen Unionsverfassungsrecht, in: Betriebs-Berater (BB) 2001, S. 825–829.

Hellermann, Johannes: Private Standardsetzung im Bilanzrecht – öffentlich-rechtlich gesehen, in: Neue Zeitschrift für Gesellschaftsrecht (NZG) 2000, S. 1097–1103.

Helmschrott, Harald: Der Vorschlag der EU zur Anpassung der Bilanzrichtlinien an die IAS durch Einführung einer Fair-Value-Bewertung von Finanzinstrumenten, in: Deutsches Steuerrecht (DStR) 2000, S. 941–948.

Hennrichs, Joachim: Wahlrechte im Bilanzrecht der Kapitalgesellschaften unter besonderer Berücksichtigung der EG-Bilanzrichtlinie, Köln 1999.

Henssler, Martin/*Slota,* Christian: Der Befreiungstatbestand des § 292 a HGB – Nur eine Zwischenlösung?, in: Neue Zeitschrift für Gesellschaftsrecht (NZG) 1999, S. 1133–1148.

Hentschel, Peter: Straßenverkehrsrecht – Straßenverkehrsgesetz, Straßenverkehrs-Ordnung, Straßenverkehrs-Zulassungs-Ordnung, Fahrerlaubnis-Verordnung, Bußgeldkatalog, Gesetzesmaterialien, Verwaltungsvorschriften und einschlägige Bestimmungen des StGB und der StPO, 37. Auflage, München 2003.

Heymann: Handelsgesetzbuch (ohne Seerecht) – Kommentar, herausgegeben von Norbert Horn, Band 3, 2. Auflage, Berlin u. a. 1999 (zitiert: Bearbeiter, in: Heymann).

Hofbauer, Max/*Kupsch,* Peter: Bonner Handbuch Rechnungslegung – Aufstellung, Prüfung und Offenlegung des Jahresabschlusses, Band 2, Bonn, Stand: 27. Ergänzungslieferung, Februar 2003 (zitiert: Bearbeiter, in: Bonner Handbuch).

Hoffmann, Bernd von: Internationales Privatrecht – einschließlich der Grundzüge des Internationalen Zivilverfahrensrechts, 7. Auflage, München 2002.

Hommelhoff, Peter: Deutscher Konzernabschluß: International Accounting Standards und das Grundgesetz, in: Festschrift für Walter Odersky, Berlin u. a. 1996, S. 779–797.

– Zum Ersatz des deutschen Konzernabschlusses durch den internationalen Konzernabschluß, in: Baetge, Jörg (Hrsg.), Aktuelle Entwicklungen in Rechnungslegung und Wirtschaftsprüfung – Reformbedarf, Perspektiven, internationale Einflüsse – Vorträge und Diskussionen zum 12. Münsterischen Tagesgespräch des Münsteraner Gesprächskreises Rechnungslegung und Prüfung e. V. am 24. Mai 1996, Düsseldorf 1997, S. 109–129.

Hopt, Klaus J.: Handelsgesetzbuch – mit GmbH & Co., Handelsklauseln, Bank- und Börsenrecht, Transportrecht (ohne Seerecht), 30. Auflage, München 2000 (zitiert: Hopt^{30}, HGB).

– Handelsgesetzbuch – mit GmbH & Co., Handelsklauseln, Bank- und Börsenrecht, Transportrecht (ohne Seerecht), 31. Auflage, München 2003 (zitiert: Bearbeiter, in: Hopt, HGB^{31}).

Hulle, Karel van: Fortentwicklung des Europäischen Bilanzrechts aus Sicht der EU, in: Schruff, Lothar (Hrsg.), Bilanzrecht unter dem Einfluß internationaler Reformzwänge – Bericht über die Göttinger Bilanztage „10 Jahre BiRiLiG: Bilanzrecht vor neuen Reformzwängen" am 7. und 8. Dezember 1995, Düsseldorf 1996, S. 7–25.

– Die Zukunft der europäischen Rechnungslegung im Rahmen der sich ändernden internationalen Rechnungslegung, in: Die Wirtschaftsprüfung (WPg) 1998, S. 138–150.

– Die Reform des europäischen Bilanzrechts: Stand, Ziele und Perspektiven, in: Zeitschrift für Unternehmens- und Gesellschaftsrecht (ZGR) 2000, S. 537–549.

– Von den Bilanz-Richtlinien zu International Accounting Standards, in: Die Wirtschaftsprüfung (WPg) 2003, S. 968–981.

Hüttemann, Rainer: BB-Gesetzgebungsreport: Internationalisierung des deutschen Handelsbilanzrechts im Entwurf des Bilanzrechtsreformgesetzes, in: Betriebs-Berater (BB) 2004, S. 203–209.

Icking, Jan: Die Rechtsnatur des Handelsbilanzrechts – Zugleich ein Beitrag zur Abgrenzung von öffentlichem und privatem Recht, Berlin, 2000

Institut der Wirtschaftsprüfer in Deutschland e. V. (IdW): Stellungnahme zu dem Entwurf eines Kapitalaufnahmeerleichterungsgesetzes, in: Die Wirtschaftsprüfung (WPg) 1996, S. 593–597.

– Entwurf Deutscher Rechnungslegungsstandard Nr. 1 (DRS 1) – Besonderer Teil „Einklang einzelner IAS und SFAS mit den EG-Bilanzrichtlinien", in: Die Wirtschaftsprüfung (WPg) 1999, S. 662–668.

– (Hrsg.): Wirtschaftsprüfer-Handbuch 2000 – Handbuch für Rechnungslegung, Prüfung und Beratung, Band 1, 12. Auflage, Düsseldorf 2000 (zitiert: Bearbeiter, in: WP-Handbuch).

– Vorschlag der EU-Kommission für eine Verordnung des Europäischen Parlaments und des Rates über die Anwendung internationaler Rechnungslegungsgrundsätze, in: Die Wirtschaftsprüfung (WPg) 2001, S. 664–668.

– EU-Verordnung zur Anwendung internationaler Standards; Vorschlag für eine Richtlinie zur Änderung der EU-Bilanzrichtlinien; Empfehlungen der EU-Kommission zur Unabhängigkeit der Abschlussprüfer, in: Die Wirtschaftsprüfung (WPg) 2002, S. 983–988.

Institut der Wirtschaftsprüfer in Deutschland e. V. (IdW) / Hauptfachausschuß (HFA): Praktisch relevante Abweichungen zwischen den Rechnungslegungsstandards des IASC und der 4. und 7. EG-Richtlinie, in: Die Wirtschaftsprüfung (WPg) 1998, S. 183–188.

– Verlautbarung – Bestätigungsvermerk zu einem befreienden Konzernabschluß nach § 292a HGB, in: Die Wirtschaftsprüfung (WPg) 1998, S. 428–429.

International Accounting Standards Board / Financial Accounting Standards Board: Gemeinsame Presseerklärung zur Kooperation, URL: www.iasc.org.uk / docs / press / 2002pr15. pdf.

Ipsen, Knut (Hrsg.): Völkerrecht – Ein Studienbuch, 4. Auflage, München 1999.

Isensee, Josef / *Kirchhof,* Paul (Hrsg.): Handbuch des Staatsrechts der Bundesrepublik Deutschland, Band 3 – Das Handeln des Staates, Heidelberg 1988 und Band 7 – Normativität und Schutz der Verfassung – Internationale Beziehungen, Heidelberg 1992 (zitiert: Bearbeiter, in: Isensee / Kirchhof).

Jarass, Hans D. / *Pieroth,* Bodo: Grundgesetz für die Bundesrepublik Deutschland, 6. Auflage, München 2002.

Karpen, Ulrich: Die Verweisung als Mittel der Gesetzgebungstechnik, Berlin 1970.

– Zur Verweisung auf Regelungen privatrechtlicher Verbände (Zu Staats, ZRP 1978, 59), in: Zeitschrift für Rechtspolitik (ZRP) 1978, S. 151.

Kegel, Gerhard / *Schurig,* Klaus: Internationales Privatrecht – Ein Studienbuch, 8. Auflage, München 2000.

Kellermann, Dietrich: Zur Diskussion um die Vorlagepflicht in bilanzsteuerlichen Fragen – geklärte und offene Fragen, in: Steuer und Bilanzen (StuB) 2001, S. 122–130.

Kieso, Donald E./*Weygandt* Jerry J.: Intermediate Accounting, 9. Auflage, New York u. a. 1999.

Kirchhof, Paul: Gesetzgebung und private Regelsetzung als Geltungsgrund für Rechnungslegungspflichten?, in: Zeitschrift für Unternehmens- und Gesellschaftsrecht (ZGR) 2000, S. 681–692.

Kleindiek, Detlef: Neue Goodwill-Bilanzierung nach US-GAAP und europäisches Bilanzrecht – Stellungnahme zu E-DRS 1 a, Betriebs-Berater (BB) 2002, S. 2572–2577.

Kloepfer, Michael: Umweltrecht, 2. Auflage, München 1998.

Kloos, Gerhard: Die Transformation der 4. EG-Richtlinie (Bilanzrichtlinie) in den Mitgliedstaaten der Europäischen Gemeinschaft – Eine Analyse der verbliebenen Rechnungslegungsunterschiede aufgrund von nationalen Wahlrechtsausnutzungen, Berlin, 1993.

Knack, Joachim. Verwaltungsverfahrensgesetz (VwVfG) – Kommentar, 8. Auflage, Köln u. a. 2003 (zitiert: Bearbeiter, in: Knack).

Kölner Kommentar zum Aktiengesetz: Band 6, 2. Lieferung, Konzernrechnungslegung Teil I – §§ 290–299 HGB – unter Einschluß von IAS und US-GAAP, 2. Auflage, München 2000 (zitiert: Bearbeiter, in: KK-AktG).

Kopp, Ferdinand O./*Ramsauer,* Ulrich: Verwaltungsverfahrensgesetz, 8. Auflage, München 2003.

KPMG Deutsche Treuhand-Gesellschaft AG WP-Ges.: Rechnungslegung nach US-amerikanischen Grundsätzen, 3. Auflage, Düsseldorf 2003.

Kramer, Phlilipp: True and Fair View in der Konzernrechnungslegung – Zur Geltung der Ansatz- und Bewertungswahlrechte im Recht des Konzernabschlusses, Berlin 1999.

Krawitz, Norbert: Die Problematik des Richtlinieneinklangs bei der Goodwill-Abschreibung – Stellungnahme zum Entwurf eines Deutschen Rechnungslegungs Standards Nr. 1a, in: Deutsches Steuerrecht (DStR) 2002, S. 145–148.

Krawitz, Norbert/*Albrecht,* Christian/*Büttgen,* Dagmar: Internationalisierung der deutschen Rechnungslegung aus Sicht deutscher Mutterunternehmen – Ergebnisse einer empirischen Studie zur Anwendung und zur Folgeregelung von § 292a HGB, in: Die Wirtschaftsprüfung (WPg) 2000, S. 541–556.

Kropholler, Jan: Internationales Privatrecht – einschließlich der Grundbegriffe des Internationalen Zivilverfahrensrechts, 4. Auflage, Tübingen 2001.

Kübler, Friedrich: Institutioneller Gläubigerschutz oder Kapitalmarkttransparenz? – Rechtsvergleichende Überlegungen zu den „stillen Reserven", in: Zeitschrift für das gesamte Wirtschafts- und Handelsrecht (ZHR) Band 159 (1995), S. 550–566.

Kümpel, Siegfried: Bank- und Kapitalmarktrecht, 2. Auflage, Köln 2000.

Küting, Karlheinz: Die Rechnungslegung in Deutschland an der Schwelle zu einem neuen Jahrtausend – Bestandsaufnahme und Ausblick, in: Deutsches Steuerrecht (DStR) 2000, S. 38–44.

Küting, Karlheinz/*Hütten,* Christoph: Der befreiende Konzernlagebericht nach internationalen Vorschriften – Anmerkungen zur Frage der Existenz eines gesetzlich geregelten Sachverhalts, in: Die Wirtschaftsprüfung (WPg) 1999, S. 12–19.

Küting, Karlheinz/*Weber,* Claus-Peter (Hrsg.): Handbuch der Konzernrechnungslegung – Kommentar zur Bilanzierung und Prüfung, Band 2, 2. Auflage, Stuttgart 1998 (zitiert: Bearbeiter, in: Küting / Weber).

Lachnit, Laurenz: Daimler-Benz-Konzern in der externen Bilanzanalyse, Der Betrieb (DB) 1996, S. 2137–2145.

Leffson, Ulrich/*Rückle,* Dieter/*Großfeld,* Bernhard (Hrsg.): Handwörterbuch unbestimmter Rechtsbegriffe im Bilanzrecht des HGB, Köln 1986 (zitiert: Bearbeiter, in: Leffson / Rückle / Großfeld).

Lenz, Carl Otto/*Borchardt,* Klaus-Dieter (Hrsg.): Kommentar zu dem Vertrag zur Gründung der Europäischen Gemeinschaften, 3. Auflage, Köln u. a. 2003 (zitiert: Bearbeiter, in: Lenz).

Leutheusser-Schnarrenberger, Sabine: Wichtige unternehmensrechtliche Vorhaben in der 13. Wahlperiode, in: Wertpapier-Mitteilungen (WM) 1995, S. 1870–1871.

Linke, Christine E.: Europäisches internationales Verwaltungsrecht, Frankfurt am Main u. a. 2001.

Lutter, Marcus: Die Auslegung angeglichenen Rechts, in: Juristen-Zeitung (JZ) 1992, S. 593–607.

– Im Mahlstrom der Interessen: Das Bilanzrecht, in: Neue Juristische Wochenschrift (NJW) 1996, S. 1945–1946.

Luttermann, Claus: Bilanzrecht in den USA und internationale Konzernrechnungslegung, Tübingen 1999.

Mangoldt, Hermann von/*Klein,* Friedrich/*Starck,* Christian (Hrsg.): Das Bonner Grundgesetz – Kommentar, Band 2, 4. Auflage, München 2000 (zitiert: Bearbeiter, in: von Mangoldt / Klein / Starck).

Maunz, Theodor/*Dürig,* Günter (Hrsg.): Grundgesetz – Kommentar – Band 2 – Art. 12–20, München, Stand: 42. Ergänzungslieferung, Februar 2003 (zitiert: Bearbeiter, in: Maunz / Dürig).

Meyer-Arndt, Lüder: Die Zuständigkeit des Europäischen Gerichtshofs für das Bilanzrecht, in: Betriebs-Berater (BB) 1993, S. 1623–1627.

Miller GAAP Guide: Herausgegeben von Jan R. Williams, San Diego u. a. 2001.

Moxter, Adolf: Zum Umfang der Entscheidungskompetenz des Europäischen Gerichtshofs im Bilanzrecht, in: Betriebs-Berater (BB) 1995, S. 1463–1466.

– Zur Interpretation des True-and-fair-view-Gebots der Jahresabschlußrichtlinie, in Festschrift für Jörg Baetge, Düsseldorf 1997, S. 97–116.

– Grundwertungen in Bilanzrechtsordnungen – ein Vergleich von überkommenem deutschen Bilanzrecht und Jahresabschlußrichtlinie, in: Festschrift für Heinrich Beisse, Düsseldorf 1997, S. 347–361.

Mujkanovic, Robin: Befreiende Konzernabschlüsse und Konzernlageberichte – Zweifelsfragen bei der Auslegung und Anwendung des Kapitalaufnahmeerleichterungsgesetzes, in: Betriebs-Berater (BB) 1999, S. 999 – 1005.

Müller, Friedrich: Juristische Methodik, 6. Auflage, Berlin 1995.

Müller, Welf: Der Jahresabschluß im Spannungsfeld zwischen öffentlichem Recht und Gesellschaftsrecht, in: Festschrift für Adolf Moxter, Düsseldorf 1994, S. 75 – 99.

– Die Reform der Konzernrechnungslegung nach IAS und US-GAAP, in: Hommelhoff, Peter / Röhricht, Volker (Hrsg.), RWS-Forum 10 – Gesellschaftsrecht 1997, Köln 1998, S. 313 – 321.

Münch, Ingo von / *Kunig,* Philip (Hrsg.): Grundgesetz-Kommentar, Band 2, 4. / 5. Auflage, München 2001 und Band 3, 4. / 5. Auflage, München 2003 (zitiert: Bearbeiter, in: Münch / Kunig).

Münchener Kommentar zum Bürgerlichen Gesetzbuch: Band 10 – Einführungsgesetz zum Bürgerlichen Gesetzbuch (Art. 1 – 38) – Internationales Privatrecht, 3. Auflage, München 1998 (zitiert: Bearbeiter, in: MüKo-BGB).

Münchener Kommentar zum Handelsgesetzbuch: Band 4 – Drittes Buch – Handelsbücher – §§ 238 – 342a HGB, München 2001 (zitiert: Bearbeiter, in: MüKo-HGB).

Nicolaysen, Gert: Europarecht I – Die Europäische Integrationsverfassung, 2. Auflage, Baden-Baden 2002.

Niehues, Michael: EU-Rechnungslegungsstrategie und Gläubigerschutz, in: Die Wirtschaftsprüfung (WPg) 2001, S. 1209 – 1222.

Niehus, Rudolf J.: Perspektiven der deutschen Rechnungslegung, in: Kleindiek, Detlef / Oehler, Wolfgang (Hrsg.), Die Zukunft des deutschen Bilanzrechts im Zeichen internationaler Rechnungslegung und privater Standardsetzung, Köln 2000, S. 13 – 29.

– Der EU-Vorschlag für eine „Modernisierung" der Bilanzrichtlinien – Überblick und erste Wertung –, in: Der Betrieb (DB) 2002, S: 1385 – 1390.

Niehus, Rudolf J. / *Thyll,* Alfred: Konzernabschluß nach U.S. GAAP, 2. Auflage, Stuttgart 2000.

Obermayer, Klaus: Kommentar zum Verwaltungsverfahrensgesetz, herausgegeben von Dirk Ehlers und Christoph Link, 2. Auflage 1990.

Oppermann, Thomas: Europarecht – Ein Studienbuch, 2. Auflage, München 1999.

Ordelheide, Dieter: Internationalisierung der Rechnungslegung deutscher Unternehmen, in: Die Wirtschaftsprüfung (WPg) 1996, S. 545 – 550.

Ossenbühl, Fritz: Die verfassungsrechtliche Zulässigkeit der Verweisung als Mittel der Gesetzgebungstechnik, in: Deutsches Verwaltungsblatt (DVBl.) 1967, S. 401 – 408.

Pellens, Bernhard: Internationale Rechnungslegung, 4. Auflage, Stuttgart 2001.

Pellens, Bernhard / *Bonse,* Andreas / *Gassen,* Joachim: Perspektiven der deutschen Konzernrechnungslegung – Auswirkungen des Kapitalaufnahmeerleichterungsgesetzes und des Gesetzes zur Kontrolle und Transparenz im Unternehmensbereich, in: Der Betrieb (DB) 1998, S. 785 – 792.

Peters, Lars: Objektivierung der Konzernrechnungslegung unter Berücksichtigung und Beurteilung der 7. EG-Richtlinie, der IAS und der US-GAAP, Frankfurt am Main u. a. 2001.

Rehm, Gebhard M.: Wirksamkeit in Deutschland vorgenommener Akte ausländischer Urkundspersonen?, in: Rabels Zeitschrift für ausländisches und internationales Privatrecht (RabelsZ) Band 64 (2000), S. 104–122.

Reker, Jürgen/*Pahl,* Andreas/*Löcke,* Jürgen: Aufstellung eines befreienden Konzernabschlusses und -lageberichts nach International Accounting Standards durch Kreditinstitute – Anmerkungen zum Kapitalaufnahmeerleichterungsgesetz, in: Die Wirtschaftsprüfung (WPg) 1998, S. 527–531.

Ruhnke, Klaus: Konzernbuchführung, Düsseldorf 1995.

– Anzuwendende Prüfungsnormen bei der Prüfung eines Konzernabschlusses nach § 292a HGB, in: Betriebs-Berater (BB) 2002, S. 138–142.

Sachs, Michael: Die dynamische Verweisung als Ermächtigungsnorm, in: Neue Juristische Wochenschrift (NJW) 1981, S. 1651–1652.

– (Hrsg.): Grundgesetz – Kommentar, 3. Auflage, München 2003 (zitiert: Bearbeiter, in: Sachs).

Scheffler, Eberhard: Neue Entwicklungen auf dem Gebiet der Rechnungslegung, in: Festschrift für Wilhelm Theodor Strobel, München 2002, S. 3–28.

Schenke, Wolf-Rüdiger: Verfassungsrechtliche Grenzen gesetzlicher Verweisungen, in: Festschrift für Ludwig Fröhler, Berlin 1980, S. 87–126.

Schildbach, Thomas: US-GAAP – Amerikanische Rechnungslegung und ihre Grundlagen, 2. Auflage, München 2002.

Schmalenbach-Gesellschaft für Betriebswirtschaft e. V. / Arbeitskreis „Immaterielle Werte im Rechnungswesen“: Stellungnahme zu E-DRS 1a, URL: http://www.standardsetter/drsc/docs/comments/001/schmalenbach.htmls.

Schmidt, Ludwig (Hrsg.): Einkommensteuergesetz, 22. Auflage, München 2003 (zitiert: Bearbeiter, in: L. Schmidt).

Schmidt, Matthias: Das Konzept einer kapitalmarktorientierten Rechnungslegung – Legitimation, Ableitung einer Sollvorstellung und Brauchbarkeit nationaler sowie internationaler Regelungen, Bielefeld 2000.

Schmidt-Bleibtreu, Bruno/*Klein,* Franz (Hrsg.): Kommentar zum Grundgesetz, 9. Auflage, Neuwied 1999.

Schön, Wolfgang: Gesellschafter-, Gläubiger- und Anlegerschutz im Europäischen Bilanzrecht, in: Zeitschrift für Unternehmens- und Gesellschaftsrecht (ZGR) 2000, S. 706–742.

Schröcker, Sebastian: Die Übernahme von Bundesrecht als Landesrecht, in: Neue Juristische Wochenschrift (NJW) 1967, S. 2285–2291.

Schuler, Rolf: Das internationale Sozialrecht der Bundesrepublik Deutschland, Baden-Baden 1988.

Schulze-Osterloh, Joachim: Zur öffentlichen Funktion des Abschlußprüfers, in: Zeitschrift für Unternehmens- und Gesellschaftsrecht (ZGR) 1976, S. 411–434.

– Jahresabschluß, Abschlußprüfung und Publizität der Kapitalgesellschaften nach dem Bilanzrichtlinien-Gesetz, in: Zeitschrift für das gesamte Handelsrecht und Wirtschaftsrecht (ZHR), Band 150 (1986), S. 532–569.

– Handelsbilanz und steuerliche Gewinnermittlung, in: Steuer und Wirtschaft (StuW) 1991, S. 284–296.

– Harmonisierung der Rechnungslegung und Kapitalschutz, in: Schruff, Lothar (Hrsg.), Bilanzrecht unter dem Einfluß internationaler Reformzwänge – Bericht über die Göttinger Bilanztage „10 Jahre BiRiLiG: Bilanzrecht vor neuen Reformzwängen" am 7. und 8. Dezember 1995, Düsseldorf 1996, S. 121–134.

– Deutsches Bilanzrecht und Ertragsteuerrecht vor dem Europäischen Gerichtshof, in: Deutsche Steuer-Zeitung (DStZ) 1997, S. 281–286.

– Die Reform der Konzernrechnungslegung nach IAS und US-GAAP, in: Hommelhoff, Peter / Röhricht, Volker (Hrsg.), RWS-Forum 10 – Gesellschaftsrecht 1997, Köln 1998. S. 301–311.

– Handels- und Steuerbilanz, in: Zeitschrift für Unternehmens- und Gesellschaftsrecht (ZGR) 2000, S. 594–603.

– Internationale Rechnungslegung für den Einzelabschluß und für Unternehmen, die den öffentlichen Kapitalmarkt nicht in Anspruch nehmen, in: Zeitschrift für Wirtschaftsrecht (ZIP) 2003, S. 93–101.

Schuppert, Gunnar Folke / *Bumke,* Christian: Verfassungsrechtliche Grenzen privater Standardsetzung – Vorüberlegungen zu einer Theorie der Wahl rechtlicher Regelungsformen (Regulatory Choice), in: Kleindiek, Detlef / Oehler, Wolfgang (Hrsg.), Die Zukunft des deutschen Bilanzrechts im Zeichen internationaler Rechnungslegung und privater Standardsetzung, Köln 2000, S. 71–126.

Schwarze, Jürgen (Hrsg.): EU-Kommentar, Baden-Baden 2000 (zitiert: Bearbeiter, in: Schwarze).

Seidl-Hohenveldern, Ignaz / *Stein,* Torsten: Völkerrecht, 10. Auflage, Köln u. a. 2000.

Siegel, Theodor: Stellungnahme zu E-DRS 1a, URL: http: // www.standardsetter / drsc / docs / comments / 001 / siegel.htmls.

– Zur unsinnigen Bilanzierung eines zufälligen Teils des unbekannten originären Geschäftswerts nach DRS 1a, in: Der Betrieb (DB) 2002, S. 749–751.

Siehr, Kurt: Normen mit eigener Bestimmung ihres räumlich-persönlichen Anwendungsbereichs im Kollisionsrecht der Bundesrepublik Deutschland, in: Rabels Zeitschrift für ausländisches und internationales Privatrecht (RabelsZ) Band 46 (1982), S. 357–383.

Spanheimer, Jürgen: Internationale Rechnungslegung – Hintergründe, Entwicklungstendenzen, Folgewirkungen, Düsseldorf 2002.

Staats, Johann-Friedrich: Zur Problematik bundesrechtlicher Verweisungen auf Regelungen privatrechtlicher Verbände, in: Zeitschrift für Rechtspolitik (ZRP) 1978, S. 59–62.

Stelkens, Paul / *Bonk,* Heinz *Joachim / Sachs,* Michael: Verwaltungsverfahrensgesetz – Kommentar, 6. Auflage, München 2001 (zitiert: Bearbeiter, in: Stelkens / Bonk / Sachs).

Stern, Klaus: Das Staatsrecht der Bundesrepublik Deutschland, Band 1 – Grundbegriffe und Grundlagen des Staatsrechts, Strukturprinzipien der Verfassung, 2. Auflage, München 1984.

Strobel, Wilhelm: Entwurf eines DRS 1 zur Konzernrechnungslegung nach § 292a HGB, in: Der Betrieb (DB) 1999, S. 1127–1130.

Tietje, Christian: Internationalisiertes Verwaltungshandeln, Berlin 2001.

Tipke, Klaus/*Lang,* Joachim: Steuerrecht, 17. Auflage, Köln 2002.

Tschesche, Frank R.: IAS-Konzernabschlüsse – Möglichkeiten und Grenzen der Internationalisierung des deutschen Konzernbilanzrechts, Baden-Baden 2000.

Ulmer, Peter (Hrsg.): HGB-Bilanzrecht – Rechnungslegung, Abschlussprüfung, Publizität – Großkommentar, Band 2, Berlin u. a. 2002 (zitiert: Bearbeiter, in: Ulmer).

Verband der Hochschullehrer für Betriebswirtschaft e. V. / Wissenschaftliche Kommission Rechnungswesen / Arbeitsgruppe „Normierung der Rechnungslegung": Stellungnahme Nr. 1: Bilanzierung des Goodwill nach DRS 1a, in: Betriebs-Berater (BB) 2002, S. 880–881.

Vitzthum, Wolfgang Graf (Hrsg.): Völkerrecht, 2. Auflage, Berlin u. a. 2001 (zitiert: Bearbeiter, in: Vitzthum).

Vogel, Frank: Die Rechnungslegungsvorschriften des HGB für Kapitalgesellschaften und die 4. EG-Richtlinie (Bilanzrichtlinie), Berlin 1993.

Wiedmann, Harald: Bilanzrecht – Kommentar zu den §§ 238–342a HGB, 2. Auflage, München 2003.

Wiley GAAP 2002: herausgegeben von Patrick R. Delaney / Barry J. Epstein / Ralph Nach / Susan Weiss Budak, New York u. a. 2002.

Wollmert, Peter/*Oser,* Peter: Befreiender internationaler Konzernabschluß (§ 292a HGB), in: Der Betrieb (DB) 2000, S. 729–735.

Wüstemann, Jens: Generally accepted accounting principles – Zur Bedeutung und Systembildung der Rechnungslegungsregeln der USA, Berlin 1999.

Zieger, Martin: Gewinnrealisierung bei langfristiger Fertigung – ein richtlinienkonformer Ansatz, Wiesbaden 1990.

Zimmer, Daniel: Internationales Gesellschaftsrecht – Das Kollisionsrecht der Gesellschaften und sein Verhältnis zum Internationalen Kapitalmarktrecht und zum Internationalen Unternehmensrecht, Heidelberg 1996.

Zitzelsberger, Siegfried: Ist die 4. EG-Richtlinie noch zeitgemäß?, in: Die Wirtschaftsprüfung (WPg) 1998, S. 799–808.

Stichwortverzeichnis